資優教育的全方位發展

➲ 中華資優教育學會　主編

作者簡介

王文科

國立臺灣師範大學教育學博士，現任國立彰化師範大學特殊教育系教授、副校長。

王振德

國立臺灣師範大學教育學博士，現任國立臺灣師範大學特殊教育系教授。

吳武典

美國肯塔基州立大學哲學博士，現任國立臺灣師範大學特殊教育系教授。

林幸台

美國喬治亞大學哲學博士，現任國立臺灣師範大學特殊教育系教授。

張煌熙

美國史丹福大學哲學博士，現任臺北市立師範學院初等教育系副教授、系主任。

郭靜姿

國立臺灣師範大學教育學博士，現任國立臺灣師範大學特殊教育系教授。

蔡典謨

美國康乃狄克大學哲學博士，現任國立高雄師範大學特殊教育系教授、總務長。

盧台華

美國奧瑞崗大學哲學博士，現任國立臺灣師範大學特殊教育系教授。

簡茂發

美國北科羅拉多大學教育學博士，現任國立臺灣師範大學教育系教授、校長。

（依作者姓氏筆劃排序，以專案主持人為主）

序

我國台灣地區辦理資賦優異教育已有將近三十年的歷史，根據教育部的統計，1998年（民87），辦理資優教育的學校，高中有99所，國中有162所，小學有189所，共有36,083名中小學生接受資優教育。就量的擴充而言，相當可觀（雖然近年來之成長速率明顯趨緩）；惟在質的提昇上，許多報告指出我國資優教育仍有待進一步的規劃與努力，以使資優教育的目標及教學效果能夠充份彰顯。例如：資優的概念有待釐清，學生身心特質的了解有待加強，行政支援體系有待建立，鑑定工具、鑑定效度與安置方式有待檢討，資優教育的課程、教材教法亟需發展與改進，資優教育的評鑑制度有待強化，資優學生的思考及情意教育均需加強，資優教育的師資培訓與資優學生的追蹤輔導有待改善，資優教育的成效有待系統評估，身心障礙及文化殊異學生的資優教育有待重視，資優教育的觀念宣導及親職教育有待加強，社會支援系統亟需發展等。

欲改善上述教育問題，並非短期內或單方面、個人的努力即可竟全功。以往由於資優教育的發展，帶動相關的資優教育學術研究，但大都為個別性，隨所屬單位的需求與經費之多寡及研究者個人的興趣，分別進行；往往為因應現況而少創新，隨機挑選而少統整，行政取向而乏學理，短期完成而無追蹤，救急為主而無規劃，移植外國而少本土，且各自為政而多重疊，乃至形成頭痛醫頭、腳痛醫腳之局面，無法將資優教育深植於整體教育體系之中，且極為重要的基礎研究多付闕如，例如符合本土及現代社會的資優概念及根據此種概念發展的鑑定、安置及課程教材教法等，皆有不足。對於資優教育作系統整體的規劃研究實有其必要性。有鑑於此，國內多位資優教育學者乃響應國科會整合型研究之號召，組成研究規劃小組，倡議進行五年期合作型之系統研究，以求開創資優教育研究的新紀元，整合型總計畫之名稱定為「我國資優教育全方位發展策略之研究」，其總目標為：(*1*)有系統檢討我國資優教育之得失與問題，(*2*)強化資優教育之理論基礎，(*3*)結合學術研究與實務改革，(*4*)運用國內資優教育的研究資源，發揮整體性的研究效果。研究期間自*1994*年*8*月*1*日起至*1999*年*7*月*31*日，經核定執行之子計畫共有二十項，目前已經大功告成，預期在資優教育的政策、行政、鑑定、教學、評鑑及親職教育等各層面之理論與實務，將提供重要文獻，並有所影響。

為驗收與分享研究成果，特請研究小組同仁將歷年泛學術性研究報告，予以篩選，精簡地改寫為較通俗之文字，彙集成册，以廣流傳。此一工作，偏勞王振德教授與蔡崇建副教授在最短時間內，編輯完成，特此致謝。

「資優教育全方位發展策略之研究」整合型研究計畫總主持人

吳武典 1999年11月27日

于台灣師大特殊教育系

資優教育的全方位發展

目 錄

❐行政與基礎篇

❐鑑定與發展篇

❒課程與教學篇

資優教育全方位發展策略的整合型研究

吳武典

鑑於臺灣地區正式實施資優教育已近三十年，在研究上雖有若干成果，但大多屬個別性、隨機性、因應性、短期性與移植性，缺乏合作性、系統性、主動性、長期性與本土化之研究，亟需重新調整，再度出發，國內多位資優教育學者乃響應國科會整合型研究之號召，組成研究規劃小組，倡議進行五年期合作型之系統研究，以求開創資優教育研究的新紀元，而由筆者換擔任總計畫主持人整合型總計畫之名稱定為「我國資優教育全方位發展策略之研究」，研究期間自 1994 年 8 月 1 日起至 1999 年 7 月 31 日，經核定執行之子計畫共有二十項。

壹、問題背景

資優教育在臺灣地區受到重視而成為特殊教育中重要的一環，主要理由有三：

一、國家育才的需要

臺灣地區因物理資源有限，人力資源的開發益形重要，爲促進國家各項建設，亟需透過教育的過程，挑選才智優異的學生，給予充實的學習方案，培養成爲對國家建設有貢獻的人才。

二、個人發展的需要

特殊教育的基本理念在因材施教，注重個別化的教學，資賦優異學生在班級教學型態下，面對一般程度的課程與教材，可能有適應困難的現象，而無法獲得適性的發展，因此需要特殊的教學方案。

三、促進教育的革新

我國傳統教育偏重課本的記誦，教學方式刻板，資優教育強調啓發思考與創造的教學，若能普遍推廣，可促進教育的革新，提高教育的品質。

1973 年，教育部訂定「國民小學資賦優異兒童教育研究計畫」，分北、中、南三區擇定若干國小，進行資優教育實驗工作，並指定各區師範院校負責輔導實驗工作。此項實驗第一階段爲期六年，至 1979 年修正爲「國民中小學資賦優異學生教育研究第二階段實驗計畫」，將資優教育之實驗工作由國民小學延伸至國民中學，爲期三年。1982 年繼續進行「第三階段」之實驗計畫，爲期六年。1984 年政府頒佈「特殊教育法」，其第二章即爲資賦優異教育，規定資賦優異學生之類別、獎助、各級學校之聯繫銜接、社會人力資源之配合及縮短修業年限等事項。隨之頒行的「特殊教育法施行細則」及其他相關法規，使得臺灣地區資優教育由過去的實驗階段，邁向制度化而成爲國家教育體制中的一環。1997 年修正的特殊教育法雖不列資優教育專章，仍與身心障礙教育合併立法，在三十三個條文中，共屬者二十條，專屬資優教育者三條（吳武典，1998）。

臺灣地區國民中小學資優教育的運作有三個重要內涵：資優學生的鑑定、課程與教材、師資與教學方法。在此三方面的實施之前、之中、及之後均有評鑑與改進措施，而在其運作過程中，尙涉及「指導」與「支援」兩個層面：一方面依據相關法規與政策，受教育行政機關的管轄與督導及專家學者的輔導，即指導之層面；另一方面則包含家長的參與、社區資源的運用、學校行政的配合等，此爲支援層面。詳如圖一（王振德，1988）。

在指導層面上，涉及有關資賦優異學生接受特殊教育的法規，主要包括「特殊教育法」、「特殊教育法施行細則」、「特殊教育課程教材及教法實施辦法」、「特殊教育學生入學年齡、修業年限及保送甄試升學辦法」等。在教育行政系統上，中央爲教育部，省（市）爲教育廳（局），地方爲縣（市）教育局（精省後改爲中央與直轄市或縣、市二級），各級學校資優教育的設置、經費、教師編制等，皆受上述教育行政機關的管理。各師範院校特殊教育中心爲特殊教育的輔導單位，負責協助其輔導區內各校資優學生的鑑定、教材的編輯、教學輔導及專題研究等工作。此一行政與輔導體系之建立爲歷年經驗逐步累積之成果，固然已形成制度，然而不可諱言，資優教育的基礎與架構顯然仍未落實於本土文化：「資優」的概念是否為國人所認同？資優教育的政策走向如何？在世界教育潮流中，我國資優教育的發展方向究應如何等，均值得探討。

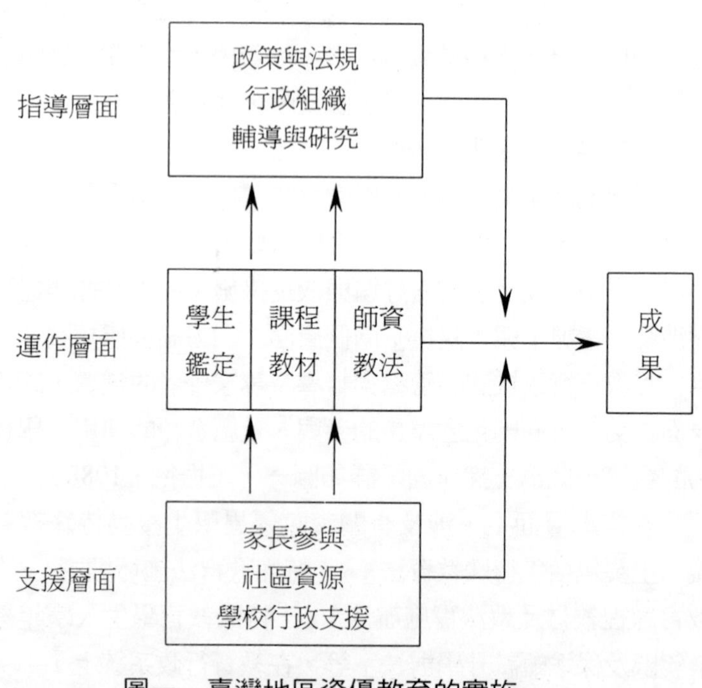

圖一　臺灣地區資優教育的實施
（王振德，1988）

在運作層面上，有關資優學生的鑑定方面，在「施行細則」中雖有明確規定其標準與程序（1997修正特殊教育法頒布後，另訂頒有子法「身心障礙及資賦優異學生鑑定原則、鑑定基準」作為依據），然因測驗工具缺乏，少數家長更以之為補習之教材，造成鑑定的偏誤與困難，連帶地產生資優學生安置的問題，「集中式」抑「分散式」，爭議不休。在資優教育的課程內容方面，則因課程架構尚未統整，教材編輯零散不足，在教學上也產生諸多問題。師資之來源主要爲師範院校特教系（組）畢業生及在職進修兩類，由於資優班教師工作壓力大，教師普遍感到專業能力不足，以致流動率高，一直都是問題。如何配合社會變遷及世界教育潮流，有效規劃資優教育師資培育與進用的方案，亦爲當務之急。此外，資優教育方案之改進與成效評估，則有待評鑑工作之加強與落實。

在支援層面上，由於受到升學主義的影響，家長觀念的偏差，影響資優教育之推展頗劇（林寶貴，1985）。至於普通班教師與社區資源的配合與利用，亦可能對資優學生的適應與發展產生重要的影響。

貳、研究動機與目的

臺灣地區資賦優異教育自 1968 年開始局部的實驗研究，至 1973 年之後正式進行規模較大的實驗計畫，陸續由省市教育廳局成立各類資優班或資源班。迄 1998 年，辦理資優教育的學校，高中有 99 所，國中有 162 所，小學有 189 所，共有 36,083 名中小學生接受資優教育（吳武典，1999b；教育部，1998）。就量的擴充而言，相當可觀（雖然近年來之成長速率明顯趨緩）；惟在質的提昇上，許多報告指出我國資優教育仍有待進一步的規劃與努力，以使資優教育的目標及教學效果能夠充份彰顯（王振德，

1988；吳武典，1983，1997；郭靜姿，1989；盧美貴，1984)。綜合而言，臺灣地區的資優教育在下列方面有待改善：

1. 教育政策的制定未能周全一貫，行政支援體系有待建立；
2. 資優學生的鑑定工具不足，鑑定效度與安置方式有待檢討；
3. 資優教育的課程缺乏全盤的規劃，教材教法亟需發展與改進；
4. 資優教育的評鑑制度尚未建立，評鑑效益及功能有待發揮；
5. 資優學生的思考及情意訓練欠缺，系統的能力訓練亟需加強；
6. 資優教育的師資培訓不足，教學人員對於教學目標的掌握有待加強；
7. 資優學生的追蹤輔導不足，資優教育的成效有待系統評估；
8. 資優的概念紛雜，學生身心特質的了解有待加強；
9. 身心障礙及文化殊異學生的資優教育尚未受到重視，其鑑定及輔導方式尚待開發；
10. 資優教育的觀念宣導不足，親職教育及社會支援系統值得發展。

欲改善上述教育問題，並非短期內或單方面、個人的努力即可竟全功。以往由於資優教育的發展，帶動相關的資優教育學術研究，但大都爲個別性，隨所屬單位的需求與經費之多寡及研究者個人的興趣，分別進行；往往爲因應現況而少創新，隨機挑選而少統整，行政取向而乏學理，短期完成而無追蹤，救急爲主而無規劃，移植外國而少本土，且各自爲政而多重疊，乃至形成頭痛醫頭、腳痛醫腳之局面，無法將資優教育深植於整體教育體系之中，且極爲重要的基礎研究多付闕如，例如符合本土及現代社會的資優概念（conception of giftedness）及根據此種概念發展的鑑定、安置及課程教材教法等，有不足。在影響資優教育實施成效的不利因素中，對於資優教育欠缺系統整體的規劃研究應爲重要因素之一。

曾有人倡議成立全國性資優教育研究發展中心，然研究中心不必爲一固定地點的有形結構或等待硬體建築之完成始可成立，以美國資優教育研究中心（National Research Center on the Gifted and Talented）的發展爲例，該中心乃結合康乃狄克大學、喬治亞大學、維吉尼亞大學及耶魯大學的資優教育學者，運用這些大學充足的研究資源，其任務爲籌劃及執行實際問題的研究，將研究結果予以推廣，並促進全國性各相關人員的通力合作。該中心由於結合大學的資源，加上政府經費的充份支援，並有整體性的計畫導引，因而能在短時間內產生許多研究成果，並導向對消費者的服務（蔡典謨，1992）。

綜言之，此一整合性之資優教育研究計畫，可以達到下列四種重要效益：

1. 有系統地檢討現行資優教育之缺失與問題所在。
2. 避免遺漏重要的研究領域，強化資優教育之理論基礎。
3. 結合學術研究與實務改革，落實資優教育的發展。
4. 充份運用資優教育的研究資源，發揮整體性的研究效果。

有鑑於此，本整合型研究之目的乃在結合行政單位、學術研究單位及教學單位的力量，期望透過長期的合作，以五年的時間針對上述問題，分就理論性的探討、現況的了解與各項制度、方案、教學效果之改進等進行研究，並將成果作爲協助行政決策與改進教學品質的參考。具體而言，本整合型研究有如下六項目的：

1. 檢討並研訂資優教育的制度與政策；
2. 改進資優教育的課程、教材、教法，以提昇資優教育的品質；
3. 加強資優學生身心特質之基礎研究；
4. 追蹤研究並評估資優教育的成效；
5. 建立資優教育教師基本能力及培育制度；
6. 擴大資優教育的成果以改進普通教育的品質。

政策性之研究具有引導作用，須從歷史傳統、理論依據及現實社會三個層面加以考量，除本國（本土）之探討外，尙應兼顧國際動態，與世界同步，做全方位之考慮。

本整合型研究針對以往有關資優教育研究個別性、隨機性、因應性、短期性、移植性之缺失，以具有合作性、系統性、互動性、長期性、本土化的腳步，依據整體化之需求，從現況及其影響因素之探討做現實面之分析，再就有關資優學生特質、資優教育之本質等重要之基礎面進行實驗、觀察或調查分析比較，以奠定資優教育深厚之基礎，同時針對現行資優教育提出應興應革之建議。

參、研究架構

本整合型研究計畫之整體規畫包括十大範疇（橫斷面）、四大重點（縱面），如表一所示：

表一　本整合型研究計畫之內涵與重點

	政策理念	鑑定安置	生態環境	課程教學	思考情意	輔導追蹤	評鑑	特殊族群
現況與檢討	*	*		*		*		
基礎研究	*	*	*		*			*
發展與設計				*	*	*	*	*
應用				*		*	*	

本整合型研究，採系統分析的觀點，從內容、廣度、與人力規畫三個向度做全方位的考慮，如圖二所示。

茲就「點－線－面」之全方位設計，說明如下（參見蔡崇建，1990）：

在「點」的方面，基本上係以資優學生個人或與個人有直接關連的影響因素作爲研究重點，目的是針對資優學生的個別行爲特質（包括個別間與個別內在差異兩方面）及環境條件（包括家庭、學校與社會資源系統三方面）交互作用下，所導致的成長、適應及發展上的問題作持續且深入的探究。此方面的研究初始目的應是提供個別化適性教育的指引，而最終目的應是個別生涯的規畫建立。

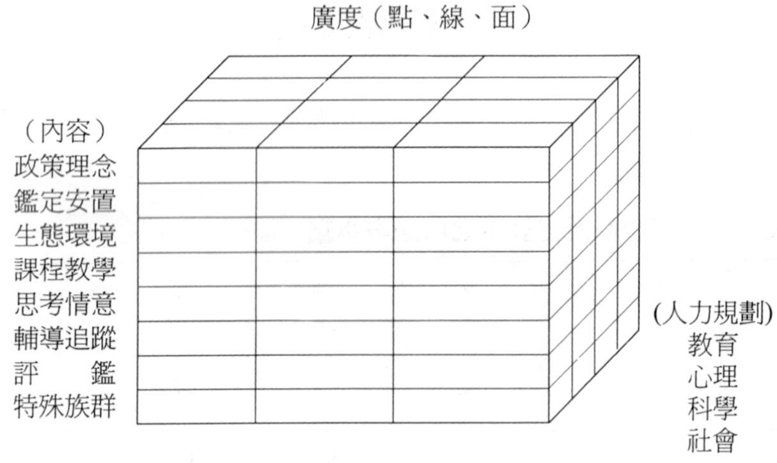

圖二　資優教育整合研究的架構

在「線」方面，係以組群（大樣本分析）特質之探究爲主，其研究取向則採學術領域的分類依據。這方面的研究，從橫斷面來看，可分別從教育學、心理學、社會學三方面的影響因素進行相關程度、差異比較及預測分析研究；從縱貫面來看，可進行「資優族群」長期追蹤研究及成長或發展曲線的大樣本分析研究等。

在「面」方面，係以整體性、普遍性、時空性的觀點，來探討涉及理念、制度、法規等方面的問題。這一方面研究的主要內涵是探討：(1)有關資優教育政策的發展趨勢及決策品質的調查分析，(2)資優母群的常模研究，(3)教育制度與方案研究，(4)師資專業與人員培育之規劃，(5)法規建制的文件分析，(6)教育生態的調查。

肆、人力配合與資源整合

就人力規畫而言，本整合型計畫邀請參與研究人員橫跨特殊教育、心理、科學與社會各領域，以求廣泛參與，避免偏見；針對研究主題需要，慎選研究人員，以求適任。

總計畫主持人與共同主持人爲臺灣師範大學特殊教育系吳武典教授與林幸台教授，研究規畫小組成員專長與興趣詳如表二所示；本計畫人力配置狀況如表三所示。

表二　研究規劃小組成員專長與興趣一覽

	政策理念	鑑定安置	生態環境	課程教學	思考情意	輔導追蹤	評鑑	特殊族群
吳武典	*	*	*			*	*	*
林幸台	*			*		*	*	
簡茂發	*		*				*	
陳淑美			*	*				
王文科	*			*		*	*	
王振德	*			*	*		*	
張玉成			*	*	*			
張煌熙				*	*		*	
郭靜姿		*	*	*		*	*	*
蔡典謨		*	*		*	*		
盧台華			*	*	*	*	*	*

表三　本整合型計畫人力配置狀況

子計畫主持人	子計畫共同主持人
吳武典（臺灣師大特教系）	陳昭地（臺灣師大數學系）
	簡茂發（臺灣師大教育系）
林幸台（臺灣師大特教系）	金樹人（臺灣師大心輔系）
簡茂發（臺灣師大教育系）	蔡崇建（臺灣師大特教系）
陳淑美（臺灣師大心輔系）	吳武典（臺灣師大特教系）
王文科（彰化師大特教系）	張靜譽（彰化師大科教所）
王振德（臺灣師大特教系）	林振春（臺灣師大社教系）
張玉成（國北師院初教系）	
張煌熙（市立師院初教系）	王振德（臺灣師大特教系）
郭靜姿（臺灣師大特教系）	蔡尙芳（臺灣大學物理系）
	張蘭畹（臺中師院初教系）
蔡典謨（高雄師大特教系）	鍾蔚起（高雄師大科教系）
盧台華（臺灣師大特教系）	

在與其他單位之配合方面，係以臺灣師範大學特殊教育系所之資優教育研究小組為核心，聯合相關師範院校及所屬輔導區辦理資優教育之學校，配合省市教育廳局之支援，構成緊密的研究組群。整體之設計如圖三所示：

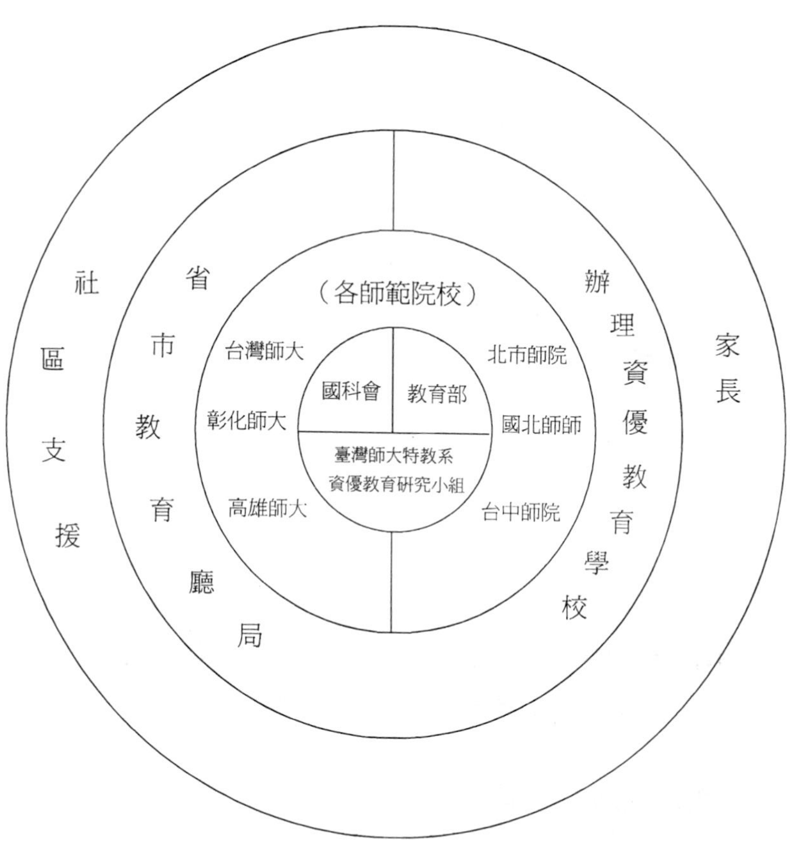

圖三　研究機構及其他單位之配合圖

伍、研究主題

本整合型研究的內容（子題）著重基礎性研究，純實務性之子題（如教材編製、測驗修訂、師資訓練）則予以排除，以與教育部研究專案有所區隔。因此，根據以基礎研究爲主、與教育部分工、避免與過去研究重複這三項原則，本整合型計畫之子題經過一再濃縮及精簡，最後確定爲二十項子題（若干子題爲兩年期之研究），分屬八大範疇。全程共五年：第一年五個子計畫，第二年七個子計畫，第三年十個子計畫，第四年五個子計畫，第五年五個子計畫。第二年以後以兩年完成一個子題爲原則。各項領域及子題計畫名稱如下：

一、政策與理念

1-1　我國資優教育政策之現況及其影響因素之探討。

1-2　資優與資優教育概念之比較分析研究。

二、鑑定與教育安置

2-1　我國資優學生鑑定制度之研究

2-2　國中資優學生鑑定工具與方法之有效性分析

三、生態環境

3-1　資優學生家庭動力之研究

四、課程與教學

4-1 資優教育課程與教學實施現況之調查研究
4-2 充實模式之設計與實驗研究
4-3 國小資優生統整教育教學模式之實驗研究
4-4 學前資優兒童早期鑑定與介入模式之研究

五、思考與情意訓練

5-1 資優生領導才能培訓課程及其實施成效之研究
5-2 資優兒童思考技巧特質及其培育之研究
5-3 人事智能之衡鑑及其實驗研究

六、輔導與追蹤

6-1 跳級資優生之追蹤研究
6-2 國際數裡競賽優勝學生之追蹤研究
6-3 低成就資優學生家庭影響之質的研究
6-4 資優學生之生涯定位與生涯抉擇之研究

七、評鑑

7-1 國小資優教育評鑑模式發展之研究
7-2 中學資優教育評鑑模式發展之研究

八、特殊族群資優生

8-1 殘障資優學生身心特質之研究

8-2 文化特殊資優學生鑑定模式與評量之研究

陸、檢討與展望

本整合型計畫之總目標包括：(1)系統檢討我國資優教育之得失與問題，(2)強化資優教育之理論基礎，(3)結合學術研究與實務改革，(4)運用國內資優教育研究資源，發揮整體性的研究成果。經過五年研究人員之分工合作，本整合性研究計畫業已大功告成，在政策、行政、鑑定、教學、評鑑及親職教育等各層面之理論與實務的可能影響，將逐漸顯現，具體而言，有下列十項：

1. 提出正確之資優教育理念與政策性意見，引導我國資優教育健全、有效的發展。
2. 提出適切之鑑定模式（包括弱勢族群才能之鑑定），協助教師與家長發掘資優兒童。
3. 發展教學資源（如課程設計、教學與評鑑模式），提供學校應用。
4. 提供資優教育改進之建議，供教育行政機關參考。
5. 出版研究成果專輯－「資優教育的全方位發展」，將研究成果與國人分享，並提供各界參考。
6. 在國內外期刊發表研究成果，提昇資優教育學術研究之水準與地位。

7. 辦理學術研討會，參與國際學術活動，進行學術交流，帶動資優教育研究風氣。
8. 培養資優教育研究人才，以為資優教育未來發展之基礎。
9. 整合區域性人力，避免資優教育研究上人力、物力之重疊與浪費。
10. 建立資優學生之追蹤模式、建立人才檔，以配合國家高級人才培育之需要。

在「資優教育全方位發展策略」五年期整合型計畫（1994～99）完成之際，鑑於多元才能發展為當前教育上重大且熱門課題，卻迄無系統且深入之探討與實徵研究，而原整合型計畫已累積相當成果，在多元才能相關課題上，也有初步重要發現，筆者等乃規劃第二階段整合型研究計畫，以「多元才能發展方案之規畫與實驗」為總主題，為期五年（1999～2004）。此一後續性整合型研究計畫業已獲得國科會核定，並開始進行中。

此一多元才能發展方案係依據三個向度加以建構：㈠才能的形式（共十一種，以 Gardner 的多元智能說為主），㈡才能的功能（三種，以 Sternberg 的智能三元觀為據），㈢個體發展的階段（分學前、國小、國中、高中四階段）。在實施上，係從形式面與發展面切入，規劃六個多元才能之發掘與評量子計畫（第一、二年）、六個多元才能發展方案設計子計畫（第三年），及四個多元才能發展方案之整合、實驗與評鑑子計畫（第四、五年），共有十六項子計畫，將有十位主要研究者參與。每個發展階段將統合各項才能的形式與功能，力求完整；研究重點皆有下列五項：㈠多元才能之發掘與評量，㈡多元才能發展方案之模式探討，㈢本土化多元才能發展方案之設計，㈣多元才能發展方案之實驗及效能評估，㈤多元才能教育課程與教學體系之建立與推展。多元才能發展方案的建構，如圖四所示：

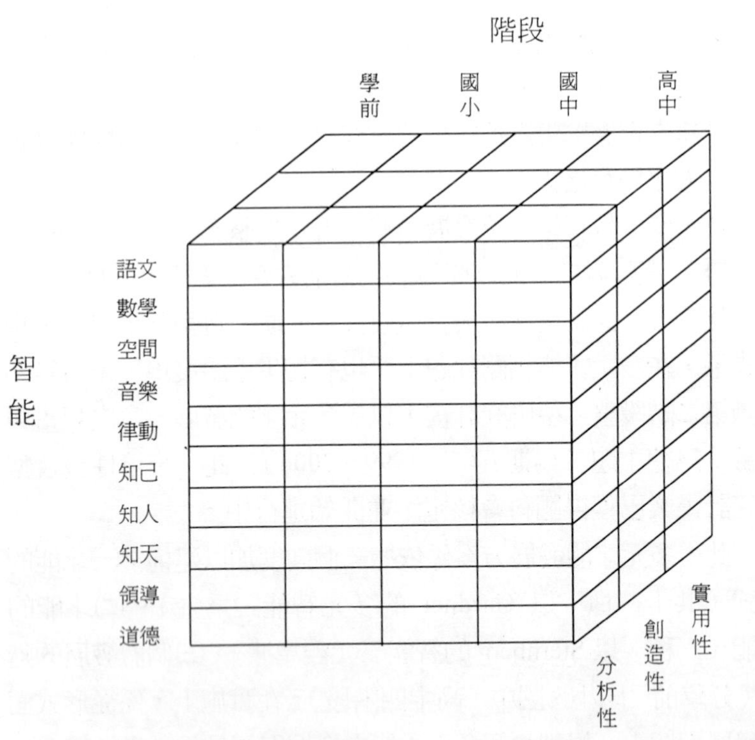

這種建構在實施上，可自任何一個向度切入。Gardner（1983, 1993）是從（智能）形式面切入，Sternberg（1988, 1997）是從（運作）功能面切入；如前所述，本研究係從智能（形式）面與發展（階段）面切入，然而每個發展階段皆統合各項才能的形式與功能，力求完整。

在多元才能內涵的界定上，本研究係以 Gardner（1983, 1993）的七種智能和新增的第八種智能－知天（naturalist intelligence）爲主要依據，加上領導才能和 Coles（1997）所提倡的道德智能（moral intelligence），共十種，即：⑴語言能力，⑵邏輯數學能力，⑶空間能力（視覺藝術），⑷音樂能力，⑸律動（身體動覺，或謂表演藝術）能力，⑹知己（內省）能力，⑺知人（人際）能力，⑻知天（自然或環境）能力，⑼領導能力，和⑽道德（美德）能力。

筆者深信，教育的目的不只在發展認知潛能，也應兼顧情意教育，以促進全人發展；資優教育更是如此。全人教育的理想如能結合多元智能的理念，將更能落實與實踐。多元智能的衡鑑與增進爲高難度的工作，卻也是高價值的工作，值得努力探討。國科會支持完成的「資優教育全方位發展策略」（吳武典等，1994～99）五年期整合型研究計畫之子計畫中，有若干項涉及多元才能之發展，如資優與資優教育概念之比較分析研究（簡茂發、蔡崇建、林幸台）、資優兒童思考技巧特質及其培育之研究（張玉成）、國民中學資優生領導才能培訓課程及其實施成效之研究（王振德）、人事智能之衡鑑及實驗研究（吳武典、簡茂發），已有若干具體成果。在此基礎上加以擴充、深究及統整，形成多元才能發展方案，應屬可行且有必要。期盼五年後，也能有具體的研究成果分享於同道，貢獻於社會。

參考文獻

一、中文部份

王振德（1988）：我國資賦優異教育的回顧與展望。載於中華民國特殊教育學會、國立臺灣師範大學特殊教育中心編印：**我國特殊教育的回顧與展望**，79-100頁。

吳武典（1983）：我國國中資優教育之評鑑。**資優教育季刊**，12期，1-9頁。

吳武典（1993）：資優研究與省思。載於中華民國特殊教育學會主編，**學前特殊教育的發展**（1993年年刊）。臺北：心理出版社，189-210頁。

吳武典（1997）：教育改革與資優教育。**資優教育季刊**，63 期，1-7 頁。

吳武典（1998）：教育改革與特殊教育。**教育資料集刊**，23 輯，197-220 頁。

吳武典（1999a）：多元智能的理念與研究。第四屆海峽兩岸心理與教育測驗學術研討會主題報告論文，浙江杭州，1999 年 10 月 21 至 24 日。

吳武典（1999b）：**資優教育政策與實務**。臺北：心理出版社。

特殊教育法（1984）。中華民國 73 年 12 月 17 日華總㈠義字第 6692 號令公佈。

特殊教育法（1997）。中華民國 86 年 5 月 14 日華總㈠義字第 8600112820 號令修正公佈。

教育部（1998）：**中華民國教育統計**。

林寶貴（1985）：**高中聯招制度對國中資賦優異教育之影響**。國立臺灣教育學院。

郭靜姿（1989）：邁向十二年國教的資優兒童教育。載於中華民國特殊教育學會、國立臺灣師範大學特殊教育中心編印：**特殊教育年刊：延長國教落實特教**，112-122頁。

盧美貴（1984）：資優教育課程的檢討與改進方案。**資優教育季刊**，13期，16-19頁。

蔡典謨（1992）：美國國家資優教育研究中心簡介。**資優教育季刊**，42期，22-27頁。

二、英文部份

Benbow, C. P., & Stanley, J. C. (Eds.). (1983). ***Academic precocity: Aspects of its development***. Baltimore: The Johns Hopkins University Press.

Clark, B. (1997). ***Growing up gifted (5th ed.)***. Columbus, OH.: Charles E. Merrill.

Clark, B. (1986). ***Optimizing learning: The integrative education model in the classroom***. Columbus, OH.: Merrill Publishing Co.

Colangelo, N., & Davis, G. A. (Eds.). (1991). ***Handbook of gifted education***. Boston: Allyn & Bacon.

Cole, R. (1997). ***The moral intelligence of children***. New York: Simon & Schuster.

Cox, J., Daniel, N., & Boston, B. O. (1985). ***Education able learners: Programs and promising practices***. Austin: University of

Texas Press.

Feldhusen, J. et al. (1989). ***Excellence in educating the gifted***. Denver: Love Publishing Co.

Gallagher, J. J. (1994). ***Teaching the gifted child (4th ed.)***. Boston: Allyn & Bacon.

Gardner, H. (1983). ***Frames of mind: The theory of multiple intelligence***. New York: Basic Books.

Gardner, H. (1993). ***Multiple intelligence: The theory in practice***. New York: Basic Books.

George, D. (1992). ***The challenge of the able child***. London: David Fulton Publishers.

Heller, K. A., Monks, F. J., & Passow, A H. (Eds.). (1993). ***International Handbook of research and development of giftedness and talent***. London: Fergamon Press.

Maker, C. J. (1982). ***Teaching models in education of gifted***. Rockville, Md.: An Aspen Publication.

Maker, C. J. (1986). ***Critical issues in gifted education: Defensible programs for the gifted***. Rockville, Md.: An Aspen Publication.

Renzulli, J. S., Reis, S. M., & Smith, L. H. (1981). ***The revolving door identification model***. Mansfield Center, Con.: Creative learning Press.

Sternberg, R.J. (1988). ***The triarchic mind: A new theory of human intelligence***. New York: Viking.

Sternberg, R.J. (1996). ***Successful intelligence: How practical and creative intelligence determine success in life***. New York: Simon & Schuster.

Sternberg, r. J., & Davidson, J. E. (1986). ***Conceptions of giftedness***. Cambridge: Cambridge University Press.

Tuttle, Jr. F. B., & Becker, L. A. (1980). ***Program design development for gifted and talented students***. Washington, D. C.: National Education Association.

Wallace, B., & Adans, H. B. (Eds.). (1993). ***Woldwide perspectives the gifted disadvantaged***. Bicester, UK: A B Academic Publishers.

資優概念與資優教育*

簡茂發

資優教育的發展，始終脫離不了一些爭議，諸如平等主義與適性教育之間的矛盾、為國舉才與追求個人發展之間的衝突等。然而，確實有學生在學習上的表現遠遠超過一般學生甚多，若讓他們在一般課程中成長，勢必遭受限制，妨礙潛能的充分發揮。基於教育立場，吾人不容錯過學習與成長的時機，也不能消極地等待各種矛盾或爭議的消弭，反而要更積極地提供讓兒童及青少年充分發展的教育機會。為求合情、合理、合法地為資賦優異的學生提供適當的教育，應先了解何謂資優？再者，進一步探討資優教育所蘊含的疑難和理念。筆者擬由「資優的字源與意義」、「西方資優概念的發展」、「中國資優概念的發展」、「影響資優概念發展的因素」、「資優教育概念的主要疑難」、「資優教育概念的主要理念」等方面探討資優概念，並指出資優教育發展的真諦。

*本文改寫自國科會專題研究成果報告（NSC86-2511-S-003-040）。

壹、資優之字源與意義

吾人常用的「資優」一詞，若從英文來看，即是 "giftedness" 和 "talent"。這兩個字分別是 "gift" 及 "talent" 的變化形式，故由這兩個字的字源探究其涵義。

一、天賦（gift）

據韋氏辭典所載，gift 在古挪威文中代表的意義是「獲得某些東西」或是「天賦」；時至近代，這個字通常仍暗示著受之於神或自然的眷顧而得的稟賦，常與 talent 互用。

二、特殊才能（talent）

據韋氏等辭典所記，talent 有三個字源；第一，古拉丁文 talenta 代表一種重量單位，用來計算錢幣，其意義與資優教育沒有直接的相關。第二，古法文和古式英文 talente，意指心靈（mind）、意志（will）、學習的慾望（learning desire），是一種心靈活動的或意志表現的能力，具有繼續發展的動力。這個字源帶給資優概念一個重要的啓示，即資優概念之內涵包含著動態發展的意義；這個字源所引申出來的意義，可以與史坦（Stern, 1916）對資優概念所提的觀點呼應，雖然史坦贊同智力是資優概念的必要條件，但他認爲資優者除了智力之外，人格特質、成就動機和適當情境也都是形成資優者成功的重要因素（Monks &

Mason, 1993, p.93）。Talent 的第三個字源來自古義大利文中所記載的馬太福音第 25 章第 14 至 30 節，這段經文描述僕人爲主人管理財富的故事，據之引申出的 talent 的概念包含後天發展的機會、動機和努力等因素。

上述 talent 的三種字源各有不同的引申，在界定資優概念時，學者或可再由 talent 字源的意義再出發，則對資優概念的內涵將有更貼切的教育意義。

貳、西方資優概念的發展

從西方文字探究資優的字源與意義後，進一步觀察西方資優概念的發展與相關的措施，一方面可以對照其是否與其字源有相互呼應之勢，另一方面也可以了解資優概念發展之趨向。

一、遺傳天才的資優概念

高爾登（F. Galton）在十九世紀中晚期擇選當時社會上 977 位名人，對其家族系譜進行調查分析，撰成「遺傳的天才」（1869）一書。高爾登稱之爲天才的人士，其概念與今日所謂的資優人才相彷，他認爲這些天才的成功來自智力的遺傳。換言之，資優的概念等於智力的概念，當時資優是一種源於先天或源自血統的能力，這個概念與 gift 字義的概念相彷，是一種來自上帝或自然的恩賜。

二、智能表現的資優概念

二十世紀起，法國醫生比奈（A. Binet）因研究智障者而發展出智力量表。智力量表的發展與修訂之學風後來漫及美國學界，心理學家推孟（L. M. Terman）及霍林渥斯（L. Hollingworth）等轉而以智力測驗來鑑定資優兒童的稟賦（nature）及進行資優兒童的培育之研究工作。推孟與歐登（Terman & Oden, 1947; 1959）甚至對資優者進行追蹤研究達六十年之久。

此時，資優概念仍著眼於智力因素的發展，難免有所侷限。推孟晚年才開始重視後天教育提供的發展機會，其身後出版之作揭示環境與人格才是決定個人卓越能力的顯著因素（Monks & Mason, 1993）。從此以後，資優的概念已具有 talent 的意涵，表示一種需要後天發展以呈現全貌的優異天賦，並且受到心靈活動有關特質的影響。

三、思考模式與創造力的資優概念

五十年代起的心理學者開始轉向研究兒童的創造力，並且肯定創造力是資優的重要特質之一，其中的代表人物基爾福（J. P. Guilford）除了對聚斂性思考繼續研究外，也重視擴散性思考。

另一方面，資優概念雖然仍以智力爲重要因素，但是已脫離單一智力的概念內涵，目前資優已被視爲多層面的、多因素的智力之表現。例如加登納（H. Gardner）的多元智力論、訊息理論和認知心理學、史坦柏格（R. J. Sternberg）的三元智力模式等，都是重要的研究成果（Heller, 1993）。

四、多元化的資優概念

七十年代以後，資優概念除了跳脫單一智力因素及增加思考模式之研究外，也出現社會理論模式等其他詮釋的研究（Heller, 1993）。另外，資優概念也有較廣闊的內涵，舉凡非學術性的人文活動、多重的才能潛力及學術上的優異表現等都是資優概念探討的範圍。

五、全人發展的資優概念

資優教育專家 B. Clark 指出，智能並非靜態的，而是呈動態的成長。她認爲教育工作者應該竭力使學生智能呈動態的發展，以協助學生的學習及成長；尤其是資優者較之一般學生更有高層次智能發展的潛力，故應提供其發展高層次智能的充分機會；並且應從多方面來思考資優概念，蓋因智力包含著生理、認知、情意及直覺四方面的發展（汪金英譯，民 80）。

史坦柏格亦曾將諸資優定義歸納分爲外顯的和內隱的兩大類因素（Sternberg & Davidson, 1986），顯示資優並非僅從智力或具體的外顯能力之表現來界定，另外如動機、態度等非智能的情意特質也是形成資優的重要因素。

由此可知，探討資優概念需要留意者不僅是智能的多方發展，還包括生理與心理的、理性與非理性的特質；此外，環境中的社會文化及政經發展的因素亦不可忽略。無論是個人身心特質或是環境的政經文化，都是個人健全發展的要素。資優者多是未來社會的中堅份子，更應是健全發展的佼佼者，故資優概念的探討應邁向注重全人發展的階段。換言之，資優概念的分析不宜忽略關懷個人全面的發展。

參、中國資優概念的發展

中國歷史上出現過多種資優概念，但古人不用資優一詞而慣用「天才」稱之，多是指有政治智慧之人才。就孔子而言，他的天才觀（資優概念）顯示，天才（資優）應是其與天合德的人格修養，屬於政治上的完美表現；就老子的觀點而言，也是將天才（資優）視爲政治上的優異表現，但其推崇的準則是「處無爲之事，行不言之教，萬物作而不辭，生而不有，爲而不恃」（郭有遹，民 80，第 37 頁）。

由於孔老夫子的影響，到了漢代，班固提出更具體的評人標準：「先聖後仁及智愚之次」，此一標準將人分爲上聖人、上中仁人、上下智人、中上、中中、中下、下上、下中、下下愚人等九等（郭有遹，民 80，第 1 頁）。

漢末魏晉時代，社會風氣浮靡奢華，士大夫間盛行人物鑑賞的風氣，對於風流雅士之評價頗高，如劉邵的「人物志」將人品分爲九種，側重在性情方面的表現；並將前代人物分爲十二材，由於「人材不同，能各有異」，各種人材，不論成就多大，都只能擅「一味之美」（郭有遹，民 80，第 19～25 頁）。此時評定人材的概念，脫離了一味政治掛帥的傳統，個人性情與特殊才能的表現也獲得重視，反映出魏晉時代特有的社會風氣。

到了現代，錢穆則以歷史觀點來品鑑資優者（天才），認爲資優者就是偉大的歷史人物，並以影響力當做品鑑歷史人物偉大性的標準。錢穆認爲中國偉大人物的產生，多與國家之盛衰興亡有關，因此道出：

> 「歷史是人文的紀錄，必是有了人才有歷史的；但不一定有了人便會有歷史，定要有少數人能出來創造歷史。並且創造了歷史也不一定能繼續的，定要有人來維持這歷史的繼續。因此歷史雖說是屬於人，但重要的只在少數人身上；歷史雖是關乎人群全體，但能在人群中參加創造與持續歷史者則總是少數。」（引自郭有遹，民80，第12～13頁）

肆、影響資優概念發展的因素

了解資優概念的發展後，須更進一步地探討影響資優概念發展的因素，以了解資優概念的深層意義，並據以進行有意義的教育活動。筆者試圖由三個層面加以探討：

一、不同學門的觀點之影響

最先研究資優者是人類學家，接著心理學家、教育學家紛紛投入，每個學門研究的角度不同，其觀點當然落在不同的層面上。例如格勒佛等（Gallagher & Courtright, 1986）以心理學的角度看，認爲資優者是個別差異下的產物，所以資優概念偏重了解個別差異的情形，以設計後續的教育活動；以教育學的概念來看，資優是學校中學習評量的不同結果之比較，因而資優概念反映著學校及文化環境對個人的影響。

即使同一學門，也會因不同取向的研究而有不同的觀點，例如蒙克（J. Monks）指出，皮亞傑（J. Piaget）嘗試直接由學業表現過程的要素來評估心智能力；而史坦伯格（R. J. Sternberg）則由學業表現上的領悟力與精巧性來決定資優概念，將學業上顯著的洞察力、解決問題的技巧及獲得知識的過程等三個因素視爲資優指標。

從以上舉例可知，資優概念的內涵與各學門各學派對資優表現的觀察層面及鑑定指標有關。由於學術考量的不同，資優概念自然產生不同的詮釋內涵。

二、政治考量因素之影響

資優或天才教育的歷史，隨政治局勢與權力的消長而有階段性的發展。資優教育的鼓吹者聲稱長期以來，影響資優教育發展的重要因素在政策面，官方政策的明確揭示或僅是形式的處理，都是資優教育發展的決定性關鍵（Passow, 1993）。

政策是實際行動之指南，一個國家或地方政府的政策足以支配資優概念被認知的程度，並且可以左右資優教育發展的情勢。制定資優教育政策的重要指標，落在已展露具社會價值的卓越潛力的兒童身上，政府有必要提供他們適當的、足夠的分化教育（differentiated education）。以符合他們潛能發展過程中的特殊需要。然而，到底怎麼樣才算是「適當的、足夠的」的分化教育，端視各國、各地方政府的社會型態及教育系統而有個別的差異（Passow, 1993）。蒙克也曾以政治面來看資優概念，認爲資優者並不一定是少數。資優者的多寡往往視決策者給予資優者課程內容而定。凡有社會之處，必有政治活動，勢必也存在不同主張之政治團體的角力較勁，資優概念難免受政治因素的影響。因此，資優概念的發展所面對的，不僅是學界不同觀點的考量，更有政治利益的傾軋及社會正義的爭議蘊釀其中。

三、社會文化的發展之影響

每個時代不同的社會文化，突顯出該時代特有的資優概念，可以象徵該時代成長的類型和本質，誠如史賓格勒（O. Spengler）所稱：每個時代都有其創作，並被視爲該階段成長的類型與本質（Tannenbaum, 1993）。例如高爾登研究「遺傳的天才」的時代，其社會文化仍存有封建色彩，該時代的類型如此，因此他所研究的對象是菁英階級；至了民主社會的時代，追求個人卓越與人人平等雖屬兩難，卻是人人可以自由選擇的信念。

時代的類型變了，社會文化的發展也變了，在民主時代標榜教育民主的理念下，資優概念不再爲擁有政經優勢的菁英階級描繪圖像，而是從各學門的不同觀點中尋求統整，並且在不同族群中追求社會公平和正義。

伍、資優教育概念的主要疑難

一、資優的成因仍有爭議

目前學界對資優的形成因素仍有爭議，不同的學門有不同的觀點；即使是同一學門，也會因不同取向之研究而有不同的見解。

蒙克（J. Monks）指出皮亞傑由學業表現過程的要素來評估心智能力；而史坦伯格（R. J. Sternberg）則由學業表現上的領悟力與精巧性來決定資優概念。這兩位學者均以認知心理學的角度來研究資優，其定義多專注於思考的過程、記憶能力和相關的技巧（Monks, 1993），其主要概念也多在強調認知發展的心理歷程。蒙克則以個人三元素和環境三元素的互動來詮釋，其中個人三元素的部份，仍是「高於一般人的能力」、「創造力」和「工作熱誠」；至於環境三元素，則是指「家庭」、「學校」和「同儕」（Monks, 1993）。

從蒙克的觀點來看，資優的成因不僅是智能上的優異表現，還包括個人的動機強度。然而，認知發展的優異表現以致產生工作熱誠？或是有工作熱誠以致充分發展其認知能力？或是兩者的綜合表現使然？抑或是有其他的成因使然？資優概念的界定與各學門各學派對資優表現的觀察層面及鑑定指標有關。由於學術考量的不同，自然就產生了不同的詮釋內涵，故其爭議仍無法消弭。影響所至，資優教育概念不免受到部分限制。

二、正確開發人類稟賦潛能的方法尚無定論

對於人類稟賦潛能的開發，目前尚無定論。因而在界定資優概念必須採較寬廣的範疇以避免有遺珠之憾。至於如何抉擇界定的臨界值，究竟要採較寬鬆的標準或是較嚴格的標準，實爲界定資優概念時的疑難之一，也形成資優教育發展的一大考驗。

三、資優沒有一定的展現時機，潛在特質鑑定著實不易

對於資優表現的展現時機，容有個別差異。每個有成功表現的資優者展現才華的年齡不一。曾有學者指出，數理資優者多在十二歲左右即有優異表現，但是也有稚齡兒童表現出眾。由於優異表現的展現時機因人、因領域而有所不同，在進行資優教育之前的鑑定工作不能只憑具體的成功表現，潛在特質的鑑定雖然不易，卻是極爲重要的一環。

陸、資優教育概念的主要理念

在種種的爭議與疑難中，分析資優教育概念的主要理念，可以提供學術界和教育界進一步釐清資優概念並發展資優教育之參考，茲臚列如下：

一、配合國家政策與社會發展之需要

國家的進步與發展，基本上植基於兩種資源的開發與運用，一是自然資源，另一則是人力資源。就臺灣地區而言，自然資源的貧乏是一大限制，因而人力資源的開拓與維繫是臺灣追求進步與邁向現代化社經結構轉變上一項不可忽視的重要力量。

人力資源的開拓以教育爲首要的條件，所以教育在國家政策與社會發展的歷程中，扮演著重要的角色，一方面配合國家政策與社會發展的需要，另一方面也影響政策與社會發展的品質。在教育改革聲浪不絕於耳的現勢中，配合國家政策與社會發展的需

要，教育內容勢必要有所調整，需要更多的彈性以反映受教者的需求。資優教育宜從增進個人的成長為出發點，但是配合整體社會發展的理念也不能忽略，畢竟個人的成長無法脫離社會發展而自行茁壯。因此，在不違國家政策與社會發展的整體利益之前提下，儘可以提供個人發展的最大空間，這確是發展資優教育的重要理念。

二、考量個別差異與追求卓越

無論資優與非資優的差異是源自對學習行為的觀察或對學習成果的評判，提供適應學生個別差異的教育措施實是教育上責無旁貸之事。再者，教育乃增進全體人類福祉及個人幸福的重要途徑，教育活動應提供每個人發揮最大潛能以邁向卓越及追求幸福的各種教育機會。因此，滿足資優者學習需求，並追求卓越的教育安置，實不容漠視。

三、維護資源分配的合理性與社會正義

教育活動的進行必須考量學生的個別差異，以提供適當的課程、教學與輔導。有些專家學者雖然同意教育應該提供受教者充分發揮潛能的機會，但其對所謂「資優者」或「資優班」卻有不少疑慮，而擔憂某部分被稱為「資優」的學生擁有較多的教育資源，可能會違反「教育機會均等」的社會公義。

由於任何教育活動都需要人力、物力，在滿足學生「個別差異」之際，也無法避免面對教育資源分配的難題；換言之，「社會正義」也是發展資優教育時必須面對的議題。

四、減少文化因素與意識型態之干擾

每個時代的社會文化之發展，反映出該時代對資優概念的看法，並可以視爲該時代成長的類型和本質。換言之，資優是個人在社會文化環境中的表現，所以資優概念與資優教育受到社會文化因素或意識型態的影響是無可避免的。惟此，容易忽略在社會文化中處於弱勢的少數民族、文化不利兒童、殘障者及婦女們，蓋因其處於文化弱勢，較難從一般性的定義中突顯出來。因此，界定資優概念及發展資優教育時，應減少文化因素與意識型態的干擾，以減少遺珠之憾。

柒、結語

透過上文的探討，可了解資優是一種動態發展的概念，其意義會隨著不同時代或不同地區的學術觀點、政治發展、社會文化等因素而有所轉變，因此資優概念的發展必須配合政治、社會、文化的發展步調而加以調整。然而，無論其內涵如何調整，資優概念仍是爲教育而發展。

由於資優概念的探討是資優教育的前置工作，而資優教育對個人而言，旨在協助個人朝最大的可能性發展，基於教育機會均等的立場，資優概念的釐清與鑑定範疇的界定，恰可爲教育安置工作鋪設適當的架構，讓不同稟賦的學生有合適的管道發展最有利的學習。從社會發展的角度而言，資優概念釐清與鑑定範疇的界定，可以統整各界對社會脈動的認知及有效分配社會資源，爲

社會拔擢與培育各界的領導人才，引領社會朝更美好的境地邁進。由此看出資優教育對個人與社會純然是雙贏的局面，因而資優概念的探討與資優教育的發展實有重要意義。尤其是處於二十世紀末的世代轉替間，我們期待資優教育促使人類更能充分展現自我，超越頂峰，邁向二十一世紀的卓越與成功。

（本文作者爲臺灣師大校長）

參考文獻

一、中文部份

中華民國特殊教育學會主編（民 76）：**資優學生鑑定與輔導**。臺北：心理出版社。

中華民國特殊教育學會主編（民 76）：**資優學生創造力與特殊才能**。臺北：心理出版社。

中華民國特殊教育學會主編（民 84）：**教學與研究**。中華民國特殊教育學會印行。

郭有遹（民 81）：**中國天才盛衰史**。臺北：國立編譯館。

郭有遹（民 83）：**創造性的問題解決法**。臺北：心理出版社。

蔡崇建（民 79）：資優教育的點、線、面。**資優教育季刊**，35，1-13

Barbara Clark 主講、汪金英紀錄（民 80）：九十年代的智慧增長。**資優教育季刊**，40，1-8。

二、英文部份

Gagne, F. (1993). Constructs and model pertaining to exceptional human abilities. In Heller, Monks, & Passow (Eds.), ***International handbook of research and development of giftedness and talent***. Oxford: Headington.

Gallagher, J. J. & Courtright, R. D. (1986). The educational definition of giftedness and its policy implication. In Robert J. Sternberg & Janete Davidson (Eds.), ***Conceptions of giftedness***. New Yolk: Cambridge.

Gardner, H. (1983). ***Frames of mind: The theory of multiple intelligence***. New York: Basic.

Heller, K. A. (1993). Structional tendencies and issue of research on giftedness and talent. In Heller, Monks, & Passow (Eds.), ***International handbook of research and development of giftedness and talent***. Oxford: Headington.

Kindsvatter, R. (1991). ***Conception of giftedness and talent: A Q-methodological study***. Kent State Uni. (EDD)

Monks, F. J. & Mason. E. J. (1993). Developmental theories and giftedness. In Heller, Monks, & Passow (Eds.), ***International handbook of research and development of giftedness and talent***. Oxford: Headington.

Nevo, B. (1994). Definitions, ideologies, and hypotheses in gifted education. ***Gifted Child Quarterly***, ***38***(4), 184-186.

Passow, A. H. (1993). National/State policies regarding education of the gifted. In Heller, Monks, & Passow (Eds.), ***International***

handbook of research and development of giftedness and talent. Oxford: Headington.

Patten, K. E. (1990). ***Giftedness: An examination of current definitions: A proposal for a new definition and a consideration of its implication.*** Simon Fraser Uni. (EDD)

Renzulli, J. S. (1978). What makes giftedness? Reexamining a definition. ***Phi Delta Kappan***, 60, 180-184.

Sattler, J. M. (1988). ***Assessment of children*** (3rd ed.). San Diego: J. M. Sattler, publisher.

Sternberg, R. J. (1990). What constitutes a "good" definition of giftedness? ***Journal for the Education of the Gifted***, ***14***(1), 96-100.

Sternberg, R. J., & Davidson, J. E. (1986). ***Conceptions of giftedness***. Cambridge, UK: Cambridge University.

Tannenbaum, A. J. (1993). History of giftedness and "gifted education" in world perspective. In Heller, Monks, & Passow (Eds.), ***International handbook of research and development of giftedness and talent***. Oxford: Headington.

VanTassel-Baska, J. (1994). ***Comprehension curriculum for the gifted learner***. (2nd.ed). Boston: Alley & Bacon.

Wallace, B., & Pierce, J. (1992). The changing nature of giftedness: an examination of various strategies for provision. ***Gifted Education International***, ***8***(1), 4-9.

我國資優教育政策分析與檢討*

吳武典

壹、緒論

政策（policy）乃是行動指引的規劃，資優教育政策之良窳可以促進或限制資優教育的發展（Passow, 1993），良好的資優教育政策雖然因地而異，卻有一個共同的特點：它對於提供適切的教育以滿足資優兒童的特殊需求，有明確的規範。

以美國而言，資優教育政策之形成始於 1958 年之國防教育法案（National Defense Education Act），具體而微於 1971 年的馬蘭報告（Marland Report），正式確定於 1978 年之「資優兒童教育法」（Gifted and Talented Children's Education Act）及 1988 年之「資優學生教育法」（Gifted and Talented Students' Education Act）。1990 年，全美有五十個州都有了資優教育政策（Passow, 1993）。

*本文改寫自作者之國科會補助專題研究報告「我國資優教育政策之現況及其影響因素探討」（計畫編號：NSC84-2511-S-003-055）。

我國資優教育政策萌芽於民國五十一年的第四次全國教育會議。那次會議確定了資優學生接受適當教育機會的原則。十年後（民國62年）我國第一階段資優教育實驗計畫終於展開，其後（民國68年與71年）第二階段與第三階段資優教育實驗計畫，接續進行。民國七十三年，「特殊教育法」頒行，並於八十六年修正，我國資優教育政策與制度乃大體確定。學制與課程的彈性、師資培育的強化、社會資源的運用等，乃有了法定的基礎，四大支援系統—課程設計、師資培育、資源運用及研究發展，也有規可循（Wu, 1992a, 1992b）。然而，在某些方面（如集中式與分散式編班，提早入學等），各縣市做法仍然不一，追蹤制度仍未建立，顯示在政策上仍有待釐清或改進之處（吳武典，民 83）。而國內這方面系統性之研究幾乎闕如，僅有零星之探討（蔡崇建、吳武典、王振德，民 71）。

事實上，我國迄無明確之資優教育政策，僅有零散之法令規章與主政者意見，但均不完整（我國整個教育政策除憲法教育文化篇規定之基本原則外，迄未有正式「教育白皮書」，故於民國八十三年籌辦之第七次全國教育會議目的即在爲教育白皮書催生，該「報告書」已於民國八十三年十二月正式出爐）。故本研究之「我國資優教育政策」，係假設爲「進行式」或「雛型」，其現況分析重點一在了解其「成熟度」，一在了解其梗概並加整理、檢討。

由於政策有引領未來發展之功能，本研究除檢討過去、分析現在之外，並試圖作未來趨勢分析，並據以作成建議。

由於資優教育政策研究迄無任何學者提出理論架構（Passow, 1993），筆者乃根據有關文獻，加以思考，整合成下列架構（圖一），作為本研究之主要指引。

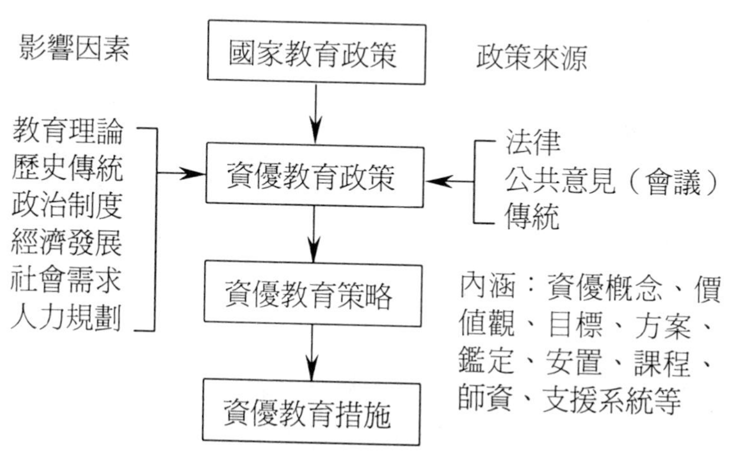

圖一　資優教育政策研究理論架構

圖一之架構有下列三要義：

一、政策也者應是可大可久，因此在位階上，資優教育政策上秉國家教育政策，下攝資優教育策略；資優教育策略又衍生資優教育措施，層層相連，環環相扣。其內涵包括資優概念、價值觀、目標、方案、鑑定、安置、課程、師資、支援系統等。

二、政策之主要來源不外法律、公共意見（透過會議形成之共識）及歷史文化傳統或慣例，其中又以法律為主要依據。我國資優教育之主要法律依據為特殊教育法（民 73）。

三、影響資優教育政策之主要因素有教育理論、歷史傳統、政治制度、經濟發展、社會需求及人力規劃等。各因素之份量，隨國情而有不同。

綜覽有關文獻（如吳武典，民 83；Gallagher, 1985; Heller, et al., 1993; Monks & Mason, 1992; Passow, 1985, 1993; Passow & Rudmitski, 1994），可知：資優教育政策之形成乃依據法律（如特殊教育法）或共識（如全國教育會議決議）；它受到政治、社會、經濟、文化、哲學等因素的影響，有地域性之差異；任何資優教育政策的分析，需從歷史傳統、理論依據及現實社會三個層面加以考慮；除了本國（本土）性之探討外，並應兼顧國際動態，與世界同步，作全方位之考慮。

基於以上之考量，本研究之目的如下：

1. 分析我國資優教育政策之現況。
2. 探討各界人士對我國資優教育政策之意見。
3. 提出對我國資優教育政策之建議。

貳、我國資優教育政策之發展與檢討

中華民國之資優教育自民國五十一年召開第四次全國教育會議，提案發展資優兒童教育計畫以來，翌年由臺北市陽明、福星二所國小試辦兩年的資優兒童教育研究。而正式訂定資優教育目標、組織、師資等具體項目，予以有計畫的實施，應始自民國六十二年起連續三階段的國民中小學資賦優異教育實驗，以及民國七十二年起推動之高中數理科學習成就優異學生輔導實驗計畫。

茲就我國資優教育理念、目標、方案、鑑定、課程、師資及其他相關指施等之演變，及是否符合世界潮流與趨勢，分析檢討如下（參見吳武典，民83；鄭美珍，民84）：

一、理念方面

世界各國對於資優教育所持看法有二：㈠反對資優教育者，認爲資優教育破壞「平等」原則；㈡支持資優教育者認爲資優教育是「人盡其才」、「適性教育」，應予重視。部分歐洲國家及日本，沒有資優教育計畫，他們擔心這類計畫可能傷害平等主義；而東歐共產或社會主義國家，則認爲資優理念與社會主義相悖，以馬克斯主義而言，必須消滅天生的顯著性，採取「結果的平等」，而「非立足點的平等」。相反地，支持資優教育者，認爲「平等」與「資優」並不衝突，以美國爲例，兼顧「平等」與「資優」二者之價值，讓所有的兒童皆有接受平等的教育機會，同時資優者亦能得到最好的關注與安置，以發展其潛能（Gallagher, 1993）。

至於我國之資優理念，可溯自歷代對於「神童」之重視。如東漢召童子郎入太學讀書，唐設童子科以舉神童，宋主張應科舉者先受學校教育，元設童子科舉才，明之神童被薦者由天子召見親試。清末實施新學制，學校教育積極推廣，但爲適應資優生之個別差異，學者專家亦開始重視資優教育；民國建立以來，隨著國民教育的推展，選拔天才兒童施以各級學校義務教育之建議，於民國十九年之第二次全國教育會議中被提出。政府遷臺後，由於國民教育逐漸普及，在行有餘力之情況下，資優教育應運而生。

遂有民國五十一年第四次全國教育會議之資優教育提案，及民國六十二年起連續三階段之資優教育實驗。是以，我國自歷代迄民國以來，對於「資優」均持肯定與重視之態度，在理念上誠如　國父孫中山先生所言採「立足點平等」，讓每個人隨著個人之聰明才智，使潛能充份發揮，而非對於資優者給予壓抑，以呈現「平頭式的假平等」（鄭美珍，民 84）。同時我國的資優理念，亦本乎國父之服務人生觀：「聰明才力愈大者，當盡其能力而服千萬人之務，造千萬人之福。」因此，資優教育人才的培育，是人盡其才，適性發展，以達到造福國家、社會與人群之目的。此與歐美民主國家的資優理念，頗為相符。

二、目標方面

中華民國資優教育訂有目標，應始自民國六十二年教育部頒定的「國民小學資賦優異兒童教育研究實驗計畫」。第一階段的目標有六：1.研究資賦優異兒童智能特質、人格特性及學習歷程；2.研究如何充份發展資賦優異兒童之潛能；3.探討課程標準對資賦優異兒童之適應性及如何充實課程內容以滿足其充份發展之需要；4.研究改進適合於資賦優異兒童之教學方法，以充分發揮教學功能；5.輔導資賦優異兒童養成良好生活習慣及健全人格；6.實驗資賦優異兒童之教育方法，以作為推廣及確立制度之參考。第二階段的目標有四：1.探討國民中小學資賦優異學生之智能特質與創造才能；2.發展適合國民中小學資賦優異學生之課程、教材與教法；3.培養國民中小學資賦優異學生之健全人格；4.建立國民中小學資賦優異學生之教育制度。第三階段的教育目標有四：1. 發掘資賦優異學生以培養優秀人才；2. 發展資賦優異學生之鑑別方法及工具；3. 設計適合國民中小學資賦優異學生之課程、教材及教法；4. 建立國民中小學資賦優異學生之教育模式。

至於數理資優班之實施目標，則爲「加強中學數學及自然科資賦優異學生之輔導，提供良好的學習環境，使其充份發揮潛能，爲進一步之科學學習研究，奠定深厚根，基俾造就優秀之基礎科學人才。」另外，各類特殊才能（音樂、美術、舞蹈、體育等）實驗班之實施目標，主要在於及早發掘具藝術潛能之學生，施以有系統之教育，以發展其藝術創作之能力，培養優秀之藝術或表演人才。

綜合以上中華民國資優教育之實施目標，實包括認知、技能、情意等三方面，亦可歸納爲以下七點：1. 接受正規教育並準備繼續教育；2. 應用智能促進批判性與推理性思考；3. 發展創造力並鑑賞創造力；4. 促進社會性發展及成熟；5. 促進自我了解和心理健康；6. 發展道德和精神價值；7. 試探並建立一生的職志（吳武典，民 83）。而美國資優教育之目標，依據馬蘭報告及「資優兒童教育法」（1978）：資優兒童需要不同的教育方案和服務，以實現其自我並貢獻於社會（Gallagher, 1993）。可見美國資優教育的目標包括兩方面，一爲個人潛能的發揮，以實現自我；二爲將個人才華與能力，貢獻於社會，服務於人群。因此，我國資優教育目標與之頗爲吻合。相反的，若干國家，藝術和運動人才之培育，並非以個人之自我實現爲目標，而是以藝術或運動員之傑出表現，爲國爭光，獲得國際宣傳之利益爲目的（Urban & Sekowski, 1993），與我國有很大的不同。

三、方案方面

中華民國資優教育政策之最重要法源依據是民國七十三年公佈之「特殊教育法」，該法第二章第十條至第十四條，共五條文均在闡述「資賦優異教育」之基本內涵與政策。明訂資賦優異內容、對資優學生之獎助、對資優學生應有的主動積極輔導作爲、對資優學生之保送升學輔導措施和對資優學生縮短修業之彈性年限作法。另外，民國七十五年教育部頒訂之「特殊教育課程、教材及教法實施辦法」第三條及第五條規定，對於資優學生課程採加深、加廣、加速方式，以及小班教學、個別化教育措施資源教室（班）等安置，均有所規定。

至於國外重要之資優教育政策與方案，可概分爲三大類：充實（enrichment）、加速（acceleration）和能力分組（ability grouping）。充實的方式有加深（推理思考與問題解決）、加廣（水平思考與想像創造）；其重點在充實課外經驗，鼓勵自發學習；包括獨立研究、夏冬令營（或週末營）、外語學習、生涯課程、參觀訪問等。加速的方式有提早入學、提早畢業、跳級、濃縮、免修、學科分級、不分年級、進階預修等。能力分組的方式有自足式特殊班（集中式）、資源教室教學（分散式）、抽離式、榮譽班等（吳武典，民83）。

我國資優教育之發展，依據相關法令，亦採取以上三大類辦理，在「充實制」中，除課程、教材的加深、加廣外，大家所熟知的「朝陽夏令營」即集合了資優學生利用暑假所辦理的研習活動。另外「加速制」採取提早入學、縮短休業年限及保送甄試升學等，尚具成效。至於「能力分組」方面，集中式與分散式均曾採行。因此，我國資優教育政策，不但與世界資優教育趨勢相當吻合，同時更具有一些特色，包括：㈠先作有計畫的階段性實驗，再予推廣；㈡在實驗計畫中，規定追蹤期；㈢資優教育依學制分級、分類實施（含國小、國中、高中階段之資優教育，以及一般能力優異、學術性向優異、特殊才能優異等類別）；㈣各級政府全力支持資優教育，編列預算支應；㈤教育部聘請教育行政人員及學者專家組成「指導委員會」，負責資優教育計畫之設計與督導工作。

四、學生鑑定

一般能力優異資優學生的甄選程序大致分為初選與複選。初選由實驗學校負責，參加團體智力測驗，並根據學生平時學習表現及教師的觀察提出候選的名單；複選由輔導單位協助實驗學校實施個別智力測驗、創造能力測驗及其他學業成就測驗等，最後召開資優學生鑑定會議決定。至於特殊才能優異資優生之甄試，由主管教育行政機關、實驗學校及專家成立鑑定小組，甄試項目包括：性向測驗、智力測驗及術科測驗三項。從以上鑑定的方式，可以看出國內對於資優生之鑑別，較注重測驗。而這些測驗工具本身，由於使用多年，或保密不周，或部份家長「望子成龍」之心理，而安排子女加強補習，導致測驗結果效度降低，偶有所謂「假性資優生」之出現，反造成學生學習上之困擾。因此，如何推陳出新，研製更多可用之測驗工具，以及仿照國外辦法利用其他多元方式去鑑別，均有待努力。

五、課程方面

資優教育之課程以教育部頒訂之課程標準爲主，並根據學生之程度與需要，增加教材之廣度與深度。第一階段的實驗，其教育方式，係採取能力分班的型態，將資優學生組成特殊班，施以充實的課程及創造思考教學，稱爲「集中式」。第二階段的實驗，則在集中式的特殊般之外，另以「資源教室」的模式輔導資優學生，稱之爲「分散式」，並研究國小階段資優生縮短修業年限之可行性。至於「集中式」與「分散式」之優劣，依據民國七十一年第二階段實驗告一段落後，經評鑑小組實地訪視及問卷調查結果，發現集中式資優班學生之「創造發展」與「學業成就」優於分散式資優班學生；而分散式由於缺乏行政與教師之支持，實驗效果不彰（吳武典，民 72）。但是在國外，對於一般能力資優之學生，很少採「集中式」資優班，大多利用課外活動或採資源教室或在課程上加深、加廣。至於國外的資優特殊學校，則大多以科學、藝術、體育、外語……等特殊學術性向或特殊才能爲主，如韓國即爲一例。而我國之資優特殊學校，目前僅有復興劇校、體育高中與體育學院及臺北市籌辦中之麗山（科學）高中等有點類似。在「藝術教育法」（民 86）公布後，預期將會推展藝術才能（音樂、美術、舞蹈、戲劇等）之一貫制學校。

六、師資方面

早期擔任資優教育實驗之教師，均由各實驗學校遴選校內優良教師擔任，並接受爲期兩週的職前訓練。民國六十四年起，教育部訂定了「特殊學校（班）教師登記辦法」，民國七十六年依據特殊教育法（民 73）訂頒「特殊教育教師登記及專業人員進用辦法」。目前資優教育教師的主要來源有二：⑴職前培育：師範院校特殊教育系（組）畢業生，⑵在職研習：遴選普通班教師接受特殊教育專業學分研習；而以後者爲主。目前資優班教師的員額編制，國小每班二人，國中每班三人。

國外在推展資優教育計畫中，有關師資之培訓，均相當重視，同時培訓亦包括職前與在職之持續訓練二部分，此與國內情形相同。

七、其他相關措施

包括辦理各種研習營、舉辦成果發展會、辦理週末研習輔導活動、參加國際數理奧林匹亞競賽、辦理提早升學學生學力鑑定、辦理甄試保送入學等（吳清基，民83）。

㈠辦理研習營

爲了讓資賦優異學生有互相觀摩切磋之機會，主管教育行政機關通常會利用寒暑假期間，委託學術機構辦理研習營，藉以交流學習經驗，提昇學習動機與成果，如：朝陽夏令營、美術夏令營、數理科學研習營、文藝創作研習營、英語研習營等。這些研習營之師資，通常來自大學院校，學生人選都是各校推薦的資優學生。研習課程之安排頗受學生之喜歡，其研習成果相當受到肯定。

㈡ 舉辦成果發表會

為了肯定資優教育的實施成效，各實驗班的學生通常都要定期辦理成果發表會，如：音樂實驗班的音樂演奏發表會、美術實驗班的美術成果發表會（美展）、舞蹈實驗班的巡迴舞蹈發表會。一般而言，各界對以上之成果發表會評價皆相當不錯。

㈢ 週末研習輔導活動

教育部與行政院國家科學委員會為加強資優生之學習輔導，在中央研究院、臺灣大學、清華大學、成功大學和中山大學等五個學術研究機構，分別利用週末、日之時間，辦理高中資優學生數學科、物理科、化學科、生物科和地球科學等學科之學習輔導活動。這些學生均是經過各高中推薦，再由各大學遴選，才編入輔導研習班，由於教授陣容堅強、教材教法精心設計，學生經三年輔導研習，確實獲益良好。

㈣ 參加國際數理奧林匹亞競賽

由於高中數理科學教育實驗班，多年來教學成果頗受肯定，我國乃在 1991 年起參加亞太地區數學奧林匹亞競賽，接著參加國際數學奧林匹亞比賽之觀摩。自 1992 年起正式參加在美國匹茲堡舉行的國際化學奧林匹亞比賽。1994 年則繼續參加數學和化學的國際競賽外，也同時參加國際物理和國際資訊奧林匹亞競賽，的確對國內數理資優教育起了相當大之鼓勵作用（吳清基，民 83）。今年（1999 年）首次組隊參加國際生物奧林匹亞競賽，即獲得三面金牌之佳績。

㈤ 辦理學力鑑定

爲提供資優學生之升學輔導機會，每年主管教育行政機關，皆定期要求各級學校推薦學生，參加資優學生鑑定考試，俾跳級升學，此制度可使學制更具彈性和多元，對資優學生的學習與發展具有相當的幫助。雖然，有人批評每年資優生跳級升學成功的人數相當有限，卻勞師動眾，然而此一學力鑑定和跳級制度終究是資優教育中值得保存的一環，有助於鼓勵資優生的加速學習。

㈥ 辦理甄試保送入學

每年爲資優學生辦理甄試保送入學，除了國中學生因數理資優甄試及格可保送高中外，高中學生若因數理資優亦有機會甄試保送各大學數理科系就讀。近六、七年來國文和英文資優生亦開始有了保送大學國文系或英語系就讀之機會。一般而言，國三學生只要符合資優之條件，經數理性向測驗及格後，再加上語文和數理操作測驗之鑑定，就有機會獲得保送高中就讀機會。而高三學生，如三年內數理科（數學、物理、化學、生物、地球科學）或國文、英文科之成績爲全年級之百分之二；或參加全國性或國際性學科競賽獲得前三名者；或參加全國性學科研習活動表現優異經主辦單位推薦者；或有專門研究學術著作經大學本科系兩爲教授推薦者。在上述四種條件下經智力測驗和性向測驗初試通過後，再參加研習營甄試及格錄取者，即可免試保送大學本科系。有關資優生之甄試保送入學措施，頗爲人所肯定，另外自八十二學年度起，大學入學考試中心，又推出「推薦甄選入學辦法」，以拓展績優學生入學大學特定科系之作法，亦均有其特色（吳清基，民83）。

綜上所述，中華民國資優教育理念、目標、政策與辦理方式之演變，大體上與世界資優教育趨勢吻合。惟有關資優學生之鑑別方面，似嫌過度依賴測驗工具，此可能與國人重視「考試」，認爲「考試最公平」之觀念有關。另外，一般能力資優生之教育過去採「集中式」，今多已改爲「分散式」，究竟孰優孰劣，仍無定論，有待進一步檢討評估。

參、研究方法

本研究除文獻法外，採問卷調查的方式進行資料蒐集。

一、研究對象

本研究樣本共分爲八類，樣本分配如表一所示。

表一　本研究樣本分配

		取樣人數(N)	有效回卷(N)	%
學者專家	特教領域	90	58	64.44
	非特教領域	90	58	64.44
行政人員	教育行政	120	102	85.00
	學校行政	350	290	82.85
教師	資優班	100	66	66.00
	普通班	250	228	91.20
家長	資優生	250	228	91.20
	普通生	250	132	53.80
合　計		1,500	1,162	77.47

二、 研究工具

自編「我國資優教育政策問卷」乙種，共 29 個選擇式及一個開放式問題，其內容包括教育態度、基本認知、推展理由、基本策略、支援系統、安置模式等。問卷的信度考驗採「重測信度」，樣本人數為 49 人，包括各類別的受訪者，第一次和第二次測量時間約間隔兩週，除第十三至第十五題以相關係數法求得，其餘各題皆計算受訪者在前後兩次測驗的一致性。結果發現：受訪者前後一致的百分率約在 55.10%～95.92%。平均一致性百分率為 80.49%。第十三至十五題的重測相關係數分別為 .67，.51，與 .70，均達 .001 的顯著水準。

三、研究程序

研究樣本採隨機取樣方式抽取：特教領域之專家學者由筆者專函各師範院校之特教系所，由任教之教授填答後寄回；非特教領域之專家學者亦由筆者函請一般大專院校系所，請隨機抽樣填答；教育行政人員、學校行政人員、資優班教師及普通班教師等，則利用數次研習班的時間發出問卷，再請他們寄回。而學生家長們也是利用研習班的時間，由學員們帶回各自任教的學校，由學生交由家長們填答。

總計共發出 1,500 份問卷，有效回卷為 1,162 份，有效回收率為 77.47%。

四、資料之處理

對於封閉式的選擇題以次數、百分比的方式呈現，輔以卡方分析（複選題例外）；對於具連續變項屬性的題目（即比重問題部份），則採用變異數分析的方式。對於開放式的問題，則綜合受訪者的回答，加以整理歸納。

肆、結果與討論

茲就教育態度、基本認知、基本策略、支援系統、安置模式及綜合意見等六方面，就其主要問題調查結果分析與說明如下：

一、教育態度

高達九成九的受訪者對教育改革表示支持的態度，顯示教育改革確有其必要性。其中，支持穩健改革的受訪者比積極改革者多出至少一倍；顯示大多數受訪者雖認爲現階段教育制度確有改善的必要，卻也不希望採取太過激烈的手段或方式。與支持教改的態度一樣，絕大多數受訪者支持資優教育的推行（高達九成四）。從交叉分析來看，學者專家（尤其是特教領域）的支持態度更高；值得注意的是普通學生家長有一成五持不贊同態度，是各類中偏高的。

結果顯示，本研究各類人士對教育改革與資優教育均持極爲肯定的態度；支持教改亦支持資優，兩者必有極高相關。資優教育之理念在我國教育史上有其源流，今已爲多數先進國家所認同，有此「民意基礎」，資優教育作為我國教育發展不可或缺的一環，殆無疑義。此外，或有人認為普通教育辦好了再辦特殊教育，或認為殘障教育應優先辦理，但觀諸研究結果，八成以上受訪者均主張「兩者並進」，這在政策上具有兼籌並顧、「雙贏」的意義，與美國等先進國家（日本除外）之政策吻合。

二、基本認知

那一個名詞較能說明代表能力卓越者的特質？這似乎是一個見仁見智的問題。就本研究的受訪者來說，多數人仍偏好以「資優」這一個名詞，這或許和國人的口語習慣有關，亦和資賦優異一詞較「天才」（香港使用）、「英才」（日本使用）、「高材」（歐洲及新加坡使用）、「超常」（中國大陸使用）等詞之標記性作用較低有關，調查結果顯示：現階段我國相關法令用此名詞，堪稱允當（共約七成喜歡這一名詞）。

另一方面，多數的受訪者（約七成五），並不認為我國在文化傳統上重視資優教育，也不認為我國目前有明確的政策。但約有六成的受訪者認為我國現階段頗為重視資優教育，顯示資優教育的重要性已漸漸受到肯定。惟在資優學生家長的部份，則有例外：即認為不重視的比率略高於重視的比率。

至於認為應加強推展資優教育的受訪者平均高達八成，而持負向態度者（「加以抑制」或「停止辦理」），則不到 5%。由此看來，多數受訪者對資優教育再度表示肯定的態度，相較於若干國家，民意支持資優教育不高的情形（Wu & Cho, 1992），此一結果似反映臺灣社會對資優教育有高度的期待，反對的聲音應屬極少數。分析受試者支持資優教育的理由，主要是基於「教育的理論」（高達八成）。認為資優教育應維持現狀的受訪者，多數著眼於「實施的成效」（有 64.6%）。至於選擇加以抑制或停止辦理的受訪者，有高達七成是對資優教育「實施的成效」不滿意。由上述的結果，大略可了解：多數受訪者對現階段資優教育的成效並不滿意，多數受訪者仍基於教育理論上的考量，支持資優教育的推展；如何提昇資優教育的成效，為國育才，是今日資優教育最重要的課題。

對法令依據的了解方面，調查結果發現，有半數以上的受訪者不清楚資優教育的法令；特別是有高達五成的資優班教師及八成以上的資優班學生家長，不了解資優教育的法令依據。這樣的結果，或許可以解釋高達五成以上的受訪者批評資優班會成為「超級升學班」的現象；因為不了解資優教育的法令依據，自然不能明白設立資優班的目的何在，在升學為導向的錯誤風氣下，很自然的便以升學為資優班的惟一目的。令人驚訝的是特教專家學者也有將近二成不知道資優教育有法律依據，教育行政人員更高達三成。特教從業人員之基本特教法律素養似有加強之必要。

三、基本策略

在資優教育中，一個令人關心的課題是：資優生的個性發展與環境調適何者為重？是否應當讓資優生分出一些心力在和他人的互動上，以免造成資優生和他人之間的隔閡？結果顯示：各類受訪者都傾向於認為「個性發展」應略重於「環境調適」。

資優教育應全國統籌辦理，以使各校有一套依循的模式，或是各個學校可依自己的狀況，各自發展其模式比較有成效？結果顯示：除了特教領域的專家學者（各約五成）外，各類的受訪者都偏好統籌辦理的方式，尤以資優班教師及普通班教師為然。造成如此的結果，很可能是因為教領域的專家學者有著特教專業的知識和背景，較能注意到各類資優生的個別差異，也較傾向於「鬆綁」，而教師們則可能耽心「各自發展」將導致無所適從，也可能反而增加責任和負擔，因而傾向支持統籌辦理。

對資優學生修業年限的看法方面，結果顯示：大部份的受訪者（平均約六成）認為「資優學生的修業年限應保持最大的彈性」。然而，若細看各組組內的情況則可發現：普通學生家長在「保持最大彈性」這一選項上，是惟一低於五成的組群（僅達三成）；而在「應與普通生一樣」這一個選項上，普通學生家長也是惟一高於兩成的組群。這是否表示有些普通學生家長認為：資優教育政策的實施已對普通學生造成「不公平」的感覺？或只是酸葡萄的心理作祟？這也是在擬定資優教育政策時，必須考量的因素。

四、支援系統

目前我國各級教育行政單位均未設置如美國、德國、新加坡、以色列等之中央級資優教育行政專責單位，調查結果顯示：有將近八成五的受訪者認為應設置「辦理資優教育」的專責機構。

關於資優教師的任用資格，結果顯示：絕大多數的受訪者認為「資優教師應接受專門的訓練」（逾九成）八，顯示了受訪者對資優教師專業素養的重視。

對於爲「資優生設置獎學金」的看法。結果顯示：多數受訪者傾向於設置一部份獎學金，選擇「多設置獎學金」或「不必設置」的受訪者則較少。這可能是多數受訪者希望能將獎學金的用處發揮至最大：給那些真正需要的人，因此才選擇較爲「中庸」的「無妨設置一些」。

五、安置模式

結果顯示：多數受訪者並不贊成爲資優學生設置特殊學校（五成強），贊成設校的只有約二成五，甚至於特教領域的專家學者也只有二成強的贊成。這可能與現階段回歸主流的風潮有關，也可能是基於經濟效益或教學成效等因素的考慮。總之，多數受訪者並不認爲有必要爲資優生另外設置特殊學校。

至於對「設置資優教育重點學校」的看法，則是另一種局面。所謂資優教育重點學校，類似美國的磁性學校（magnetic school）、澳洲的精選中學（Selective High School）或中國大陸的「重點中、小學」。結果顯示：多數受訪者贊成設立資優教育重點學校（五成強）的情況下，普通班學生家長仍以偏低的比率（近三成而已），表達他們的意見，多數表示不關心（四成強）或不贊成（紛三成）。重點學校在安置的序位上介於特殊學校和特殊班之間，似較能爲國人所接受，惟如何規劃，仍有待思考。

集中式編班與分散式編班究竟孰優孰劣，在我國資優教育界一直爭議不休，未有定論。本研究資料再度顯現見仁見智的結果：贊成集中式編班的受訪者佔 49%，贊成分散式編班的受訪者亦佔

43%。扣除無意見的受訪者後，發現：特教領域的專家學者似比較贊成分散式的編班（約爲六與四之比）；非特教領域的專家學者對此則沒有特別的偏好（各約五成）；教育行政人員較贊成分散式編班（約爲六成吾對三成五）；學校行政人員與普通班教師則沒有特別的偏好；資優班教師較偏好集中式編班（約爲六與四之比）；資優學生家長亦贊成集中式編班（約爲六與四之比）；普通班學生家長則以無意見的佔大多數。

六、升學管道與追蹤輔導

結果顯示：多數受訪者認爲比較合適的方式是「以保送甄試爲主, 聯考爲輔」（約六成），這也是目前之升學管道改革之走向。目前的實際狀況是「以聯考爲主，保送甄試爲輔」，並不符合多數人的期望。在此處，我們同樣可看出「普通班學生家長」和其他類組做出較不類似的反應模式；他們仍有二成三的受訪者，強調「資優生的升學管道應與普通生相同」。這樣的反應，再一次反映出普通班學生家長要求公平的企圖。

資優學生的追蹤輔導應否列爲資優教育的重點？這一問題的意見是：將近九成的受訪者是肯定的。然而普通班學生家長在此一課題上似乎冷漠多了，只有五成及的受訪者同意此一論點，卻有高達二成四%的普通班家長對此無意見，似乎又與「事不關己」有關。

七、綜合性意見

在本問卷的最後一部份，係詢問受訪者對資優教育政策的綜合性意見。雖然大部份的受訪者只填答了封閉式的選擇題，仍有少部份的受訪者詳細的填寫了這一開放式的題目。經整理後，大致可歸納出下列幾點：

㈠ 定義

受訪者表達的意見是：「現階段對『資優』欠缺明確的詮譯。因此有必要區分『資優』、『績優』的不同。」

㈡ 評鑑

受訪者多半認爲對資優生的篩選應重視公平性，使用的評鑑工具則應重視其正確性。

㈢ 缺失

受訪者認爲現階段資優教育政策的缺失在於：「資優班淪爲升學班」及「只偏重智育學科的資優」。而造成此一現象的原因則是「升學主義」。

㈣ 人格成長

受訪者認爲：「資優教育應注重人文教育；資優教師應爲『人師』，應注重品格及道德的教育」。集中式編班則易造成人格的偏差。

㈤師資培育

在此一論題上，受訪者認為：「資優教育要有成效，師資的培育是必須配合的。此外，應編定資優教育的教材及刊物，方可收效。」

㈥目標

針對資優教育的目標，受訪者認為：「資優教育應使人力得到良好的發揮，促使資優生以服務多數人為目標。」

㈦步驟

對於資優教育的實施步驟，部份受訪者認為：「資優教育應循序漸進，勿揠苗助長；同時也應保持最大的彈性。」

㈧教育機會

受訪者認為：「應提供一定的名額給偏遠學校及貧苦學童，以保持城鄉教育機會之均等。」

㈨輔導

對資優生提供適時的輔導，是相當重要的一件事，特別是對資優生心理層面，應予重視。

㈩制度

受訪者認為：「資優教育的法規必須一以貫之，避免因法令、制度上的不周延，使資優教育的成效受負責人員的左右。」

肆、結論與建議

一、結論

本研究旨在檢討我國資優教育政策現況及其影響因素。首先就有關文獻檢討美國、歐洲與亞洲重要國家，提出資優教育政策研究的理論架構，包括政策位階（自上而下爲國家教育政策、資優教育政策、資優教育策略與資優教育措施），政策來源（法律、共識與傳統）及影響因素（包括教育理論、歷史傳統、政治制度、經濟發展、社會需求與人力規劃）。其次，分析我國資優教育政策的發展過程，並就理念、目標、方案、鑑定、課程、師資等加以檢討。最後以自編「我國資優教育政策問卷」進行調查，問卷內容包括教育態度、基本認知、推展理由、基本策略、支援系統及安置模式等六方面。調查對象共分四類八組：⑴專家學者（含特教領域與非特教領域），⑵行政人員（含教育行政與學校行政），⑶教師（含資優班與非資優班），學生家長（含資優生學生家長與普通生學生家長）。共發出問卷 1,500 份，有效回卷爲 1,162 份（佔 77.47%）。文獻分析與調查研究所得結果可歸納如下：

㈠ 文獻分析方面

透過文獻檢視與分析，對我國資優教育政策的形成與影響因素，可得如下結論：

1. 我國資優教育政策的形成：根源於我國傳統教育對拔擢人才（但非培育人才）的重視，萌芽於民國五十一年的第四次全國教育會議，蘊釀於資優教育實驗計畫及有關法案（尤其是「國民教育法」與「特殊教育推行辦法」），正式形成於民國七十三年的「特殊教育法」。故我國資優教育政策的主要依據應是法律，尤其是特殊教育法。

2. 我國當前資優教育政策之特色是：(1)基於「適性教育」的原則，與身心障礙教育並行，且合併立法；(2)由政府主導，並編列預算支應；(3)資優教育的目標兼顧個人發展與社會服務；(4)採用多元才能的概念；(5)提供資優學生較為彈性的修業年限與升學管道；(6)強調課程與教材、教法的彈性；(7)資優教育依學制分級，分類實施；(8)學生鑑定以客觀化之評量為準；(9)在策略方面以充實方案為主，輔以能力分組和加速措施，不鼓勵成立資優學校；(10)強調專業師資；(11)強調社區資源之運用。

3. 促進我國資優教育政策發展的主要因素有：(1)我國文化教育哲學（強調因材施教）；(2)我國傳統社會背景（重智與重才）；(3)國家建設的需要（中興以人才為本）；(4)經濟發展的結果（行有餘力，則以興學；普通教育發展到相當程度，則關注到少數族群）；(5)社會需求（家長尋求子女更多更好的教育），(6)人力規劃的考慮（高品質人力來自高品質教育）。

4. 我國資優教育政策面臨下列問題或困境：(1)缺乏資優教育政策性宣言或報告書，以致許多政策性問題人言人殊，常有爭議；(2)缺乏執行資優教育政策的專責單位，在策略與措施上缺乏完整性與長期性之規劃；(3)受到升學主義的影響，缺乏主動性、自主性與開創性；(4)對於教育生態缺乏明確政策；(5)對於社會參與（尤其是民間興學）缺少鼓勵，甚至有所抑制；(6)與身心障礙教育共享特殊教育資源，常遭非議。

㈡問卷調查方面

問卷調查資料，經百分比分析、卡方考驗、單因子變異數分析，主要發現如下：

1. 一般認爲資優教育一詞頗爲允當，惟也認爲資優教育政策不明確，對法律有關資優教育之規定也多茫然不知。

2. 一般認爲現階段雖尚重視資優教育，但應再加強，與普通教育及障礙教育並進推展，主要理由爲「因材施教」與「爲國育才」；惟資優班應避免受升學主義影響，成爲「超級升學班」，在目標上應兼重個性發展與環境調適。

3. 在資優教育行政上，多認爲應有專責單位，統籌辦理，在學制上應保持最大彈性（包括修業年限及升學管道），資優教育教師應受過專門訓練。

4. 關於教育安置，多數對於設立資優教育特殊學校持審愼態度，惟頗贊成設重點學校；至於「集中式」或「分散式」之編班，則利弊互見，不同身份之對象，見仁見智。

5. 在資優教育方案設計上，多認爲應加強彈性課程、追蹤研究與支持性環境。

二、建議

根據本研究文獻分析與問卷調查結果，可見我國資優教育政策已具雛型，但仍有待釐清與加強，茲作下列之建議：

㈠擴大資優涵義

在「特殊教育法」界定的三種資優（一般能力、學術性向與特殊才能）之外，宜加入「創造能力」與「領導才能」，並把「後設認知能力」（meta-cognition）、人事智能（personal intelligence）與「情緒智能」（emotional intelligence）等涵括在內。

㈡提供多元且彈性的資優教育方案

以充實方案爲主，能力分組（集中式與分散式）與加速爲輔，容許各校自主地規劃因地制宜、因材施教的方案。

㈢規劃彈性且連貫之資優教育學制

資優教育應爲普通教育系統之一環而有其獨特性--合中有分，分中有合；透過變異，教導殊異（teaching diversity through variety），故應保持最大彈性。各階段之資優教育並應儘量求其一貫，自學前以至大學，自學校（學習）以至轉銜（工作）、追蹤，皆應有完整規劃，以符長期人才培育之精神，避免形成教育斷層或點綴門面的現象。

㈣重整教育生態，兼顧平等與卓越

平等主義（egalitarianism）與菁英主義（elitism）均富政治色彩，常相對立；在教育上，應避免此種口號式的兩極爭議，以「有教無類」與「因材施教」加以統整，均等（equality）與公正（equity）兼顧，力求立足點的平等，而非齊頭的平等。不止強調「人人有教育的權利」（education for all），更應強調人人有接受高品質教育的權利（quality education for all）。良好的教育生態應能適應各種各樣的學生之生存與發展，對資優學生而言，此一教育生態應朝向適性、盡性、自在、自主、責任與榮譽。

㈤強化資優教育立法

我國「特殊教育法」（民 73，民 86）已為資優教育政策奠定雛型，其精神頗能符合世界潮流，惟尚有未加貫徹執行及有待補充加強之處，前者如提早入學及課程之彈性，後者如轉銜與追蹤、社會參與、行政組織等。再次修訂「特殊教育法」或相關法規時，無論在形式上資優教育與障礙教育繼續合併立法與否，資優教育之法案內容必須加以強化，以優化國民，以強化國力。

㈥強化資優教育行政

資優教育政策與規劃有賴專責單位、專職人員從事。除在特殊教育法案中應規範成立資優教育行政專責單位，並編列專門預算（仿美國、德國、新加坡等國家）外，並應強調行政之分工、協調與合作。資優教育行政與普通教育行政應形成互補之關係；資優教育資源也能在某一程度上與一般學生共享。

㈦加強親職教育與社會參與

資優學生家長的權利與責任應予釐清，一方面尊重其選擇權，一方面也提供親職教育的機會，建立學校與家庭的合作模式，使家長的期待成為助力而不是壓力或阻力。另一方面，在辦理資優教育的主體方面，一向由政府掌控的模式，隨著開放社會下鼓勵民間興學的潮流，似也應加調整，改為以政府為主，民間為輔。但為避免民間興學的可能流弊，應訂定民間參與資優教育之規範，包括開放或鼓勵的項目、方式、標準等，使更多社會資源支援資優教育，使資優教育更多姿多采；在消極方面，也可減輕政府財力負擔。

㈧強化師資培育及進用制度

在支援系統中，師資培育為最重要之一環。資優教育教師應接受專門訓練之制度仍應維持，惟如何儲備、進用、登記、敘薪、鼓勵、進修等，目前缺乏通盤規劃，亟需重新檢討、確立制度。普通教育教師亦應透過在職進修，具備基本資優教育知能，俾能適當輔導班上的資優學生，並協助資優教育方案的推行。

參考文獻

一、中文部份

中華民國特殊教育法。民國 73 年 2 月 17 日，華總㈠義字第 6692 號公布。

中華民國特殊教育法施行細則。民國 76 年 3 月 25 日，臺(76)參字第 12619 號令發布。

何美慧譯（民 77）：世界各國資優教育概況。**資優教育季刊**，28 期，21-25 頁。

吳武典（民 72）：我國國中資優教育之評鑑。**資優教育季刊**，10 期，1-9 頁。

吳武典（民 83）：資優教育的研究與課題。載於臺灣師大特教系與中華民國特殊教育學會編印：**開創資優教育的新世紀**，1-17 頁。

吳清基（民 84）：資優教育的行政與制度。載於臺灣師大特教系與中華民國特殊教育學會編印：**開創資優教育的新世紀**，35-50 頁。

查子秀（1990）：超常兒童心理研究十年。載於中國超常兒童研究協作組編：**中國超常兒童研究十年論文選集**，1-38 頁。

蔡崇建、吳武典、王振德（民 71）：特殊教育政策意見調查。**特殊教育季刊**，5 期，1-9 頁。

鄭美珍（民 84）：中華民國資賦優異教育發展之研究。香港新亞研究所博士論文。（未發表）

二、英文部份

Cho, S. (1991). Gifted students in Korea. ***International Journal of Special Education***, ***6***, 1-5.

Gallagher, J. J. (1985). Creating the right climate for giftedness. In A. H. Roldan (Ed.). ***Gifted and talented children, youth, and adults: Their social perspective and culture.*** Manila: Reading Dynamics, Inc.

Gallagher, J. J. (1993). Current status of gifted education in the United States. In K. A. Heller, F. J. Monks and A. H. Passow (Eds.). ***International handbook of research and development of giftedness and talent*** (pp.755-767). Oxford: Pergamon.

Heller, K. A. (1993). Structural tendencies and issues of research on giftedness and talent. In K. A., F. J. Monks and A. H. Passow (Eds.). ***International handbook of research and development of giftedness and talent*** (pp.49-67). Oxford: Pergamon.

Hirano, T. (1992). The present stage and tasks of gifted education in Japan. Paper presented at the 2nd Asian Conference on Giftedness, Taipei, Taiwan. R.O.C., July, 24-27, 1992.

Maier, N. (1991). ***Vienna summit report***. Toronto: World Council for Gifted and Talented Children.

Maier, N. (1993). Advocacy as a force in the education of the gifted and talented. In K. A. Heller, F. J. Monks and A. H. Passow (Eds.). ***International handbook of research and development of giftedness and talent*** (pp.865-879). Oxford: Pergamon.

Monks, F. J., & Mason, B. J. (1993). Developmental theories and giftedness. In K. A. Heller, F. J. Monks and A. H. Passow (Eds.). ***International handbook of research and development of giftedness and talent*** (pp.89-101). Oxford: Pergamon.

Passow, A. H. (1985). A universal view of gifted and talented programs. In A. H. Roldan (Ed.). ***Gifted and talented children, youth, and adults: Their social perspective and culture***. Manila: Reading Dynamics, Inc.

Passow, A. H. (1993). National/State policies regarding education of the gifted. In K. A. Heller, F. J. Monks and A. H. Passow (Eds.). ***International handbook of research and development of giftedness and talent*** (pp29-46). Oxford: Pergamon.

Passow, A. H., & Rudnotski, R. A. (1994). Transforming policy to enhance educational service for the gifted. ***Roeper Review, 16***(4), 271-275.

Sunachawee, A., Promboon, S., Phothisuk, U. (1992). Gifted and talented education in Thailand. Paper presented at the 2nd Asian Conference on Giftedness, Taipei, Taiwan, R.O.C., July, 24-27, 1992.

Urban, K., & Sekowski, A. (1993). Programs and practices for identifying and nurturing giftedness and talent in Europe. In K. A. Heller, F. J. Monks and A. H. Passow (Eds.). ***International handbook of research and development of giftedness and talent*** (pp.779-791). Oxford: Pergamon.

U. S. Department of Education, Office of Educational Research and Improvement (1993). ***National excellence: A case for developing America's Talents***. Washington, D.C.: The Office.

Wu, W. T. (1992a). Growing up gifted and talented in Taiwan, R.O.C. Paper presented at the 2nd Asian Conference on Giftedness, Taipei, Taiwan, R.O.C., July 24-27, 1992.

Wu, W. T. (1992b). New perspectives of gifted and talented education in Taiwan. In F. Monks and W. Peters (Eds.). ***Talent for the future: Social and personality development of gifted children*** (pp. 279-284). Assen/Maastricht, The Netherland: Van Gorcum.

Wu, W. T., & Cho, S. (1993). Programs and practices for identifying and nurturing giftedness and talent in Asia. In K. A. Heller, F. J. Monks and A. H. Passow (Eds.). ***International handbook of research and development of giftedness and talent*** (pp.797-807). Oxford: Pergamon.

Zha, Z. (1993). Programs and practices for identifying and nurturing giftedness and talent in the People's Republic of China. In K. A. Heller, F. J. Monks and A. H. Passow (Eds.). ***International handbook of research and development of giftedness and talent*** (pp.809-813). Oxford: Pergamon.

人事智能的理念與衡鑑*

吳武典
簡茂發

壹、人事智能的理念

新近對於智力的建構有若干突破性的理論，其中以 H. Gardner 的多元智能說（Theory of Multiple Intelligence）（Gardner, 1983, 1993）最爲典型，在教育上的應用也最廣。Gardner（1983）提出了七種智能，包括語言能力、音樂能力、邏輯數學能力、空間能力、身體動覺能力、知己能力（intrapersonal intelligence）和知人能力（interpersonal intelligence），後兩者合稱爲人事智能（personal intelligence）。最近，Gardner 又提出了第八種智能－

*(1)本論文爲國科會補助專題研究計畫「人事智能之衡鑑與實驗研究(I)」（計畫編號：NSC87-2511-S-003-035）成果報告之節本。本研究承臺北市立國語實小輔導室徐儷嘉主任及劉佳蕙、簡明建、張婧卿與蔡明富四位臺灣師範大學特殊教育系博士班同學及研究助理陳嘉桓小姐協助資料蒐集或統計，特此致謝。(2)本論文曾在第四屆海峽兩岸心理與教育測驗學術研討會（浙江杭州，1999 年 10 月 21 至 24 日）上宣讀。

自然智能（naturalist intelligence），或可稱爲「知天」能力，乃是了解自然環境並與之和諧相處的能力（Glock, Wertz, & Meyer, 1999）。哈佛大學另一位心理學家 Coles（1997）提出道德智能（moral intelligence），乃是做公平道德判斷的能力，把智能的內涵更擴大了。

其實，Gardner 提出的自知及知人能力，即是早期 Thorndike（1920）提出的社會智能（social intelligence）（引自 Frederiksen, Carlson, & Word, 1984），或新近 Salovey & Mayer（1990）與 Goleman（1995）所提出的情緒智能（emotional intelligence，俗稱 EQ），它們同樣是處理人事的能力，而不是處理事務的能力。擁有這兩種智能的人較能自我省察與自我肯定，也較易與人建立良好的關係，適應社會群體生活，也較易於在社會上嶄露頭角。

語文能力、邏輯數學能力與空間能力可說是老生常談（語、數、形三者是許多智力測驗編製的依據）。饒富新意的是 Gardner 把音樂能力、身體動覺能力、人事能力和自然能力也當作是智能的成分，可以獨立發展，也可以與其他能力互相融合。其中又以人事智能最特別，這一項在西方社會向例是屬於「做人」（人格），而不屬於「做事」（能力）。研究者一方面欣賞他的卓見—知己知人、愛己愛人，不祇是一種情操，也是一種能力；一方面覺得這種說法很有「中國味」，它似乎老早就在中國儒家哲學裡了。古書有云：「世事洞明皆學問，人情練達即文章。」（見「菜根譚」與「紅樓夢」）。言下之意，何謂學問？何謂文章？不過「通情達理」罷了。「通情達理」不就是「人事智能」嗎？具有通情達理的人事智能，知識才能提昇爲智慧（wisdom）。筆者深深覺得資優教育的重點應非灌輸知識，而是提昇智慧（吳武典，

1994)。知識要變成智慧，必須「加工」，在這方面，Gardner 的見解提供了很好的指引。最近，情緒智能（EQ）引起大家廣泛的重視，一時洛陽紙貴。在臺灣，該書中譯本（張美惠譯，1996），曾長期高踞暢銷書排行榜之首；在香港、中國大陸、新加坡等華人社會，也同樣造成轟動。事實上，情緒智能的概念與 Gardner 的人事智能說或早期 Thorndike（1920）的社會智能說相通之處甚多。可惜這種中國儒家文化中原有的思想和功夫，在今日中國現實社會中似乎被忽視了（見 Goleman 致中文版讀者序，張美惠譯 1996；Wei, 1991）。

吳武典（1997）綜合 Gardner（1983）多元智能與 Sternberg（1996）成功智能的理念，認爲成功的人生（事業成功、生活圓滿）需要下列四種智能的平衡發展：學業（分析）智能、人事智能、處事（實用）智能與創造智能。其中，人事智能可說是成功人生的核心條件，也是其他三種智能的催化劑。如圖一所示。

圖一的意義如下：

1. 成功的人生（事業成功、生活圓滿）需要下列四種智能的平衡發展：學業智能、人事智能、處事智能與創造智能。

2. 學業智能是成功人生的基本條件，但不是充分條件。在學業智能的基礎上，須發展人事（情意）智能、處事（實用）智能與創造智能，才能保證事業成功。

3. 人事（情意）智能可說是成功人生的核心條件，也是其他三種智能的催化劑。

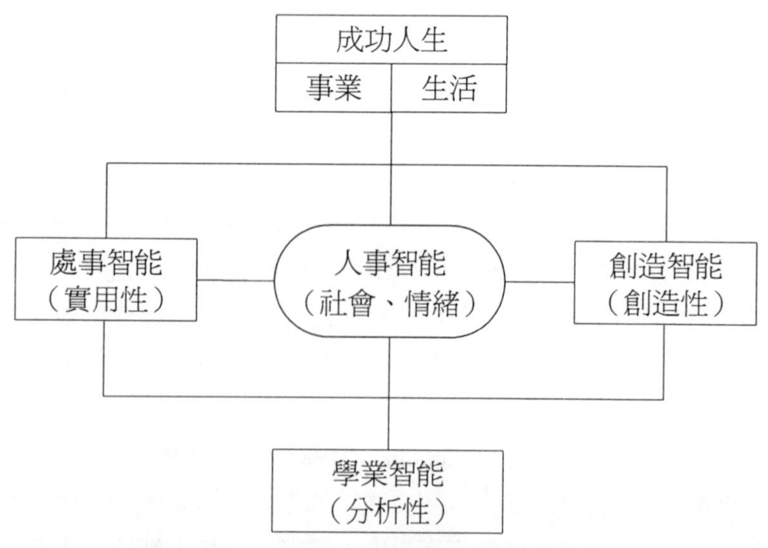

圖一　四種智能與成功人生的關係

（資料來源：吳武典，1997）

基於人事智能有我國儒家思想的根，在今日社會裡，其重要性與日俱增，而中外實徵研究貧乏，研究者（吳武典、簡茂發，1997, 1999）乃試圖在這一尚待開拓的學術園地，作實徵性的探索，以中小學學生爲對象，建立人事智能衡鑑模式與方略，並設計人事智能教育方案，進行實驗研究，試探提昇人事智能的途徑。

本研究的基本假設是：

1. 人事智能是極有價值的個人特質，對資優學生的生涯發展，有關鍵性的影響。

2. 人事智能是可以衡鑑的，但其衡鑑方法有別於傳統的智力測驗。

3. 人事智能是可以改變與提昇的，但需要有具體的教育方案。

基於上述研究動機，本研究旨在根據中國文化背景與社會環境，以中小學資優學生與普通學生爲對象，對人事智能的衡鑑作實徵性的研究，初步以小學生爲對象，再逐步擴大範圍。具體目的如下：

1. 界定人事智能的定義與內涵。
2. 界定人事智能衡鑑的模式，並編製衡鑑的工具。
3. 評估人事智能衡鑑模式與工具的信效度並作相關性研究。

貳、人事智能的衡鑑

雖然不少學者對於一般社會智能量表的信度及效度抱持著質疑的態度，但也有一些研究肯定社會智能量表能有效的評估出一個人的社會適應力。例如，田納西人格量表（Tennessee Personality Inventory）主要的目的雖然在於評估一個人的人格特質、自我肯定及自我的形象，而不是評估一個人的社會智能，但Ford & Miura（1983）的研究發現自我肯定的程度與社會智能有很顯著正相關，自我形象較好的人對社會的參與力及適應力較強；而擁有負面自我形象的人往往是學校輔導老師需特別關懷的對象（引自魏美惠，1996）。

一般說來，社會智能的評量有兩個主要的方向，其中之一是針對社會成熟特質進行評估，例如：自我肯定、自我認同、社會道德觀、合群性、同情心等社會行爲的特質進行評估。很多的人格量表可以有效的預測出一個人的社會智能，前面所提的田納西人格量表即是。Ochse & Plug（1986）曾依據F. Erikson的理論發展出一份「自我認同感量表」（A Sense of Personal Identity），這是一種自我評定量表，包括「我覺得我的生活方式適合我」、「我常改變自己的人生計畫」、「當我離開自己熟識的人之後，我更能擁有真正的自我」之類的題目，主要的目的在評量自我認同的程度（引自魏美惠，1996）。

評量社會智能的另一個方向，則側重於個人外在行爲的評估，而不著重於內在成熟特質的評量。其基本假設是：一個人所做的比一個人所想的更重要、更能評估一個人的社會智能（Sternberg, 1985）。

評量一個人社會行爲的智力量表甚多，例如：極負盛名的「喬治華華盛頓社會智能量表」（George Washington Social Intelligence Test）（Moss, Hunt, Omwake, & Woodward, 1949），主要內容包括對不同社會情境的判斷力、洞察說話者的真正含意、記取不同面孔及名字的能力、對人的觀察力及幽默感的接受度等。其他如「社會洞察力測驗」（Social Insight Test）（Chapin, 1967），在受試者唸完一段虛設困境的陳述之後，受試者必須將自己置身於那個情境中，然後再應用不同的策略去解決困難的問題。Guilford & Hoepfner（1971）也曾設計了評量社會智能的量表，例如讓受試者從幾張有不同臉部表情的圖卡中，去判斷那兩個人的心境最相同，或是從聽錄音帶中去判斷故事中所陳述的是圖卡中的那一個人。

Gardner（1993）認爲傳統的智力評量方法應加以改進，他指出改進的方法爲：⑴強調評估（assessment）而不是測驗（testing）；⑵在簡單、自然、日常的情境中評估；⑶著重生態效度

（ecological validity）；⑷評估工具要不受傳統智力（語文、邏輯數學）的影響；⑸使用多種評量方法（不只是憑IQ）；⑹考量學生個別差異、發展水準及專長型態；⑺使用能激發學生興趣與動機的材料；⑻評估結果能用於幫助學生。

Gardner（1993）試圖發展一套較公平且能評估不同向度智力的工具。他曾和D. H. Feldman共同進行一項以學前兒童（四歲）爲對象的光譜方案（Spectrum）研究（Feldman & Gardner, 1989）。他們相信每一位兒童都會有個別差異及擁有不同向度智力的潛能。他們應用的評量工具是兒童日常生活中常有機會接觸到的教具或玩具，這種評估方法和傳統評估方法不一樣的是：在整個評量過程中，研究者儘量提供豐裕的學習環境去激發孩子內在的潛能，然後再從多種角度去評量小孩子在不同向度的智能表現。整個評量的過程歷時一年，評量活動主要包括了十五種涵蓋各種不同能力的活動。活動的內容有屬於結構性較強的活動，例如在數學與音樂這兩大領域的評量；有些是較沒有結構性的自然觀察評量，例如，在科學及社會這兩大領域。整體活動的設計是以Gardner的七大智能向度爲依據。在這項評量活動裡有兩大重點：第一是從這十五項活動中去評量兒童在七大智能領域的學習認知能力，第二是評估兒童的學習態度及解題方式。換言之，他們試圖了解兒童是否運用不同的策略去解決不同的問題。

以「社會」領域而言，使用兩種評估方式（Gardner, 1993）：

1. 教室內的活動：評估兒童在教室內觀察和分析社會工作的能力。

2. 同儕互動檢核表：設計一種行爲檢核表，評估兒童與同儕相處情形，不同的行爲模式會導致不同的社會角色，如催化員或領袖。

綜上所述，人事智能的衡鑑，應不同於傳統的測驗方式，應採用多元、動態、自然、有趣的方式，避免學業智能（語文、邏輯數學等）的影響，且要考慮到不同的文化背景與個別反應類型。論及觀人之術，孔子曾說：「視其所以，觀其所由，察其所安」（論語）。所謂「視」，係指觀察具體的表現，亦即「知其然」。所謂「觀」，係指了解其所表現的心理機轉與趨向為何，亦即「知其所以然」。所謂「察」，係指探究其表現背後的承諾（可視為心理深層結構中的信念與情感），目的在找出個人「信其然」的理由層次。類似孔子這樣的人事智慧之言，散見於中華文化古籍之中，不勝枚舉，以今日人事智能的概念來看，確實有許多發人深省之處。

參、研究方法

除文獻探討，並据以作理論建構外，本研究另以量表評量法進行實徵性研究。

一、研究對象

除預試樣本外，本研究以 1997～98 學年度就讀於臺北地區公立國小五、六年級學生為研究對象，採分層（年級及學校所屬行政區）立意取樣（先選取資優生，再抽取同額之同班、同性別、同社經地位之普通生）的方式，就臺北市、縣設有一般能力資優資源班的學校中選取十二校進行試探性研究，計有資優生與普通生各 310 名，共 620 名。樣本分配如下（表一）：

表一　本研究樣本分配表

	資優學生			普通學生			合計		
	五年級	六年級	合計	五年級	六年級	合計	五年級	六年級	合計
男	104	100	204	104	100	204	208	200	408
女	59	47	106	59	47	106	118	94	212
合計	163	147	310	163	147	310	326	294	620

二、研究工具

根據多元、自然、有趣的原則，經擬題、專家討論，編製完成「人事智能量表」，依 Likert 式四點量表計分，回答方式分甲（選擇）、乙（開放）二式、其內容皆包括知己、知人與人我三大部份，採 Likert 式四點量表計分，其評量標準如表二。

問題的設計採情境式（語言覺察－反應，行爲覺察－反應，情境覺察－反應），回答方式有兩種：⑴甲式－選擇式（四選一），⑵乙式－開放式反應（類似語句完成）。

選擇式例題如下：

如果同學罵你「豬八戒」時，你最可能怎樣反應？（本題測「幽默感」）

1.「真的嗎？我有豬八戒這麼可愛嗎？」（4 分）

2.「你怎麼可以罵人！」（2 分）

3.「你才是豬八戒！」（1 分）

4.「豬八戒也不錯啊！」（3 分）

開放式則只提示問題，不提示答案。如上述例題，開放式問題爲：

如果同學罵你「豬八戒」時，你最可能怎樣反應？

開放式反應的評分係依回答的內容（錄音下來），根據評分標準加以評定。

表二　人事智能評定標準

		4分	3分	2分	1分
(A)知己方面	自知之明 a	具體了解自己的優點、弱點和特點	概括性了解自己的優點、弱點和特點	不知自己的優點、弱點、和特點	對自己錯誤認知和事實有很大的差距
	自我反省 b	自發性的自我檢討且能檢查自己的言行是否合宜	他人提示或自我要求下才自我檢討	從未或很少自我檢討	總是責備別人、拒絕改變
	自尊 c	喜歡自己、珍惜自己、肯定自我、並能自我期許	有自我價值感，雖然有缺點，但還能自我接納	不知自己的價值或懷疑自己價值	自我貶抑的、自我否定的
	自適 d	能調適自己的心情去適應不同的情境；隨遇而安	尚可接受不舒服的情境或挫折	在不舒服的情境中壓抑自己，久久無法平復	在不舒服或意外的情境中就手足無措、無所適從、或有生氣、抱怨、或攻擊的反應

表二　人事智能評定標準（續）

		4分	3分	2分	1分
(B)知人方面	同理 a	能敏覺對方原本沒有感覺的到的深層情感	能感受到對方所表達的及了解到的情感	只感受到對方所表達的情感的一部份或表面的部份	沒有感受到對方所表達的情感，並做不相關或傷害性的回應
	尊重 b	給予對方表現真正自己的自由和空間、接受彼此的差異、並願意彼此了解	承認彼此有差異、互不侵犯彼此的自由及空間	保留的、抑制的	強制的、專斷的、 貶抑的
	親和 c	溫暖的、可親的；主動而善意的表達	社交的、被動的、回應式的表達親切感	冷淡的、冷漠的	敵意的、不友善
	引導 d	因勢利導、激發其創新的思考	指引方向、被動思考	忽視對方想法或一時提供建議	強制地、命令地要求對方依循自己的指示行動
(C)人我方面	幽默 a	以自我解嘲或趣味的方式化解尷尬或對立的情形	不計較的、灑脫的、放的開的	隱忍不發的	嚴肅的、無趣的、反擊的
	包容 b	無條件的接納	消極的接受	忍耐的、壓抑的	不滿的、苛責的
	適分 c	發揮自己的角色功能以促進團體的發展	言行得體，群己關係和諧。	越俎代庖或推卸責任	言行表現唐突不符合場合需求使人覺得難堪
	化解衝突 d	了解問題所在、冷靜地以有效的方法化解問題	坦然面對問題，順其自然發展，或求助他人	忽視或避免、採取防衛方式以求自保	不當處理問題，反而使問題更家惡化

本量表首先依前述人事智能概念架構編製選擇式題目，連同邱金滿（1998）原來的「社會智能量表」三十六個題目（主要評量「知人」能力部分），共編製九十四題（按，本量表之共同編製

者爲吳武典、簡茂發、邱金滿），得分愈高，表示人事智能愈佳。預試樣本爲普通班五年級兩班學生 80 名（有效樣本 79 名），根據項目分析選題。選題標準爲：⑴ CR 值達.01 顯著水準；⑵刪題（CR 值未達 .01 顯著水準者）後之α值在.80 以上者；⑶各分量表題數相等。最後選取 72 題（每個分量表各 6 題，分量表分數範圍爲 6～24；三大向度之分數範圍各爲 24～96）。

肆、研究結果

一、信、效度分析

㈠信度

根據預試樣本之分析，人事智能量表之重測、評分者間及複本信度考驗結果如表三所示。

1. 甲式（選擇式）相隔二週之重測信度，除親和分量表外，皆達顯著水準，各分量表爲 .38 至 .69，三大向度則分別爲 .66, .61 與 .75，全量表爲 .80。一般而言，尙可滿意。

2. 乙式（開放式）之重測信度除自省與適分外，均達顯著水準，各分量表爲 .31 至 .62，三大向度則分別爲 .52, .57 與 .56，全量表爲 .65。一般而言，低於甲式可能係開放性之回應，變異性較大之。

表三 「人事智能量表」信度分析

	分量表	甲式－選擇式（重測）(n=56)	乙式－開放式（重測）(n=62)	乙式－放式（評分者間）(n=38)	複本(甲、乙式)相關 (n=62)
知已	自知之明	.42**	.40**	.27	.40**
	自我反省	.68**	.21	.54**	.21
	自　　尊	.34**	.32**	.64**	.32**
	自　　適	.38**	.31**	.83**	.31**
	知己總分	.66**	.52**	.72**	.52**
知人	同　　理	.39**	.28*	.19	.28**
	尊　　重	.46**	.42**	.80**	.42**
	親　　和	.20	.38**	.74**	.38**
	引　　導	.48**	.46**	.71**	.46**
	知人總分	.61**	.57**	.70**	.57**
心我	幽　　默	.69**	.62**	.67**	.62**
	包　　容	.62**	.31*	.61**	.31**
	適　　分	.53**	.02	.41**	.02
	化解衝突	.67**	.48**	.71**	.48**
	人我總分	.75**	.56**	.78**	.56**
全量表		.80**	.65**	.81**	.65**

*p<.05　　**p<.01

註：(1)重測信度係間隔二週。(2)評分者間信度係根據錄音帶由教師先評，再由特教系博士班學生複評，兩者均事先經過講習。

3. 乙式（開放式）之評分者間信度（由輔導老師與特研所博士班學生分別根據錄音帶評分），除自知與同理二分量表外，皆達顯著水準，各分量表為 .54 至 .83，三大向度則分別為 .72, .70 與 .78，全量表為 .81。一般而言，尚可滿意。

4. 複本（甲式–乙式）之相關，除自省與適分二分量表外，皆達顯著水準，各分量表為 .28 至 .62，三大向度則分別為 .52, .57 與 .56，全量表為 .65。就複本信度而言，尚令人滿意。惟因皆屬中、低程度相關，甲、乙二式雖衡鑑相同特質，仍具有相當的獨立性。

至於內部一致性考驗結果如表四所示：

表四 「人事智能量表（甲式）」交互相關

㈠三大向度及全量表交互相關（n = 620）

	知己	知人	人我
知己	–		
知人	.82**		
人我	.83**	.86**	
全量表	.93**	.94**	.96**

㈡三大向度分量表和總分的相關（n = 620）

	分量表	知己總分	知人總分	人我總分
知己	自知之明	.70**		
	自我反省	.74**		
	自　尊	.68**		
	自　適	.57**		
知人	同　理		.64**	
	尊　重		.75**	
	親　和		.58**	
	引　導		.71**	
人我	幽　默			.82**
	包　容			.85**
	適　分			.82**
	化解衝突			.89**

** p<.01

註：三大向度之內部相關：「知己」爲 .75～.87，「知人」爲 .77～.85，「人我」爲.74～.88。

1. 三大向度之交互相關為 .82～.86，各向度與全量表之相關為 .93～.96，均屬高度相關，顯示三大向度同質性甚高，可以量表總分代表人事智能。

2. 三大向度之內部一致性均達中、高度相關之顯著水準：「知己」各分量表之交互相關為 .75～.87，與總分之相關為 .57～.74；「知人」各分量表之交互相關為 .77～.85，與總分之相關為 .58～.71；「人我」各分量表之交互相關為 .74～.88，與總分之相關為 .82～.89。本量表之內部一致性，令人滿意。

㈡ 效度

以建構效度及內容效度為主，首先邀請五位心理與教育學者檢驗本量表之建構，在預試結果分析之後，又邀請十六位資優教育、心理與輔導領域的專家學者及國小資深教師進行量表內容的評鑑，獲得對本量表正式題本的肯定。

此外，本量表甲式與社會期許量表（楊瑞珠，1977）分數之相關（表五）顯示，三大向度中，「知己」與「人我」可能受到社會期許的影響，惟均屬低度相關（分別為 .36 與 .38）；就十二個分量表而言，有四個（自知、自尊、適分與化解衝突）與社會期許有顯著相關，惟亦均屬低度相關（.27 至 .40）。可見本量表可能略受社會期許的影響。

表五 「人事智能量表（甲式）」與社會期許量表之相關 (n=56)

	分量表	社會期許分數
知己	我知之明	.33*
	自我反省	.21
	自　尊	.34*
	自　適	.26
	知己總分	.36**
知人	同　理	.09
	尊　重	.23
	親　和	.01
	引　導	.10
	知人總分	.15
人我	幽　默	.15
	包　容	.07
	適　分	.27*
	化解衝突	.40**
	人我總分	.28*
全量表		.29*

*p<.05 **p<.01

二、不同性別資優生與普通生的比較

表六爲不同性別資優生與普通生在「人事智能量表（甲式）」十二個分量表上的二因子變項變異數分析摘要。結果顯示：性別與組別之主效果顯著，兩者間則無顯著交互作用。進一步作單變項變異數分析，結果如表七、表八所示。

表六　不同性別資優生與普通生在「人事智能量表」上的多變項變異數分析摘要

變異來源	自由度	Λ	1-Λ
組別	1	.946**	.054
性別	1	.632**	.068
組別×性別	1	.981	.019

**p<.01　n=620

表七　資優生與普通生在「人事智能量表」上的平均數、標準差與變異數分析（F 值）

		資優生		普通生		F 值
		M	SD	M	SD	
知己	自　知	18.75	3.00	18.72	2.75	.01
	自　省	18.86	3.48	19.11	3.00	.86
	自　尊	19.42	2.83	19.39	2.77	.03
	自　適	19.24	3.04	18.99	3.36	.98
	知己總分	76.24	12.35	76.71	11.88	.06
知人	同　理	17.93	3.74	17.71	3.55	.21
	尊　重	20.27	3.20	19.85	3.25	.11
	親　和	19.08	3.07	19.16	3.07	2.67
	引　導	17.75	3.07	16.72	2.76	19.10**
	知人總分	75.03	13.08	73.44	12.63	7.62*
人我	幽　默	15.88	3.39	15.38	3.13	3.65
	包　容	18.06	3.42	17.99	3.33	.00
	適　分	19.16	3.04	19.04	2.93	.24
	化解衝突	17.45	3.94	17.85	3.88	1.67
	人我總分	70.50	13.79	70.26	13.27	.02
全量表		221.80	39.22	220.41	37.78	5.12*

*p<.05　**p<.01

表八　男生與女生在「人事智能量表」上的平均數、標準差與變異數分析（F 值）

		男生		女生		F 值
		M	SD	M	SD	
知己	自　知	18.71	2.89	18.77	2.85	.07
	自　省	18.66	3.28	19.61	3.11	12.05**
	自　尊	19.32	2.64	19.58	3.06	1.34
	自　適	19.01	3.15	19.31	3.29	1.61
	知己總分	75.69	11.96	77.27	12.31	6.48*
知人	同　理	17.64	3.56	18.17	3.78	2.86
	尊　重	19.83	3.30	20.49	3.05	5.75*
	親　和	18.94	3.15	19.48	2.88	4.36*
	引　導	17.08	2.85	17.54	3.16	3.36
	知人總分	73.49	12.86	75.68	12.87	4.15*
人我	幽　默	15.86	3.20	15.20	3.35	5.65*
	包　容	17.94	3.39	18.11	3.34	.34
	適　分	18.96	3.04	19.37	2.86	2.70
	化解衝突	17.53	3.95	17.94	3.92	1.74
	人我總分	70.29	13.58	70.62	3.47	.78
全量表		219.47	38.40	223.57	38.65	6.54*

*p<.05　**p<.01

綜合而言，可見：

1.就組別而言，資優生在知人能力方面優於普通生，尤以引導能力爲然。即資優生對他人較能因勢利導，激發其創新思考，或指引以方向。

2.就性別而言，整體上女生之人事智能優於男生，但亦互有長短。女生在知己與知人能力方面均優於男生，尤以自省能力、尊重他人及親和表現爲然；男生則在人我互動能力之幽默一項上優於女生。

伍、討論與建議

一、本研究架構方面

「人事智能」中知己與知人之二向度（Gardner, 1983），擴爲三向度（加「人我」），應屬可行。惟「人我」與「知人」間之相關甚高，其間可能有相當重疊（尤以「同理」爲然）。此外，「自勵」似爲「知己」之重要變項，「關懷」爲「知人」之重要變項，「坦誠」爲「人我」之重要變項，在本研究中或因在專家討論時併入他項，或因在項目分析時結果不理想而刪除，仍有待進一步探究，以使「人事智能」之架構更臻完整。

二、本量表信效度方面

信度方面無論重測信度或評分者間信度尚令人滿意。效度方面仍有待實徵性之考驗，包括效標關連效度。另亦可嘗試作驗證性之因素分析及配合實際觀察，以了解其「知行合一」情形。

三、本量表之範例與計分方面

學生填答本量表均興趣濃厚，回答開放性之問題尤其喜歡。惟開放性之回答似與學生語言表達能力有關，如何避免語言表達能力之影響，值得注意。開放式之回答似頗具投射作用，而較少提示，故較能測出真正反應。惟記錄與計分較爲繁瑣，信度也較低，此爲其限制。

四、本量表的適用範圍

本量表此次僅施於國小五年級學生，應可擴大樣本，施測於國小五至國中三年級之學生；亦可考慮試用於各類特殊教育需求學生（如視障生、聽障生、肢障生、智障生）。

五、人事智能有中華文化之蘊意

孔子曰：「視其所以，觀其所由，察其所安。」「視」、「觀」、「察」之功夫如何融入人事智能之衡鑑，仍有待繼續探討。

六、人事智能之實驗研究方面

本專案研究之第二年重點在人事智能課程發展與實驗。第一年之經驗顯示：「人事智能量表」仍須繼續檢驗，第二年之實驗可定位爲試探性之實驗。將來似可規畫更長期之實驗與追蹤研究計畫，並擴大研究對象。

參考文獻

一、中文部份

吳武典（1994）：資優教育的研究與課題。在於國立臺灣師大與中華民國特殊教育會編印：**開創資優教育的新世紀**，1-16 頁。

吳武典（1997）：Gardner 與 Sternberg 智能建構模式的整合及人事智能之探討。**資優教育季刊，65 期**，1-7 頁。

吳武典、簡茂發（1998）：**人事智能的衡鑑與實驗研究(一)**。國科會補助專題研究報告（計畫編號：NSC 87-2511-S-003-035）（未發表）。

吳武典、簡茂發（1999）：**中小學學生人事智能之發掘與評量研究計畫**。國科會核定專題研究計畫（計畫編號：NSC 89-2514-S-003-005）。

邱金滿（1998）：**國小資優學生的社會智能及其相關因素之研究**。臺灣師範大學特殊教育系碩士論文（未發表）。

張美惠譯，D. Goleman 原著（1995）：**EQ**。臺北，時報出版公司。

楊瑞珠（1977）：**兒童生活事件之歸因研究**。臺灣大學心理系碩士論文（未發表）。

魏美惠（1996）：**智力新探**。臺北，心理出版社。

二、英文部份

Chapin, F. S. (1967). ***The social insight test***. Palo Alto, CA: Consulting Psychologists Press.

Coles, R. (1997). ***The moral intelligence of children***. New York: Simon & Schuster.

Feldman, D. H., & Gardner, H. (1989). ***Project Spectrum: July 1987 – June 1989*** (Final Report to the Spencer Foundation).

Ford, M. E., & Miura, I. (1983). Children's and adults' conceptions of social competence. Paper presented at the annual meeting of the American Psychological Association, Anaheim, California.

Frederiksen, N., Carlson, S., & Word, W. C. (1984). The place of social intelligence in a taxonomy of cognitive abilities. ***Intelligence***, ***8***, 315-337.

Gardner, H. (1983). ***Frames of mind: The theory of multiple intelligence***. New York: Basic Books.

Gardner H. (1993). ***Multiple intelligence***: The theory in practice. New York: Basic Books.

Glock, J., Werta, S., & Meyer, M. (1999). ***Discovering the naturalist intelligence: Science in the school yard***. Tucson, AZ: Zephyr.

Goleman, D. (1995). ***Emotional intelligence: why it can matter more than IQ***. New York: Bantam Books.

Guilford, J. P., & Hoepfner, R. (1971). ***The analysis of intelligence***. New York: McGraw-Hill.

Moss, F. A., Hunt, T., Omwake, K. T., & Woodward, L. D.G. (1949). ***Social Intelligence Test***. George Washington University Series. Washington, D.C.: Center for Psychological Service.

Ochse, R., & Plug, C. (1986). Cross-cultural investigation of the validity of Erikson's theory of personality development. ***Journal of Personality and Social Psychology***, ***50***, 1240-1252.

Salovey, P., & Mayer, J. D. (1990). Emotional intelligence. ***Imagination***, ***Cognition***, ***and Personality***, ***9***, 185-211.

Sternberg, R. J. (1985). ***Beyond IQ***. Cambridge: Cambridge University Press.

Sternberg, R. J. (1996). ***Successful intelligence: How practical and***

creative intelligence determine success in life. New York: Simon & Schuster.

Strang, R. (1930). Measures of social intelligence. ***American Journal of Sociology***, ***36***, 263-269.

Wei, M. H. (1991). ***A cross-cultural study on people's perspectives of intelligence***. Unpublished doctoral dissertation, University of Virginia.

資優學生家庭動力現況之分析*

王文科

壹、前言

本研究旨在探討高中資賦優異學生的家庭動力現況。所謂家庭動力（family dynamics），係指家庭的內動力與外動力而言。以家庭系統理論來說，家庭內動力指的是資優生對家庭內的影響，包括親子間、父母間、手足間等關係互動時，所產生的問題以及父母個人的因應方式。家庭外動力則指資優生父母運用社會資源，或社會互助時所感受到的情緒或反應。而本研究所指的家庭動力，係指資優生父母在研究者所編「學生家庭狀況問卷」中之父母情緒反應、家庭的工作與時間分配、家庭經濟狀況、父母教養方式、父母期望、手足互動關係、父母個人因應方式、家庭與社區資源、家庭與學校之關係、生涯發展等十個層面所反映出的家庭動力型態。至於資優學生則指民國 85 學年度就讀臺灣省高中階段之數理、音樂、美術、舞蹈班級之資優學生。

*本文取自國科會專題研究計畫成果報告（NSC86-2413-S-018-014）；撰文者爲計畫主持人。

本文擬就研究方法、結果與討論兩方面予以敘述，最後歸納而出本研究的結論。

貳、研究方法

一、研究對象

本研究係以八十五學年度就讀於高中階段之資賦優異學生的父母爲對象，爲了研究上的方便，是以資優生爲抽樣單位，而實際填答者，則是資優生的父母。

本研究採分層隨機抽樣（stratified random sampling）中的相等樣本數（equal-size samples）形式，分別從數理資優班、音樂才能班、美術才能班、舞蹈才能班，各抽取 250 名學生家長爲樣本，實施調查。總共寄出 2100 份問卷（不包括預試部份），回收 1492 份，回收率爲71.04%，扣除填答不完整之問卷 14 份，總計有效問卷爲1478份，本研究之資料分析根據回收問卷進行，表一爲樣本人數與百分比。

表一 臺灣省八十五學年度高中階段之各類資賦優異學生人數與百分比

分層	北區			中區			南區			全體		
標準	男	女	小計	男	女	小計	男	女	小計	男	女	小計
數理 n	158	19	177	95	98	193	90	34	124	343	151	494
資優%	10.82	1.3	12.12	6.5	6.71	13.21	6.16	2.32	8.49	23.49	10.32	33.83
音樂 n	6	74	80	0	141	141	13	149	162	19	364	383
資優%	0.41	5.06	5.47	0	9.65	9.65	8.89	10.20	11.09	1.30	24.93	26.23
美術 n	31	79	110	19	62	81	39	101	140	89	242	331
資優%	2.12	5.41	7.53	1.3	4.24	5.54	2.67	6.91	9.58	6.09	16.57	22.67
舞蹈 n	1	102	103	9	121	130	0	19	19	10	242	252
資優%	0.06	6.98	7.05	0.61	8.28	8.90	0	1.30	1.30	0.68	16.57	17.26
合 n	196	274	470	123	422	545	142	303	445	461	999	1460
計 %	13.42	18.76	32.19	8.42	28.90	37.32	9.72	20.75	30.49	31.57	68.42	100.00

註：因有 18 份問卷的基本資料填寫不全，因此本表呈現的樣本數爲 1460 人。

二、研究工具

本研究用以問卷調查的工具爲研究者自編之「資賦優異學生家庭狀況問卷」，問卷的主要內容爲「家庭狀況資料」，共包含了父母的情緒反應、家庭的工作與時間分配、家庭經濟狀況、父母因應方式、父母期望、手足互動關係、家庭及社區資源、家庭與學校互動情形、生涯發展等十個層面的問題，在實際填答時，問卷中並未標記出每個層面的問題，僅以「家庭狀況」資料稱之，避免受試者在填答時感受到暗示的作用。

本研究問卷的發展過程，可分爲蒐集相關文獻資料、初擬問卷、專家評鑑、修改問卷、預試問卷和信效度考驗等步驟。

研究者根據預試之問卷，以 Cronbach α係數檢定其內部一致性（coefficient of internal consistency）。

本研究的問卷除第一部份基本資料以外，其餘第二部份題目均爲李克特式量表的形式，在信度方面是以Cronbach α係數考驗信度，其結果如表二所示，可知總量表的信度係數爲 .9558，而各層面的係數則在 .4923 到 .9412 之間，其信度良好。

表二　資賦優異學生家庭狀況問卷第二部份之α係數

量表	α
父母的情緒反應	.8632
家庭的工作與時間分配	.8478
家庭經濟狀況	.8402
父母教養方式	.4923
父母因應方式	.6699
父母期望	.8045
手足互動關係	.9412
家庭及社區資源	.8215
家庭與學校互動情形	.6795
生涯發展	.9232
總量表	.9558

研究者並於問卷修訂過程，延請六位深具有關家庭狀況與家庭動力等方面學養的專家學者，針對量表之內容、架構及層面來加以修正，以建立問卷之專家評鑑內容效度。

問卷內容中的家庭狀況部分的題目係以李克特式總和評定量表（Liker-type Summated Rating Scale）的方式編制而成，經專家鑑別及預試分析後確定爲正式的題目，總計66題，其各層面的題號及題數詳見表三。

表三　問卷第二部份『家庭狀況』題目之層面與題數

量表層面	題號	題數
父母的情緒反應	1. 2. 3. 4. 5. 6. 7.	7
家庭的工作與時間分配	8. 9. 10. 11. 12. 13. 14. 15.	7
家庭經濟狀況	16. 17. 18. 19. 20.	5
父母教養方式	21. 22. 23. 24.	4
父母因應方式	25. 26. 27. 28. 29.	5
父母期望	30. 31. 32. 33. 34. 35. 36.	7
手足互動關係	37. 38. 39. 40. 41. 42. 43. 44.	8
家庭及社區資源	45. 46. 47. 48. 49. 50. 51. 52.	8
家庭與學校互動情形	53. 54. 55. 56. 57.	5
生涯發展	58. 59. 60. 61. 62. 63. 64. 65. 66.	9

問卷的每個題目皆為五點量表，每題都有五個選項，正向題目作答之評分，係答 1 者給 1 分、答 2 者給 2 分，依此類推，但於反向陳述之題目則以反向計分來給分，亦即答 5 者給 1 分、答 4 者給 2 分，依此類推。正反向計分的題目如表四所示，其每一組分數總加之和，即為該層面的總分。

表四　資賦優異學生家庭狀況問卷正反向計分之題號與題數

計分	題號	題數
正向	1. 3. 10. 21. 25. 27. 28. 29. 30. 31. 32. 34. 35. 36. 37. 39. 42. 44. 45. 47. 49. 50. 51. 52. 53. 55. 56. 58. 59. 60. 61. 62. 63. 64. 65. 66.	35
反向	2. 4. 5. 6. 7. 8. 9. 11. 12. 13. 14. 15. 16. 17. 18. 19. 20. 22. 23. 24. 26. 33. 38. 40. 41. 43. 46. 48. 54. 56. 57.	31

貳、結果與討論

本研究問卷界定之家庭動力研究，共可分爲十個層面，即探討資賦優異學生家庭之㈠父母的情緒反應；㈡家庭的工作與時間分配；㈢家庭經濟狀況；㈣父母因應方式；㈤父母教養方式；㈥父母期望；㈦手足互動關係；㈧家庭及社區資源；㈨家庭與學校互動情形；㈩生涯發展等層面的問題。其中第七個層面手足互動關係，僅對資優生家中有兩位或兩位以上之子女進行研究；而在界定資賦優異學生家庭動力現況時，是以全體問卷填答者的 30% 爲界定標準，亦即在某題所陳述的內容上，若有 30% 的家庭有該題項所陳述的問題時，則此題項所陳述的問題就被視爲資賦優異學生家庭中共同的特殊現象。以下將分別就上述各個層面的問題來探討。

一、父母的情緒反應

本層面共有七題，每題最高 5 分，總計最高爲 35 分，本層面得分之平均數爲26.581，標準差爲5.841，如表五，各題詳細的分析如下：

第一題：我自己常感到很高興。（M=4.351，SD=.777）90.6%（含非常同意及同意者）的家長認爲他們確實感到很高興，7.3%（指無意見者）的家長認爲並沒有感覺，1.4% 的家長（含不同意及非常不同意）表示沒有感到很高興。因此約九成的資優生家長因爲家裡有了這個資優生孩子而感到很高興。

第二題：我常感到自己很憂慮。（M=3.570，SD=1.291）22.1% 的家長表示自己常覺得自己很憂慮，11.7% 的家長無意見，另有 70.8% 的家長不認爲有這樣的情形，因此約七成的資優生家長並不因家裡有了這個資優生而感到憂慮。

第三題：我常感到很有成就感。（M=3.764，SD=1.021）70.8% 的家長表示常有成就感，20.8% 無意見，而5.9% 的家長不認同，因此，約七成的資優生家長表示因爲家裡有了這個資優生常覺得有成就感。

第四題：我常感到脾氣容易暴躁。（M=3.758，5D=1.205）13.4% 的家長表示其常有這樣的情形，12.8% 的家長無意見，71.1% 的家長不同意其常有這樣的情形，因此約七成的家長不因家裡有了這個資優生而容易脾氣暴躁。

第五題：我常感到挫折。（M=4.020，5D=1.103）5.9% 的家長表示其常感到挫折，11.8% 的家長沒表示意見，79.5% 表示其不常有這樣的感覺，因此約八成的家長不因家裡有了這個資優生而感到挫折。

第六題：我常感到精神壓力大。（M=3.438，SD=1.272）24.1%的家長表示其常感到其精神壓力重，15.4%的家長沒表示意見，58.1% 的家長表示不常有這樣的感覺，因此約六成的家長表示其不因家裡有了這個資優生而趕大精神壓力大。

第七題：我常感到無法顧及本身的需要或興趣。（M=3.681，SD=1.129）11.7%的家長表示其常無法顧及本身的需要或興趣，16.0% 的家長無表示意見，69.5% 的家長不認同，因此約七成的家長不因家裡有了這個資優生而無法顧及自身的需要或興趣。

表五 全體樣本在『資賦優異學生家庭狀況問卷』上父母情緒反應之得分情形

題意層面	題號	次數與%	選項：非常同意	同意	無意見	不同意	非常不同意	平均數 M	標準差 SD	該分層面之情形：平均數 M	標準差 SD
父母的情緒反應	1	n	711	628	108	19	2	4.351	.777	26.581	5.841
		%	48.1	42.5	7.3	1.3	.1				
	2	n	44	283	173	543	395	3.570	1.291		
		%	3.0	19.1	11.7	36.7	26.7				
	3	n	297	749	308	70	18	3.764	1.021		
		%	20.1	50.7	20.8	4.7	1.2				
	4	n	34	164	189	625	425	3.758	1.205		
		%	2.3	11.1	12.8	42.3	28.8				
	5	n	13	74	175	620	555	4.020	1.103		
		%	.9	5.0	11.8	41.9	37.6				
	6	n	60	295	227	544	315	3.438	1.272		
		%	4.1	20.0	15.4	36.8	21.3				
	7	n	26	147	236	723	304	3.681	1.129		
		%	1.8	9.9	16.0	48.9	20.6				

N＝1478

從上述結果可知，多數家長的情緒反應是是高興的，因孩子而有成就感，不因孩子而增加挫折、精神壓力及無法顧及本身的需要或興趣。

二、家庭的工作與時間分配

本層面共有八題，每題最高5分，總計最高為40分，本層面得分之平均數為29.060，標準差為6.000，如表六，各題之詳細分析如下：

第八題：我常因為要關注這個孩子，所以耽誤本身的工作。（M=3.847，SD=1.051）7.9%的家長表示其因此而耽誤自身的工作，11.9%的家長無意見，另有77.6%的家長表示不同意，因此約八成的家長不因家裡有了這個資優生孩子而耽誤本身的工作。

第九題：我常因為要關注這個孩子，所以影響家人到外面（社會）工作的意願。（M=3.873，SD=1.081）7.7%的家長表示有這樣的情形，12.9%的家長沒意見，另有76.7%的家長不同意有這樣的情形，因此約八成的家長認為家裡不因為有了這個資優生孩子，而影響家人到外面工作的意願。

第十題：我常因為要關注這個孩子，所以讓自己更有信心去面對工作中的困難。（M=3.430，SD=1.036）53.4%的家長表示其在面對工作時更有信心，31.7%的家長沒意見，另有13%的家長不認同此看法，因此約五成的家長受到家裡有個資優生的鼓舞，而更有信心去面對工作上的困難。

第十一題：我常因為要關注這個孩子，所以沒有自己獨處的時間。（M=3.830，SD=1.036）8.4%的家長表示其為了要關注這個孩子所以沒有自己獨處的時間，11.4%的家長沒意見，77.9%的家長不認同此看法，因此約八成的家長表示，除了關注這個孩子之外，自己仍有充分的獨處時間。

第十二題：我常因爲要關注這個孩子，所以花在他／她身上的時間會比家中其他的人多。（M=3.101，SD=1.212）34.9% 的家長表示其確實花較多的時間在這個孩子身上，14.1% 的家長沒意見，另有 48.9% 的家長不同意此種情形，因此約五成的家長表示不因爲這孩子爲資優生而偏重教養時間。

第十三題：我常因爲要關注這個孩子，所以限制了我與家人相處的時間。（M=3.974，SD=1.002）4.7% 的家長表示其與家人相處的時間受到限制，8.7%的家長無意見，84.0% 的家長不認爲受到限制，因此約八成的家長不因資優生這個孩子而限制了其與家人相處的時間。

第十四題：我常因爲要關注這個孩子，所以增加全家外出度假的機會。（M=3.300，SD=1.114）18.9% 的家長認爲有這樣的情形，29.9% 的家長沒意見，48.8% 的家長表示不同意有這樣的情形，因此約有五成的家長認爲爲了關注這個資優生孩子，反而減少了外出度假的機會。

第十五題：我常因爲要關注這個孩子，所以減少了與朋友相處的時間。（M=3.705，SD=1.076）11.3% 的家長認爲其與朋友相處的時間因此減少了，14.9% 的家長沒意見，71.4% 的家長不同意此情形，因此約七成的家長不因要關注這個資優生孩子而減少其與朋友相處的時間。

表六　全體樣本在『資賦優異學生家庭狀況問卷』上家庭的工作與時間分配之得分情形

題意層面	題號	次數與%	選項：非常同意	同意	無意見	不同意	非常不同意	平均數 M	標準差 SD	該分層面之情形：平均數 M	標準差 SD
家庭的時間與工作分配	8	n	13	104	176	798	349	3.847	1.051	29.06	6.000
		%	.9	7.0	11.9	54.0	23.6				
	9	n	10	103	190	732	402	3.873	1.081		
		%	.7	7.0	12.9	49.5	27.2				
	10	n	165	624	468	153	38	3.430	1.036		
		%	11.2	42.2	31.7	10.4	2.6				
	11	n	20	104	168	831	321	3.830	1.036		
		%	1.4	7.0	11.4	56.2	21.7				
	12	n	91	424	208	594	129	3.101	1.212		
		%	6.2	28.7	14.1	40.2	8.7				
	13	n	15	54	128	847	395	3.974	1.002		
		%	1.0	3.7	8.7	57.3	26.7				
	14	n	48	247	428	554	167	3.300	1.114		
		%	3.2	16.7	29.0	37.5	11.3				
	15	n	22	145	220	776	280	3.795	1.076		
		%	1.5	9.8	14.9	52.5	18.9				

N＝1478

綜合上述結果可知，僅少數家長爲了教養資優孩子而耽誤其本身之工作。在時間上，舉家出遊度假的機會減少了，而家長與朋友相處的時間或獨處的時間所受影響均小。

三、家庭經濟狀況

本層面題目共有 5 題，每題最高 5 分，總計最高爲 25 分，本層面得分之平均數爲15.756，標準差爲4.418，如表七，各題詳細的分析如下：

第十六題：因爲這個孩子天資聰穎，所以投資在他／她身上的費用會比家中其他的人多。（M=2.643，SD=1.285）54.4% 的家長表示確實如此，10.3% 的家長無意見，另有 33.9% 的家長不認同，因此約五成的家長表示投資在這孩子身上的錢比家中其他人多。

第十七題：因爲這個孩子天資聰穎，所以家居、生活等費用必須節儉、謹慎。（M=2.750，SD=1.156）47.1% 的家長表示確實有這樣的情形，20.9% 的家長沒意見，另有 30% 表示不因爲是這個孩子天資聰穎，所以家居、生活等費用必須節儉、謹慎，因此約五成的家長表示爲了這個資優孩子，家居、生活等費用必須節儉。

第十八題：因爲這個孩子天資聰穎，所以花費在他／她學習上的費用昂貴，負荷太重。（M=3.174，SD=1.207）27.1% 的家長表示確實有這樣的情形，23.7% 的家長沒意見，46.8% 的家長不同意這樣的看法，因此約五成的家長表示不因爲這個孩子天資聰穎，所以花費在他她學習上的費用昂貴，負荷太重。

第十九題：因爲這個孩子天資聰穎，所以家庭開銷變大，使的家庭必須放棄很多活動。（M=3.567，SD=1.137）15.5% 的家長表示確實有這樣的情形，16.1% 的家長沒意見，65.9% 的家長不同意此種看法，亦即，約七成的家長表示不因爲這個孩子天資聰穎，所以家庭開銷變大，使得家庭必須放棄很多活動。

第二十題：因爲這個孩子天資聰穎，所以會因爲比賽得獎或申請專利，而增加家庭收入。（M=3.622，SD=1.062）8.2%的家長表示確實有此種情形，29.0%的家長不同意，61.2%的家長不認同此種情形，因此約六成的家長表示不因爲這個孩子天資聰穎比賽得獎或申請專利，而增加家庭收入。

表七　全體樣本在『資賦優異學生家庭狀況問卷』上家庭經濟狀況之得分情形

題意層面	題號	次數與%	選項					平均數M	標準差SD
			非常同意	同意	無意見	不同意	非常不同意		
家庭經濟狀況	16	n	270	534	152	393	108	2.643	1.285
		%	18.3	36.1	10.3	26.6	7.3		
	17	n	129	568	3.9	348	96	2.750	1.156
		%	8.7	38.4	20.9	23.5	6.5		
	18	n	99	302	351	525	167	3.174	1.207
		%	6.7	20.4	23.7	35.5	11.3		
	19	n	45	185	238	732	243	3.567	1.137
		%	3.0	12.5	16.1	49.5	16.4		
	20	n	18	104	428	611	280	3.622	1.062
		%	1.2	7.0	29.0	41.3	18.9		

N=1478

綜合上述結果可知，家長覺得爲資優孩子而花費的開銷，尚在能承受範圍之內，不致於需放棄一些家庭活動，以均衡開銷。

四、父母教養方式

本層面題目共有四題，每題最高 5 分，總計最高為 20 分，本層面得分之平均數為13.051，標準差為2.712，如表八，各題詳細的分析如下：

第二十一題：我與這個孩子相處或一起活動時，願意傾聽他／她的心事（M=4.139，SD=.865）87.9% 的家長表示確實如此，8.2% 的家長沒意見，僅 2.6% 的家長表示不同意，因此將近九成的家長表示與資優孩子相處時願意傾聽其心事。

第二十二題：我與這個孩子相處或一起活動時，不希望他／她只管表達自己的感受，徒增我的困擾。（M=3.319，SD=1.215）26.5%的家長表示確實希望如此，15.8% 的家長沒意見，55.3% 表示不同意，亦即約五成的家長希望資優孩子能儘量表達自己的感受，不將此視為困擾。

第二十三題：我與這個孩子相處或一起活動時，希望他／她能順著自己的意願來作決定。（M=2.320，SD=1.104）53.8% 的家長表示孩子自能順著自己的意願來作決定，18.9% 的家長沒意見，15.3 % 的家長不同意此看法，因此約五成的家長希望資優孩子能順著自己的意願來作決定。

第二十四題：我與這個孩子相處或一起活動時，往往嚴加管教。（M=3.273，SD=1.178）26.1% 的家長表示確實如此，18.8% 的家長沒意見，另外 52.8% 表示不同意，亦即約有五成的家長表示其與這個孩子相處或一起活動時，不會嚴加管教。

表八　全體樣本在『資賦優異學生家庭狀況問卷』上父母教養方式之得分情形

題意層面	題號	次數與%	選項：非常同意	同意	無意見	不同意	非常不同意	平均數 M	標準差 SD	該分層面之情形：平均數 M	標準差 SD
父母因應方式	21	n	493	806	121	27	12	4.139	3865	13.051	2.712
		%	33.4	54.5	8.2	1.8	.8				
	22	n	56	335	234	607	210	3.319	1.215		
		%	3.8	22.7	15.8	41.4	14.2				
	23	n	225	719	279	196	29	2.320	1.014		
		%	15.2	48.6	18.9	13.3	2.0				
	24	n	59	327	278	610	170	3.273	1.178		
		%	4.0	22.1	18.8	41.3	11.5				

N＝1478

綜合上述結果可知，家長都能與資優孩子有良好的溝通，並能傾聽孩子所表達的意願，並且尊重孩子的想法。

五、父母因應方式

本層面題目共有 5 題，每題最高5 分，總計最高分為 25 分，本層面得分之平均數為18.005，標準差為3.319，如表九，各題詳細的分析如下：

第二十五題：面對這個孩子及他／她的問題，我自己會從書籍或演講中找到輔導他／她解決問題的方法。（M=3.544，SD=.965）63.0%的家長表示表示能夠依此方法找到輔導其孩子的方法，25.5%的家長沒意見，9.6%的家長表示並未能依此方法輔導其孩子。因此約六成的家長表示面對這個孩子及他／她的問題，自己會從書籍或演講中找到輔導他／她解決問題的方法。

第二十六題：面對這個孩子及他／她的問題，我自己不用與他／她的老師接觸，就可以輔導他／她解決問題。（M=3.208，SD=1.085）24.8%的家長表示確實如此，23.5%的家長沒意見，49.4%的家長不認同，亦即約五成的家長會與他／她的老師接觸，以輔導他／她解決問題。

第二十七題：面對這個孩子及他／她的問題，我自己會求助於教師及家人以外的其他人士。（M=3.481，SD=1.048）62.4%的家長表示確實如此，20.6%的家長沒意見，14.9%的家長表示並沒有如此做。因此約六成的家長能自行尋求他人的協助，以幫助解決孩子的問題。

第二十八題：面對這個孩子及他／她的問題，我自己會讓他／她自由發展。（M=3.820，SD=1.017）76.9%的家長表示同意此方法，20.3%的家長沒意見，0.9%的家長不認同此方法，因此約八成的家長表示面對這個孩子及他／她的問題，會讓他／她自由發展。

第二十九題：面對這個孩子及他／她的問題，我自己會與配偶共同討論，找出適當的輔導之道。（M=3.951，SD=.933）82.0%的家長表示常與配偶討論輔導孩子的方法，12.3%的家長沒意見，3.8%的家長表示並沒有這樣做，因此約有八成的家長是夫妻互相討論孩子的問題與輔導之道。

表九　全體樣本在「資賦優異學生家庭狀況問卷」上父母因應方式之得分情形

題意層面	題號	次數與%	選項：非常同意	同意	無意見	不同意	非常不同意	平均數 M	標準差 SD	該分層面之情形：平均數 M	標準差 SD
父母教養方式	25	n	131	799	377	115	26	3.544	.965	18.055	3.319
		%	8.9	54.1	25.5	7.8	1.8				
	26	n	43	324	347	640	90	3.208	1.058		
		%	2.9	21.9	23.5	43.3	6.1				
	27	n	142	780	304	182	39	3.481	1.048		
		%	9.6	52.8	20.6	12.3	2.6				
	28	n	317	821	165	134	14	3.820	1.017		
		%	21.4	55.5	11.2	9.1	.9				
	29	n	351	861	182	39	17	3.951	.933		
		%	23.7	58.3	12.3	2.6	1.2				

N＝1478

從上述結果可知，家長在面對資優孩子的問題時，多能自主地從書籍或演講中，尋求解決的方法，若有不足，則再求助於教師或家人以外的其他人士，並且能夫婦共同討論所面臨的問題。

六、父母期望

本層面的題目共有 7 題，每題最高 5 分，總計最高為 35 分，本層面得分之平均數為27.681，標準差為4.339，如表十，各題詳細的分析如下：

第三十題：對於這個孩子我對他／她的期望特別高。（M=3.625，SD=1.034）64.3% 的家長表示確實如此，21.6% 的家長沒意見，12.5% 的家長表示沒有如此，因此約有六成的家長對其資優孩子抱持著特別高的期望。

第三十一題：對於這個孩子尊重他／她的意思，讓他／她自由發展。（M=4.050，SD=.834）87.5% 表示同意此種看法，7.5% 的家長無意見，3.8% 的家長不同意，亦即將近九成的家長尊重孩子的意思，讓他／她自由發展。

第三十二題：對於這個孩子我很關心他／她學習的情形（M=4.206，SD=.801）92.6% 的家長表示其相當關心孩子的學習情形，7.5% 的家長沒意見，僅 3.5% 的家長不同意此看法，因此超過九成的家長對其資優孩子的學習情形相當關心。

第三十三題：對於這個孩子我覺得他／她只會唸書，沒有其他特殊表現。（M=3.951，SD=.891）4.5% 的家長對其孩子有此種看法，10.7% 的家長沒意見，但 83.1% 的家長不同意，亦即超過八成的家長認爲其資優孩子除了唸書以外尚有其他特殊表現。

第三十四題：對於這個孩子我希望他／她能出人頭地、光耀門楣。（M=3.747，SD=.991）68.8% 的家長有如此的期望，23.1% 的家長沒意見，6.4% 的家長不同意此種看法，因此將近七成的家長希望其資優孩子能出人頭地、光耀門楣。

第三十五題：對於這個孩子我期望他／她有優異的學業表現之外，更能在其他方面也有所長。（M=4.205，SD=.848）91.1% 的家長有如此的期望，5.8% 的家長沒意見，僅 1.4% 的家長無此期望，因此超過九成的家長希望其資優孩子有優異的學業表現之外，更能在其他方面也有所長。

第三十六題：對於這個孩子我不希望他他／她終日埋首書堆。（M=3.896，SD=.971）79.1%有此種看法，12.9%的家長沒意見，僅6.2%的家長不同意此看法，因此將近八成的家長不希望其孩子終日埋首書堆。

表十　全體樣本在『資賦優異學生家庭狀況問卷』上父母期望之得分情形

題意層面	題號	次數與%	選項：非常同意	同意	無意見	不同意	非常不同意	平均數 M	標準差 SD	該分層面之情形：平均數 M	標準差 SD
父母的期望	30	n	249	702	319	164	20	3.625	1.034	27.681	4.339
		%	16.8	47.5	21.6	11.1	1.4				
	31	n	375	918	111	51	4	4.050	.834		
		%	25.4	62.1	7.5	3.5	.3				
	32	n	500	869	70	13	4	4.206	.801		
		%	33.8	58.8	4.7	.9	.3				
	33	n	6	60	158	905	324	3.951	.891		
		%	.4	4.1	10.7	61.2	21.9				
	34	n	285	731	342	69	25	3.747	.991		
		%	19.3	49.5	23.1	4.7	1.7				
	35	n	534	813	86	14	7	4.205	.848		
		%	36.1	55.0	5.8	.9	.5				
	36	n	344	825	191	74	48	3.896	.971		
		%	23.3	55.8	12.9	5.0	1.2				

N＝1478

由上述結果可知，家長寄予資優孩子的期望相當高，希望他們能光耀門楣，在學業的優異表現之外，尙能有其他傑出表現。

七、手足互動關係

本層面題目共有八題，每題最高 5 分，總計最高爲 40 分，本層面得分之平均數爲29.156，標準差爲8.305，如表十一各題詳細的分析如下：

第三十七題：家中的其他孩子對於資優手足，都很願意幫忙並配合他／她的學習成長。（M=3.827，SD=1.242）80% 的家長表示家中的其他孩子都很願意，11.2% 的家長沒意見，僅 1.9% 的家長表示不同意，因此八成的家長表示某家中的其他孩子都很願意幫忙與配合資優手足的學習與成長。

第三十八題：家中的其他孩子對於資優手足，不願跟他／她一起讀書、作功課。（M=3.730，SD=1.238）5.4% 的家長表示確實有此種情形，13.5% 的家長沒意見，74.9% 的家長不認同此種情形，亦即超過七成的家長表示資優生的手足願意與資優生一起讀書、作功課。

第三十九題：家中的其他孩子對於資優手足，很欣賞他／她的發展情況與能力（M=3.649，SD=1.158）70.8% 的家長表示家中的其他手足確實如此，19.8% 的家長沒意見，僅 3.4% 的家長表示不認同此種情形，因此約七成的家長表示家中的其他孩子很欣賞資優手足的發展情況與能力。

第四十題：家中的其他孩子對於資優手足，會抱怨有關這個手足的事情或爲他／她表示不滿。（M=3.411，SD=1.271）15.1%

的家長表示家中的其他孩子確實有此種情形，16.2% 的家長沒意見，62.2% 家長表示沒有此種情形，亦即約六成的家長表示家中的其他孩子對於資優手足，不會抱怨有關這個手足的事情或爲他／她表示不滿。

第四十一題：家中的其他孩子對於資優手足，不喜歡和他／她一起玩。（M=3.806，SD=1.253）4.7% 的家長表示家中的其他孩子確實有此種情形，8.7% 的家長沒意見，80.2% 表示無此種情形，因此約八成的家長表示家中的其他孩子喜歡與資優手足一起玩。

第四十二題：家中的其他孩子對於資優手足，對他／她優異的學業表現相當敬佩，希望自己能夠向他／她看齊。（M=3.373，SD=1.214）55.1% 的家長表示家中的其他孩子有此種情形，21.9% 的家長沒意見，僅9.4% 的家長不表示認同，因此超過五成的家長表示家中其他孩子相當敬佩資優手足的優異學業表現，並且希望能夠向他／她看齊。

第四十三題：家中的其他孩子對於資優手足，有排擠他／她的現象。（M=3.950，SD=1.269）3.7% 的家長表示確實有此種情形，6.6% 的家長沒意見，83.4% 的家長不表示認同，亦即約有八成的家長認爲家中的其他孩子不會排擠資優手足。

第四十四題：家中的其他孩子對於資優手足，對他／她學業以外的優異表現相當佩服，希望自己能夠向他／她看齊。（M=3.409，SD=1.219）56.9% 的家長表示家中的其他孩子確實有此種情形，28.1% 的家長沒意見，僅8.6% 的家長不表示認同，因此將近五成的家長表示家中的其他孩子相當佩服資優手足學業以外的優異表現，並希望能夠向他看齊。

表十一　全體樣本在『資賦優異學生家庭狀況問卷』上手足互動關係之得分情形

題意層面	題號	次數與%	選項					平均數	標準差	該分層面之情形	
			非常同意	同意	無意見	不同意	非常不同意	M	SD	平均數 M	標準差 SD
手足互動關係	38	n	11	70	200	768	338	3.730	1.238	29.156	8.305
		%	.7	4.7	13.5	52.0	22.9				
	39	n	233	813	293	46	5	3.649	1.158		
		%	15.8	55.0	19.8	3.1	.3				
	40	n	9	214	240	716	204	3.411	1.271		
		%	.6	14.5	16.2	48.4	13.8				
	41	n	14	56	128	810	375	.806	1.253		
		%	.9	3.8	8.7	54.8	25.4				
	42	n	176	639	430	121	18	3.373	1.214		
		%	11.9	43.2	29.1	8.2	1.2				
	43	n	10	44	97	716	517	3.950	1.269		
		%	.7	3.0	6.6	48.4	35.0				
	44	n	191	651	415	107	21	3.409	1.219		
		%	12.9	44.0	28.1	7.2	1.4				

N＝1478

由上述的結果發現，資優孩子與其手足之間相處良好，並且帶來良好的示範作用。

八、家庭及社區資源

本層面題目共有 7 題，每題最高 5 分，總計最高爲 35 分，本層面得分之平均數爲30.878，標準差爲5.036，如表十二，各題詳細的分析如下：

第四十五題：我覺得配偶能瞭解並能接受這個孩子目前的發展情況。（M=4.047，SD=.902）85.9% 的家長表示其配偶確實有這樣的情形，9.1% 的家長沒意見，僅 3.5% 的家長對此無法認同，因此超過八成的家長認爲其配偶能瞭解並能接受這個資優孩子目前的發展情況。

第四十六題：我覺得對於這個孩子的發展，家人無法提供適當的支持與協助。（M=3.790，SD=1.013）9.7% 的家長表示確實有這樣的情形，11.6% 的家長沒意見，但76.8% 的家長無法表示認同，亦即近八成的家長表示家人對於資優孩子的成長，能夠提供適當的支持與協助。

第四十七題：我覺得家人常幫忙分擔家中雜務及關注這孩子的需求。（M=3.777，SD=.926）76.2% 的家長表示家人確實有這樣的情形，15.3% 的家長沒意見，僅6.7% 的家長表示不認同，因此將近八成的家長表示家人常幫忙分擔家中雜務及關注這個資優孩子的需求。

第四十八題：我覺得由於忙於關注這個孩子的需求，使得家人無法親密地聚在一起。（M=4.052，SD=.934）4.0% 的家長表示確實有這樣的情形，7.7% 的家長沒意見，但86.4% 的家長表示不認同，亦即超過八成的家長表示家人不因忙於關注這個孩子的需求，而無法親密地聚在一起。

第四十九題：我覺得我覺得家中有了這個孩子，家人更能融洽相處。（M=3.772，SD=.912）68.4% 家長認爲確實有這樣的情形，25.8%的家長無意見，僅 4.3% 的家長表示不認同，因此將近七成的家長表示家中有了這個孩子，家人更能融洽相處。

第五十題：我覺得家人能全力配合以促進這個孩子的身心成長。（M=4.052，SD=.852）85.4% 的家長表示能全力配合，10.8% 的家人沒意見，僅2.3% 家長表示不認同，因此超過八成的家長表示能全力配合以促進這個資優孩子的身心成長。

第五十一題：我覺得社區中並無可供利用的資源，以滿足這個孩子的需求。（M=3.578，SD=.944）53.1% 的家長表示同意，26.8%的家長沒意見，18% 的的家長不表示認同，因此超過五成的家長表示社區中並無可供利用的資源，以滿足這個孩子的需求。

第五十二題：我覺得許多的文藝活動，有助於於這個孩子的成長。（M=3.980，SD=.885）83.4% 的家長表示同意，11.5% 的家長沒意見，僅3.3% 的家長不表示認同，因此超過八成的家長表示許多的文藝活動，有助於於這個資優孩子的成長。

表十二　全體樣本在『資賦優異學生家庭狀況問卷』上家庭及社區資源之得分情形

題意層面	題號	次數與%	選項：非常同意	同意	無意見	不同意	非常不同意	平均數 M	標準差 SD	該分層面之情形：平均數 M	標準差 SD
家家庭及社區資源	45	n	415	854	134	36	16	4.047	.902	30.878	5.036
		%	28.1	57.8	9.1	2.4	1.1				
	46	n	24	120	171	855	281	3.790	1.013		
		%	1.6	8.1	11.6	57.8	19.0				
	47	n	216	911	226	82	17	3.777	.926		
		%	14.6	61.6	15.3	5.5	1.2				
	48	n	9	50	114	842	434	4.052	.934		
		%	.6	3.4	7.7	57.0	29.4				
	49	n	269	742	382	52	10	3.772	.912		
		%	18.2	50.2	25.8	3.6	.7				
	50	n	399	863	160	28	6	4.052	.852		
		%	27.0	58.4	10.8	1.9	.4				
	51	n	208	576	396	238	28	3.407	1.104		
		%	14.1	39.0	26.8	16.1	1.9				
	52	n	348	885	170	42	8	3.980	.885		
		%	23.5	59.9	11.5	2.8	.5				

N＝1478

由上述結果可知，家長之配偶與家人在教養資優孩子的過程中，能提供良好的回應與支持，家長亦認爲許多的藝文活動有助於資優孩子的需求，但是，社區中可供利用的資源普遍不足。

九、家庭與學校互動情形

本層面題目共有 5 題，每題最高 5 分，總計最高為 25 分，本層面得分之平均數為16.288，標準差為3.376，如表十三，各題詳細的分析如下：

第五十三題：為了這個孩子，我常與學校的老師聯絡。（M=3.290，SD=1.021）46.8% 的家長表示確實有這樣的情形，34%的家長沒意見，17% 的家長不表示認同，因此，將近五成的家長，為了資優孩子而常與學校的老師聯絡。

第五十四題：為了這個孩子，我覺得學校的老師並不能滿足他／她的學習需求。（M=3.453，SD=.991）12.3% 的家長表示確實如此，27.7% 的家長沒意見，57.9%的家長不認同，亦即將近六成的家長覺得學校的老師可以滿足其資優孩子的學習需求。

第五十五題：為了這個孩子，我常常需要其任課老師的協助。（M=3.096，SD=1.050）39.6% 的家長表示確實有此種情形，32.1%的家長沒意見，26% 的家長不表示認同，因此家長為了資優孩子，是否常常需要任課老師的協助，可說個別差異大，因人而異。

第五十六題：為了這個孩子，我覺得學校的學習環境無法滿足他／她的成長需要。（M=3.400，SD=1.033）15.6% 的家長表示同意此看法，24.6% 的家長無意見，57.5% 的家長不表示認同，亦即將近六成的家長表示學校的學習環境可以滿足其資優孩子的成長需要。

第五十七題：為了這個孩子，我希望老師能減輕這個孩子的課業負擔。（M=3.049，SD=1.005）24% 的家長希望如此，38.9%

的家長沒意見，35.2%的家長不表示認同，因此家長是否爲了孩子而希望老師減輕孩子的課業負擔，因人而異。

表十三　全體樣本在『資賦優異學生家庭狀況問卷』上家庭與學校互動情形之得分情形

題意層面	題號	次數與%	選項：非常同意	同意	無意見	不同意	非常不同意	平均數 M	標準差 SD	該分層面之情形：平均數 M	標準差 SD
家庭與學校互動情形	53	n	115	576	503	224	27	3.290	1.021	16.288	3.376
		%	7.8	39.0	34.0	15.2	1.8				
	54	n	29	152	410	739	410	3.453	.991		
		%	2.0	10.3	27.7	50.0	7.9				
	55	n	82	504	473	344	40	3.096	1.050		
		%	5.5	34.1	32.1	23.3	2.7				
	56	n	40	191	364	744	107	3.400	1.033		
		%	2.7	12.9	24.6	50.3	7.2				
	57	n	60	294	575	462	57	3.049	1.005		
		%	4.1	19.9	38.9	31.3	3.9				

N＝1478

由上述結果可知，家長爲了其資優孩子，常與老師保持聯絡，並且認爲老師與學校學習環境能滿足其孩子的學習需求。

十、生涯發展

本層面題目共有9題，每題最高5分，總計最高爲45分，本層面得分之平均數爲36.468，標準差爲6.158，如表十四，各題詳細的分析如下：

第五十八題：關於這個孩子的未來發展，尊重他／她的興趣取向，（M=3.884，SD=.914）94.2% 的家長表示確實如此，3.7% 的家長沒意見，僅0.7% 家長不表示認同，因此超過九成的家長表示關於其資優孩子的未來發展會尊重他／她的興趣取向。

第五十九題：關於這個孩子的未來發展，向其他教師、專家學者諮詢。（M=3.884，SD=.914）75.4% 的家長會採用此方法，20.0% 的家長沒意見，2.6% 的家長不表示認同，因此超過七成的家長會向其他教師、專家學者質詢有關其資優孩子的未來發展。

第六十題：關於這個孩子的未來發展，希望學校多舉辦生涯輔導活動。（M=4.006，SD=.870）79% 的家長表示希望學校多舉辦生涯輔導活動，17.7% 的家長沒意見，僅 0.6% 的家長不表示認同，因此將近八成的家長表示希望學校多舉辦生涯輔導活動，以供其孩子試探其生涯。

第六十一題：關於這個孩子的未來發展，儘量讓他／她參加各種活動以充分發揮潛能。（M=4.152，SD=.817）87.3% 的家長表示同意，10.4% 的家長沒意見，僅1%的家長不表認同，因此將近九成的家長同意儘量讓其資優孩子參加各種活動以充分發揮潛能。

第六十二題：關於這個孩子的未來發展，必須提供孩子學習的榜樣。（M=3.997，SD=.868）83.6% 的家長同意此看法，12.7% 的家長沒意見，僅 1.8% 的家長不表示認同，因此超過八成的家長認為關於孩子未來的發展，提供其學習榜樣是必須的。

第六十三題：關於這個孩子的未來發展，參考他／她的老師及專業人士的意見。（M=4.065，SD=.843）86.8% 的家長同意此方法，10.6%的家長沒意見，僅 0.6%的家長不表示認同，因此，超過八成的家長在決定其資優孩子未來發展方向上，會參考老師及專業人士的意見。

第六十四題：關於這個孩子的未來發展，常與孩子討論其未來發展的方向。（M=4.048，SD=.888）85.8%的家長表示其常與孩子一起討論，10.4%的家長沒意見，僅1.7%的家長不表示認同，因此超過八成的家長，常與孩子討論其未來發展的方向。

第六十五題：關於這個孩子的未來發展，鼓勵孩子往某一專業領域發展。（M=3.995，SD=.918）79%的家長表示認同，16.4%的家長沒意見，僅 3%的家長不同意，因此，將近九成的家長同意孩子往某一專業領域發展。

第六十六題：關於這個孩子的未來發展，希望學校能安排有關『未來學』的課程。（M=3.990，SD=.902）77.7%的家長確實有此種期望，19.4%的家長沒意見，僅 1.2%的家長不同意，因此將近八成的家長希望學校能安排有關『未來學』的課程。

表十三　全體樣本在『資賦優異學生家庭狀況問卷』上生涯發展之得分情形

題意層面	題號	次數與%	選項 非常同意	同意	無意見	不同意	非常不同意	平均數 M	標準差 SD	該分層面之情形 平均數 M	標準差 SD
生涯發展	58	n	649	743	54	10	0	4.329	.795	36.468	6.158
		%	43.9	50.3	3.7	0.7	0				
	59	n	321	794	296	34	4	3.884	.914		
		%	21.7	53.7	20.0	2.3	0.3				
	60	n	394	788	261	7	0	4.006	.870		
		%	26.7	53.3	17.7	0.5	0.1				
	61	n	487	804	153	13	1	4.152	.817		
		%	32.9	54.4	10.4	0.9	0.1				
	62	n	353	882	188	24	3	3.997	.868		
		%	23.3	59.7	12.7	1.6	0.2				
	63	n	389	894	157	7	2	4.065	.843		
		%	26.3	60.5	10.6	0.5	0.1				
	64	n	401	868	154	20	4	4.048	.888		
		%	27.1	58.7	10.4	1.4	0.3				
	65	n	424	743	242	42	3	3.995	.981		
		%	28.7	50.3	16.4	2.8	0.2				
	66	n	413	736	286	13	4	3.990	.902		
		%	27.9	49.8	19.4	0.9	0.3				

N＝1478

由上述結果可知，關於資優生的生涯發展，家長不僅常與孩子一起討論、尊重孩子的興趣取向並且會向教師與專家學者諮詢參考的意見，家長亦認爲應儘量讓孩子參加各種活動以發揮潛能和鼓勵孩子往某一專業領域發展，同時必須提供孩子學習的榜樣，學校多舉辦生涯輔導活動和安排有關『未來學』的課程。

肆、結論

本研究對資賦優異學生家庭動力的探討，綜合家長在問卷上的反應，將家庭動力分成父母的情緒反應、家庭的工作與時間分配、家庭經濟狀況、父母因應方式、父母教養方式、父母期望、手足互動關係、家庭及社區資源、家庭與學校互動情形、生涯發展等十個層面來探討，分別說明如下：

一、父母的情緒反應

㈠在正向的情緒反應上

九成(90.6%)的家長的情緒反應是高興的，並且七成(70.8%)的家長感到很有成就感。

㈡在負向的情緒反應上

僅少數的家長有負向的情緒反應，兩成（22.1%）的家長感到憂鬱與精神壓力大（24.1%），約一成（13.4%）的家長常感到脾氣暴躁，感到挫折的家長比率低於一成（5.4%）。

二、家庭的工作與時間分配

㈠工作

1.負面影響方面：近八成的家長表示，即使要關注資優孩子的生活，亦不致於耽誤到自己的工作，同時也不影響家人到外面工作的意願。僅約一成的家長與家人有負面的影響。

2.正面影響方面：約五成（53.3%）的家長表示，因受到家裡有資優生孩子的鼓舞，而更有信心去面對工作中的困難。

㈡時間分配

1.超過三成的家長花較多的時間於資優孩子身上，且約五成的家長表示，因爲關注資優孩子而減少了全家外出度假的機會。

2.家長個人時間的運用上，約八成的家長有充分的時間與家人相處以及獨處；與朋友相處的時間上，給七成的家長表示不受到影響。

三、家庭經濟狀況

在家庭開銷上，超過五成的家長表示，花在資優孩子的學習費用上比家中其他的人多，並且將近二成（27.1%）的家長表示負荷太重。超過一成的家長表示，因爲家庭開銷變大，所以需放棄很多活動，但有七成的家長表示尙在承受範圍之內，不受到影響。

四、父母教養方式

家長與資優孩子有良好的溝通且尊重孩子的想法，與資優孩子相處時將近九成的家長願意傾聽孩子的心事，約五成的家長希望孩子能順著自己的意願來作決定、盡量表達自己的感受而不將此視爲困擾，亦不會對資優孩子嚴加管教。

五、父母因應方式

在面對資優孩子的問題時，家長所採取的方法包括：從書籍、演講、教師或其他人中尋求解決問題的方法，和與配偶共同所面臨的問題討論。

六、父母期望

約九成的家長相當關心資優孩子的學習情形，希望孩子除了優異的學業表現外，亦能有其他的特殊表現，同時家長也表現出相當尊重孩子的意願能讓孩子自由發展。另有超過六成的家長對其資優孩子抱持著特別高的期望，希望孩子能出人頭地、光耀門楣。

七、手足互動關係

資優生的手足互動情形良好，並且帶來良好的示範作用，超過七成的資優生手足願意幫忙資優生學習成長、願意一起讀書作功課以及一起遊玩，並且沒有相互排擠的現象。超過五成的資優生手足相當欣賞資優生的表現與能力，因此希望能看齊資優生在學業或特殊才能上的表現。

八、家庭及社區資源

(一)家庭資源

在教養資優生的過程中，約八成的家長表示家人能接受、關注資優生的發展現況，及對資優生的成長需求提供適當的支持與協助，並且家人亦能分擔、協助家務。

(二)社區資源

超過八成的家長表示許多的文藝活動有助於資優生的成長，但是有超過五成的家長表示社區中可供利用的資源不足。

九、家庭與學校互動情形

1.在家長與學校的互動之間，約五成的家長常與學校老師聯絡，互動良好。

2.約六成的家長滿意學校所提供的教學服務，但超過兩成的家長希望老師能減輕孩子的課業負擔。

十、生涯發展

1.關於資優生的未來發展，超過七成的家長不僅常與孩子一起討論、尊重孩子的興趣取向並且曾向教師與專家學者諮詢參考的意見。

2.超過八成的家長亦認爲應儘量讓孩子參加各種活動以發揮

潛能和鼓勵孩子往某一專業領域發展，同時亦必須提供孩子學習的榜樣。

3.約八成的家長希望學校能多舉辦生涯輔導活動以及安排有關『未來學』的課程。

合作研究法與資優教育評鑑模式的發展*

張煌熙
謝金枝

壹、前言

評鑑是了解教育方案實施成效的重要憑藉，教育品質的提升，有賴於教育評鑑工作之配合。因此，想要改進我國資優教育的品質，對於資優教育評鑑有加以重視的必要。我國資優教育自民國六十二學年度開始，實施至今，已有二十餘年，辦理的學校，自國小、國中、至高中，目前共有 403 所，班級數則達 1223 班（教育部，民 86）。然而，有關資優教育評鑑的研究，在近十幾年來卻只有 22 篇（盧台華，民 82）。這些研究多偏重評鑑理論之探討，屬於實証研究的只有兩篇（吳武典，民 72；郭靜姿，民 83）。可見資優教育雖然行之有年，方案評鑑仍是有待加強的一環。

*本報告節錄改寫自國科會專題研究計畫成果報告（NSC86-2511-S-133-008）。

教育主管當局雖然會不定時對各校資優教育方案進行外部評鑑，但因受限於時間、人力、次數等因素，很難及時提供回饋，作為各校改善的依据。故提升資優教育工作者進行內部評鑑的能力，對資優教育評鑑進行需求評估，並發展適用的本土化模式，實有待重視。在第一年的研究中，研究小組根据學校訪談與問卷調查結果，發現：「評估資優教育教材的適切性」、「了解資優教課程方案的得失」、「了解資優教育課程方案實施後對學生的影響」、「依方案目標評估資優生的學習成果」，是當前國小資優教育最迫切的評鑑需求。

近年來，國外學術機構與中、小學進行合作研究的方式漸受重視。九〇年代後，合作研究法（collaborative research）儼然成為先進國家從事教育研究的重要趨勢（Russell & Flynn, 1992; Clift et al., 1995）。此一研究方式，對中、小學而言，不但有助於教師個人成長與專業發展，提供學校課程與教學調整的參考，且使研究結果更具實用價值。然而，大學的研究人員與從事資優教育教學的國小教師攜手合作，發展評鑑模式的做法，在國內尚不多見。因此，探討國內實施合作研究法的可行性、流程與效用、困難與限制，以為今後應用推廣的參考，頗有必要。

有鑑於此，本研究第二年採合作研究法，依据資優教育辦理學校的評鑑需求，協調具有合作意願的學校，參考有關評鑑模式的文獻，透過對合作學校內部評鑑過程的分析、歸納與補充，提出足以反映實務經驗的評鑑架構，並針對此架構進行驗証、修訂，發展適用的資優教育評鑑模式，以便為辦理資優教育的國小，提供評鑑實施的參考。

貳、合作研究法的內涵

Oakes, Hare 與 Sirotnik（1985）歸納與學校教師合作研究的經驗指出，大學研究人員與學校實務人員的合作並非易事，因爲在合作過程中兩類人員對合作態度及行爲頗多分歧；而且，兩類人員對一些名詞意義的認知（如競爭、個人的自主性等）也有所差異。雖然大學研究人員與學校實務人員的合作存有這些限制，但是合作研究法仍有其可取之處。藉由學校人員的實務經驗形成有用的概念，進而蒐集資料、驗證理論，發展出切合實務的研究成果，所以此一研究法近年來頗受重視。以下將就合作研究法的重要性、意義與步驟，逐次說明，並就合作研究法與資優教育評鑑的關係，進行探討。

一、合作研究法的重要性

Sarason（1982），Goodlad（1975），Berman & Mclaughlin（1975）等多位學者曾就教育研究功能不彰的原因進行探討，發現主要原因在於研究人員忽略了實務人員的重要角色，且沒有考慮到學校文化內的保守力量。針對此一缺憾，研究人員與實務人員的合作研究，可以彌補研究人員與學校實務人員之間的斷層；同時，學校文化本身就是合作研究的情境。因此，要想提升教育研究的「實用性」，應該重視實務人員的參與，因爲他們透過實務經驗來形成最初的概念，他們常常帶著這樣的概念來參與合作研究。

合作研究的成果報導同時呈現了理論與實務。在合作研究建構理論的歷程中，學校真實情境的複雜性及實務人員與學生的多元觀點都不容忽視，因此研究人員要在學校真實情境中，分析存在於學校中的事件，並據此提出改進的方向。

對學校實務人員而言，與大學研究人員進行合作研究，可以增進學校實務人員的專業成長及發展。同時，透過合作研究的歷程也可以調整整個學校的教學方法與目標。

綜上言之，大學研究人員與學校實務人員並肩合作的研究方式有其重要性。因此，本研究將應用合作研究法，從事資優教育評鑑模式的發展。

二、合作研究法的意義

Corey 認爲合作研究法的源起可以追溯到 Lewin 和 Lippet 在 40 年代將社會心理學應用到企業領導行爲的研究, 也可以追溯到社會學家 Collier 在 1945 年的「行動研究」(action research)。其後的數十年間，陸續有學者對教育問進行合作研究。例如，Fisher & Berliner; Griffin, Lieberman & Noto; Huling, Trang & Correll; Oja & Pine; Ross; Tikunoff, Ward & Griffin 等（引自 Oakes, et al., 1985)。然而，在以上各篇合作研究成果報告中，對於合作研究的定義卻不盡相同。爲了對合作研究法有更明確的瞭解，首先就學者們所述合作研究法的特徵進行介紹，再根據合作研究法的特徵來說明合作研究法的意義。

Tikunoff, Ward & Griffin 在 1979 年共同主持「教學互動的研究發展方案」(Interactive Research and Development on Teaching, IR & DT)，與 Mergendoller 在 1981 年推行學校本位的教師成長計

畫，都是由大學教授與學校實務人員合作的研究。Mergendoller（1981）歸納這兩個計畫而提出合作研究法的三個特徵：

㈠建立同等地位（Establishment of Parity）

同等地位係指研究團體成員間建立相互尊重的關係。當沒有人把具有某些專業知能視爲絕對優勢時，則同等地位（parity）即可建立。同等地位建立時，則合作研究團體中的每一成員都有機會共同推動合作研究工作。

建立同等地位是表現相互尊重的方式。在同等地位情況下，藉由共同反省資料的收集，可以促進對教師需求與問題之回應。因此，如果研究是要回應教師的需求，那麼研究就必須始於合夥關係—反映同等地位的合夥關係。

㈡互惠（Reciprocity）

互惠的本質是施與受（give and take）的關係。韋氏新字典（Webster's New Collegiate Dictionary）的解釋是，"在施與受的關係裡，互有優惠的往來"。也就是說，研究團體中的成員彼此分享有價值的事物或經驗，互惠即發生。

透過同等地位的建立，教師對研究團體有所貢獻而且被視爲團體中有價值的成員；研究人員及實務人員進行互惠往來，使得在互動歷程中各有收穫；實務人員有了問題解決的支持與協助者，而研究人員可以在真實情境中收集到豐富的資料，以驗證學理。

㈢ 共同語言的建立（The Establishment of Common Language）

研究人員和實務人員以很不同的方式談論事情，例如專業語言的使用。專業語言反映專業領域裡的思考方式及關注焦點。例如："variable"、"practice" 和 "evaluation" 等概念，在實務人員的情境裡有不同於教育專業用語的意思。如果不是合作研究團體，則研究人員與實務人員之間的概念溝通便很難進行；而研究人員仔細擬好的研究內容，在學校實務人員看來只不過是複雜難解的官樣文章而已。

因此，研究人員必須努力使研究團體的成員能使用共同語言，且確認成員之間都能了解彼此的觀點。

Ward & Tikunoff（1982）歸納合作研究法的四項特徵如下：

1. 研究人員和學校實務人員在共同任務上要儘量合作。
2. 合作研究的焦點在於「真實世界」（real world）與「理論問題」（theoretical problems）的聯結。
3. 研究人員和學校實務人員在相互尊重與了解中彼此受益。
4. 研究工作兼顧不同議題的發展與應用。

依據前述合作研究法的特徵，以下將說明合作研究法的意義。

根據 Mergendoller（1981）的解釋，教學上的合作研究是指在教室裡的研究。合作對象包含二位或二位以上不同角色及不同專業關懷的人員。合作研究的最基本形式包含一位研究者及一位教師對彼此有興趣的教育問題進行共同探究（mutual inquiry）。詳言之，合作研究是由有理論背景的大學研究人員與有實務經驗的學校人員，對彼此都有興趣的教育問題合作探究解決問題的方法。雙方所探討的教育問題，是由學校實務人員在實際教育情境中所發現，實務人員有動機想解決問題，同時大學研究人員也對此實務問題有興趣，雙方的合作研究於是形成。合作研究的歷程中，大學研究人員提供理論以做爲方向性的思考方針，實務人員則依據經驗檢驗學理，在理論與經驗互相驗證、校正的循環互動中，實務人員的問題得到解決，同時也在工作專業上有所增進，依此所建構的理論也因實務的驗證而更具實用性與參考價值。

Tikunoff、Ward 和 Griffin（1979）的 IR & DT 合作研究方案中，對合作研究法說明如下：

「合作應視爲教師、研究人員以同等地位（parity）共同去確認、探究及解決學校老師所面臨的教育問題。這樣的合作是認可與運用每一位參與研究人員獨特的洞見（unique insights）及技術；因此，不會產生某些人的能力較爲優越的現象」。

所以，Oakes（1985）等學者認爲合作研究法要配合民主取向的發展趨勢。也就是說，合作研究不僅要有參與性（participatory）而已，在參與歷程中還要具有公平（equitable）及共識（consensual）的性質。在合作研究歷程中，要真正結合研究人員與實務人員的觀點與優點。此外，雙方人員爲共同的目標而研究，而不是某方人員「幫助」（helping）另方人員達到彼此相異的目標。

根據 Tikunoff, Ward & Griffin（1979）的定義與 Oakes（1985）等學者的說明，「合作」應該包含責任的分擔及地位的同等。因此，在研究工作中每一階段任務的決定都是合作的結果。各類人員對研究工作的貢獻不僅是重要，而且是同等地重要；各類人員的觀點不僅應該被尊重，而且在做決定時它們具有相同的影響力。

歸納上述討論,合作研究法是指大學研究人員及學校教師，針對共同有興趣的教育問題合作探討，大學研究人員與學校教師居於同等地位，彼此尊重、分擔責任，為共同的目標而努力。大學研究人員提供理論觀點，學校教師則以實務經驗來驗證理論，在驗證與校正的互動歷程中，合作完成研究工作。因而這種研究成果具有學術參考意義及實務應用價值。

三、合作研究法的步驟

Sagor 於 1992 年提出實施合作研究法的步驟，包括：問題形成、資料收集、資料分析、研究成果報導及行動計畫等五項。以下將依次說明：

㈠問題形成（Problem formulation）

實務人員在真實工作情境中，根據工作經驗而提出問題。問題形成有助於研究人員確認他們專業上的關懷議題、已知狀況與有待探討之處。

㈡資料收集（Data collection）

資料收集是五個步驟中的重點所在。任何研究結成果的可用性決定於所收集的資料是否可以支持研究的結論。為了保證資料選擇的適當性，參與合作研究的人員都要依所擬定的各項問題去收集資料。

㈢ 資料分析（Data analysis）

資料分析係指充分利用所獲取的資料，有系統地辨識其中的關係及類型（patterns），並探討其意義。

㈣ 研究成果報導（Reporting of results）

合作研究最好的回饋就是有機會與別人分享實務工作中的收穫。因此，盡可能參與討論會，在討論會中發表及分享教學過程中的收穫，是參與合作研究者的責任。

㈤ 行動計畫（Action planning）

合作研究是理論與實務的驗證與結合。因此，我們必須彙整合作人員在系統性探索中的學習結果，審慎計畫並付諸行動。

綜上可知，目前教育研究趨勢重視理論與實務的結合，合作研究法的實施正可以透過研究人員的觀點與實務人員的經驗，發展出理論與實務相結合的研究成果。基於上述瞭解，本研究決定以合作研究法，從事我國國小資優教育評鑑模式的發展。

四、合作研究法與資優教育評鑑

合作研究法是由大學研究人員與學校實務人員共同研究，合作發展出能夠結合理論與實務的研究成果。這種由大學研究人員與學校實務人員的合作型態反映出雙向互動的歷程。在此研究過程中，由實務人員形成最初的概念，大學研究人員則依理論基礎給予學校實務人員建議，藉以激發實務人員的思考，並引導實務人員發掘更多可用的實務資料。

學校實務人員可能接受或拒絕大學研究人員的建議；然而，不論接受或拒絕，實務人員對於實務經驗與資料都做了一番思考與重整。同時，實務人員的拒絕或接受建議的理由也提供研究人員反省的機會，讓研究人員有機會思索、檢視所提建議的適當性，並進一步尋求相關的學理依據。其後，研究人員再次提供建議給實務人員，實務人員則再依實務經驗來斟酌衡量，以決定是否接受或拒絕研究人員的建議。大學研究人員與學校實務人員不斷地在檢驗、修正的研究過程中，不僅使實務人員有效運用實務資料與提升專業知識，而且也使得大學研究人員的理論得到實務的驗證，增加學理的實用性。因此，大學研究人員與學校實務人員合作研究的成果，更具學術與實用價值。

目前資優教育方案評鑑的發展趨勢，重視由學校人員所主動進行的內部評鑑（張煌熙，民 87）。唯學校實務人員的專業能力卻是內部評鑑能否有效實施的關鍵。由於合作研究法可以促進學校實務人員的專業發展，對於資優教育內部評鑑的推行頗有助益。

參、合作研究法的實施規劃

從事大學與小學的合作研究，合作成員平等地位的建立、互惠關係的形成及共同語言的使用，皆有助於理論與實務的結合。為方便讀者明瞭合作研究法如何進行，茲就本研究的實施規劃敘述如下：

一、評估實務需求、選擇合作學校

本研究根據「國小資優教育評鑑模式發展之研究」第一年的研究結果發現：「瞭解資優教育課程方案的得失」、「評估資優教育教材的適切性」、「瞭解資優教育課程方案實施後對學生的影響」、「依方案目標評估資優生的學習成果」等四項評鑑需求是目前國小資優教育工作者最爲關注的焦點，且可參考「管理者導向」、「當事者中心」、「消費者導向」與「目標導向」等評鑑理論，發展資優教育評鑑模式。

此外，質的資料亦顯示：臺北市的中山、敦化、光復、師院附小等四所小學，無論就其本身的評鑑需求或就研究的實施方便而言，均屬較適合發展這些評鑑模式的學校。於是研究小組透過電話、晤談等方式，徵詢這些學校的合作意願，並說明合作方式與步驟。

二、研擬合作研究流程

在確定合作學校後，爲使合作學校老師對本研究有全面的瞭解，讓研究能如期完成，小組成員乃研擬合作研究工作預定進度，內容如表一。

在預定的合作研究流程中，除了隨時提供合作學校相關的參考資料外，亦非常重視成員間的溝通與實務資料的蒐集。因爲，學校真實情境的複雜性與實務人員的多元觀點都是評鑑模式建構過程中，有待掌握的，藉由實務的瞭解，亦使發展出的內部評鑑模式更具經驗效度。

表一　合作研究工作預定進度表

週次	工作項目
1	召開期初座談會
2	學校教師提出評鑑問題
3	確定評鑑問題及其重要性
4	確定所需的資料類型及蒐集方法
5	確定判斷的規準
6	進行資料蒐集
7	進行資料蒐集
8	進行資料蒐集
9	進行資料蒐集
10	資料彙整及分析
11	召開期末座談會，確定評鑑模式的流程
12	撰寫合作學校資優教育評鑑模式

三、進入現場、建立關係

專案研究人員到各合作學校召開座談會，說明研究重點、合作流程、預定進度等，目的在與合作研究的老師，溝通資料蒐集的方式，建立彼此的共識。藉由溝通的過程中，亦可發現合作學校教師的困難所在，作爲修正工作進度的依據。

四、資料的蒐集、整理與分析

資料蒐集是合作研究過程中的重要步驟，爲求顧及評鑑問題與所需資料的契合度，參與合作研究的人員要針對各個評鑑問題去蒐集適用的資料。本研究參考 Sanders（1992）與 Nevo（1995）的理論，考慮國內合作學校的評鑑需求，發展出「評鑑檢核表」，其中包含評鑑問題、問題重要性、資料類型、資料來源、收集時間與判斷規準等六個項目，如表二。

表二　評鑑檢核表

評鑑問題	問　題 重要性	資料類型	資料來源	收集時間	判斷規準

在資料蒐集的階段，研究人員透過「評鑑檢核表」，協調合作學校老師蒐集資料，每週或與合作學校老師電話聯繫，或到校溝通，以瞭解合作學校內部評鑑的實際經驗，並提供發展評鑑模式的相關資料。此外，研究小組亦透過個別訪談、文件分析、小組座談、觀察錄音等方式，蒐集整理合作學校實施方案評鑑的相關資料，並進一步分析歸納合作學校內部評鑑的經驗，以作爲發展資優教育評鑑模式的依據。

五、發展各校資優教育評鑑模式初稿

合作學校教師依據「評鑑檢核表」蒐集之資料、該校資優教育的特色，以及研究小組提供的模式建構的文獻，構思符合該校資優教育評鑑的模式。其後，再與研究小組互動討論，經由檢證與修改的過程，逐漸形成各校資優教育評鑑模式的初稿。

六、評鑑模式的應用評估

四所合作學校內部評鑑模式的初稿完成後，研究小組請參與研究的合作學校老師對該模式進行應用評估，探討該模式的適用性及其應用價值。此外，研究小組亦召開專家座談會，商請國內具評鑑專長之學者專家，針對本研究所發展的評鑑模式提出建議，以爲補充、修正評鑑模式初稿之依據。

七、撰寫研究報告

研究小組彙整各合作學校所提供的資料，並參考國內外相關文獻，撰寫研究報告。在撰寫報告的過程中，抱持著忠實呈現合作研究實施歷程的想法，以便讀者對合作研究的進行方式有更清楚的瞭解。

上述合作研究的實施規劃，又可歸納成「合作前的溝通與準備」、「系統的資料蒐集與分析」、「評鑑模式的修訂及應用評估」等三大階段。在每個階段中，研究人員與學校老師秉持平等互惠的原則，讓理論與實務互相檢證、交流，以增進本研究結果的學術與實用價值。

肆、合作研究法的案例說明

本研究依上述規劃，首先針對辦理資優教育學校最感迫切的四項評鑑需求進行文獻探討，包括「管理者導向」（Management-Oriented）、「當事者中心」（Stakeholder-Oriented）、「消費者導向」（Consumer-Oriented）、「目標導向」（Objectives-Oriented）等評鑑模式。其次，協調具有評鑑需求與合作意願的資優教育辦理學校，透過合作學校的實際經驗，加上研究小組所提供的學理補充，在雙向互動中，發展適用的資優教育評鑑模式。合作研究的實施，主要透過個別訪談、現場觀察、小組座談、文件分析、電話與傳真等方式進行。為方便讀者瞭解，茲以本研究小組與一所資優教育辦理學校的合作案例，說明合作研究法的實施流程。

表三　發展「瞭解資優教育課程方案的得失」評鑑模式流程

階段	步驟	工作重點	互動情形		互動結果	備註
			研究小組	參與教師		
一、合作前的溝通與準備	1	①徵詢合作意願 ②說明合作方式、爭取合作意願	①電話說明研究目的、合作方式、經費的運用及合作發展之主題。 ②以研究小組成員本身任教資優班所感受到的評鑑困難，強調本研究的重要性，以引發共鳴。	①對此類型研究不甚清楚，希望能提供書面資料並到校當面溝通。 ②資優班教師對所提意見有同感，認為此研究具有實質意義，決定參與發展，建議提供相關理論的書面資料。	①約定面對面溝通的時間。 ②確定發展評鑑模式之合作學校。	①整理給合作學校的計畫說明資料。 ②研究小組研擬合作發展之預定進度表，準備相關理論的書面資料。
	2	召開期初座談會	說明專案的研究重點、意見交流、疑難問題解答及預定進度的說明。	對如何進行合作研究較為清楚，將主動配合研究小組所擬之計畫進行。	提供評鑑理論參考資料，研擬預定工作進度	與會人員包含敦化國小校長、輔導主任及三位資優班老師

表三　發展「瞭解資優教育課程方案的得失」評鑑模式流程（續）

階段	步驟	工作重點	互動情形		互動結果	備　註
			研究小組	參與教師		
二、系統的資料蒐集與分析	3	①學校教師提出評鑑問題 ②確認評鑑問題的重要性 ③確定所需的資料類型與蒐集方法 ④確認已收到評鑑問題的重要性書面資料。	①根據資優班教師所提之書面資料提供建議。 ②電話聯繫確認所提評鑑問題的重要性，詢問是否有其他困難。 ③請學校教師評估所需的評鑑資料 ④電話聯繫告知已收到傳真，將請研究小組討論後再回電	①資優班教師提出第二次校內討論所形成的書面資料。 ②將召集參與之教師開會討論後形成書面資料再傳真給研究小組 ③依評鑑問題提出資料蒐集的初步想法 ④等候回音	①提出九個評鑑問題 ②進度正常進行 ③達成共識	①準備影本，於小組討論時提出 ②確認及補充意見
	4	研究小組針對評鑑問題及其重要性進行討論與澄清	再一次界定評鑑問題及重要性，做文字上的修正，並以授課時數是否合宜爲例討論判斷規準	未參與	將問題再一次界定	將教師所提之評鑑問題做分類。
	5	研究小組提供回饋意見 確認修正後的評鑑問題及進一步補充；討論評鑑問題判斷規準。 確認評鑑規準是否完成	研究小組從理論角度提供意見，請老師做補充，最後再討論判斷規準。 確認評鑑規準是否完成，並討論原評鑑問題－本校資優教育方案的目標有那些之適切性	從理論的觀點進一步檢視可能的評鑑問題並補充。 認爲原評鑑問題一屬於事實的部分，不適合列爲評鑑問題，於是刪除；另外評鑑規準完成後即可傳真	保留九個評鑑問題。判斷規準的討論將於校內進行後再傳真。 刪除原評鑑問題一，完成判斷規準。	
	6	進行資料收集	將回答評鑑問題所需的資料類型列成參照表，傳真給學校，請老師確認並進行收集。	進行學校評鑑資料的收集	收集學校現有的評鑑資料。	彙整收集的評鑑資料

表三　發展「瞭解資優教育課程方案的得失」評鑑模式流程（續）

階段	步驟	工作重點	互動情形		互動結果	備　　註
			研究小組	參與教師		
三、評鑑模式的修訂及應用評估	7	期末座談會	了解各校的進度情形、疑難問題討論、模式撰寫說明、後續進度及暑假聯絡事宜	因暑假進修，希望能儘早完成進度；希望能提供撰寫參考格式	約定下次開會時間	準備下次開會資料。
	8	確認資料收集的方法、時間，討論模式內容要項與撰寫格式，約定開會時間	研究小組依討論結果提出建議	從實務的角度檢驗研究小組所提意見的可行性		
	9	①評鑑流程初稿補充修正 ②評鑑流程二版補充修正 ③確認三版流程圖的經驗效度 ④邀請評鑑及資訊背景的專家檢核三版流程 ⑤評鑑流程四版的補充修正 ⑥模式撰寫前的總檢查 ⑦評鑑模式的定稿 ⑧定稿模式最後確認	①研究小組針對評鑑流程初稿做補充修正 ②研究小組依据流程圖代表圖形之意義對評鑑流程二版做補充修正 ③傳真三版流程圖，請確認修改後的流程是否合適？其中自然科課程架構爲研究小組建議增列。 ④邀請評鑑及資訊背景的專家依流程圖的撰寫方式，檢核三版流程圖 ⑤研究小組針對評鑑流程四版做補充修正 ⑥修訂五版評鑑流程、確認評鑑模式發展資料、調整評鑑問題先後順序、討論撰寫方式及交稿時間	①未參與 ②未參與 ③接受建議，增列自然科課程架構爲模式中考慮的向度，對流程圖認同 ④未參與 ⑤未參與 ⑥討論中，教師認爲自然科架構可改爲資優班課程架構，評鑑流程中的「是」「否」可改爲「有」、「無」 ⑦未參與 ⑧確認模式可行，開始撰寫發展模式	①增列自然科課程架構爲模式中考慮的向度。 ②建議可微調	例如評鑑流程的菱形表示決策，矩形表示處理。

表三　發展「瞭解資優教育課程方案的得失」評鑑模式流程（續）

階段	步驟	工作重點	互動情形		互動結果	備　　註
			研究小組	參與教師		
	9		⑦依上次的修訂意見重新繪製流程圖 ⑧將定稿模式傳真到敦化			
	10	實務人員對評鑑模式的應用評估	請參與合作發展之教師就所發展出來的評鑑模式做應用評估	以語文活動爲例，實際走一遍流程，提出各類意見	提出參考資料	三位教師參與討論

表三爲研究小組與敦化國小合作發展「瞭解資優教育課程方案得失」評鑑模式流程摘要表。詳細情形說明如下：

第一階段　合作前的溝通與準備

步驟1　徵詢合作意願

1.第一次電訪

在電話聯絡時，心想要進行這個空前的研究，可能找有點認識的人較容易溝通，於是找李老師，由於李老師已經沒有擔任資優班的教學，無法做決定，但願意轉達此訊息，並且引荐資優班的劉老師，請我直接與其聯繫，於是另撥電話向劉老師說明本研究的目的、與學校間的合作方式、經費的運用情形及將合作發展之主題。但由於此類合作研究的方式，在一般小學老師的經驗中幾乎沒有過，所以老師反應對此類型研究不甚清楚，無法立即做決定，希望研究小組能提供書面資料並且到學校當面說明，會比較清楚，於是約定面對面溝通的時間，研究小組並事先著手整理給合作學校的計畫說明資料，傳真給敦化國小。

2.實地造訪

由於老師希望當面說明，於是依約定時間前往，有三位老師參加。第一次見面，研究成員先做自我介紹，再說明研究計畫：「三位老師都有收到書面說明嗎？這個研究是國小資優教育評鑑模式發展之研究，老師看過以後，不清楚的地方可以提出來，我們一起來討論。」魏老師：「你所謂的評鑑是要評鑑我們資優班教得好不好嗎？你所謂的課程方案是指什麼？模式又是什麼東西？」（座談：86/03/25）當研究小組成員當面說明合作方式時，老師感到困惑，對一些名詞覺得太學術化了，不太了解，研究人員提出自己的看法：「評鑑並不是要來評鑑貴校教得好不好，所謂的評鑑是收集資料，做為改進依据的歷程，模式是一個架構。」（座談：86/03/19）經過一陣討論，老師們仍難馬上認同這些學術名詞，研究成員改由本身出發，以本身任教資優班的經驗，強調此研究的重要性：「像我在資優班今年已經第 7 年，教學那麼多年，雖然自己覺得認真用心，但是常會惶恐自己所設計的教材到底是否適切？是否為學生所需要？是以學生興趣為導向或是以知識為主？真希望有一些具體的指標幫助自己做一些評估，否則越教越沒信心。」（座談：86/03/19）「對啊，我們就是這樣，所以才想邀請你來，實際再了解一下這個研究的重要性。因為以前的研究也做很多，可是常常問卷調查統計出一些數據，但實際上卻幫不了忙。」（座談：86/03/19）合作學校教師可能同樣從事資優班教學，較能感受到資優班的問題與需求，因此對研究人員所提具有同感，覺得在資優班的教學中遭遇相同的瓶頸，認爲此研究具有實質意義。此外研究成員說明合作方式的進行，主要是以學校教師的實際經驗出發，以合作學校現有的評鑑資料爲主，因此合作學校教師較能接受，決定參與研究發展工作，但建議研究人員提供相關理論的書面資料。以敦化國小爲合作學校，共同發展資優教育評鑑模式之構想終於跨出了第一步。其後研究小組開始研擬合作發展之預定進度表，準備相關理論的書面資料。

步驟2 召開期初座談會

研究小組成員事先準備了相關理論的書面資料以及預定進度表，到敦化國小召開期初座談會。座談會的流程主要是專案主持人說明專案的研究重點、進行意見交流、疑難問題解答及預定進度的說明。與會人員包含敦化國小田慶成校長、輔導室楊永福主任及資優班劉秋雲、張淑勤、魏美芳等三位老師。會中，資優班教師認同此研究的價值，也樂意參與，但對自己需做什麼尙不淸楚，因此提出許多相關的問題，主持人一一解答。在互動過程中，教師們對發展研究的工作較爲瞭解，願意配合研究小組所擬之計畫進行，也希望研究小組成員能引導。

第二階段 系統的資料蒐集與分析

步驟3 學校教師提出「評鑑問題」

1. 校內前置作業

三位資優班教師利用月考下午半天時間共同整理出資優班的課程架構，把可能與評鑑模式發展有關的資料抽取出來。此外，也整理出評估課程方案得失的流程，歸納中高年級資優班各科教材內容，討論個別研擬的評鑑問題，並將討論結果整理爲書面資料。

2.討論「評鑑問題」

資優班教師提出前次校內討論所形成的書面資料，包括資優班在評估課程方案的得失時可能考慮的面向、中高年級各科的教材內容大綱及個別研擬的評鑑問題。例如：「資優教育的目標爲何？」「授課時數是否合宜？」等等。老師們雖很用心，把問題都寫下來，但是研究人員發現老師所提出的資料及評鑑問題方向與原先預期的有些差距，老師將課程方案視同爲教材內容大綱。因此研究成員建議：「老師可以把自己當成是一個新的課程方案的設計者，假設現在資優班要新增一個以往沒有的科目，你是計畫主持人，那你在設計課程方案時會考慮那些面向？」(座談：86/04/21)。魏老師：「哦！那就像是資優班的課程架構，會有目標，希望學生達到的能力、教學策略。」劉老師：「可能會考慮到目標、教學時數、學生出來上課的時間、家長的人力資源、學生興趣、能力需求及家長的反應。」(座談：86/04/21)。研究人員肯定老師的想法，說明像此類全盤考慮所規畫出來的就是「課程方案」，老師可以認同。接著界定研究的範圍爲自然科學，老師們再一次思索自己關心的評鑑問題並且提出評鑑問題。另外學校教師也提出評估課程方案得失之流程，研究小組建議等到此次合作發展流程告一段落後再行檢証確認。

3.確認「評鑑問題的重要性」

研究小組以電話聯繫，探詢合作學校教師對所提「評鑑問題」的重要性看法如何，並詢問是否有其他合作發展上的困難。結果參與教師將開會討論後所形成的看法傳真給研究小組。研究小組回電聯繫，告知已收到傳真資料，等研究小組所有成員討論後，再請參與老師確認。

步驟4 小組討論並澄清「評鑑問題」

研究成員針對所收集的評鑑問題及重要性進行討論並澄清問題，並爲合作學校教師舉例說明「判斷規準」。會中，研究成員逐條釐清合作學校教師所提的評鑑問題及重要性並做文字上的修正。例如原提評鑑問題是「資優教育目標爲何？」專案主持人提到：「如果目標指的是整個資優教育的大目標，那是人盡其才，適性教育，所以此處指的可能是該校資優教育方案的目標有那些？」（小組討論：86/04/23）。所以就建議將此問題做修正，待下次請合作學校老師確認。另外以授課時數是否合宜做爲討論判斷規準的例子，請研究小組腦力激盪，舉出評鑑規準有「教材是否能教完」、「學生的程度」、「外在活動干擾」、「學生抽離原班教室的時間」等等。此外，研究小組將教師所提之評鑑問題做分類，在CIPP 中分屬背景、輸入、過程與結果評鑑等向度。

步驟5 研究小組提供回饋意見

1. 確認修正後的「評鑑問題」

研究人員首先請老師逐一確認修正後的評鑑問題是否保有原意，並進一步說明問題的意義及內涵。例如研究人員提問：「本校資優教育方案的目標有那些？」是否爲適當的評鑑問題？老師認爲此一評鑑問題屬於事實的部分，不適合列爲評鑑問題，於是刪除；另外研究成員提問：「授課時數是指老師本身授課時數還是學生來上課的時數？」參與教師確認是「學生每週來上課的時數。」

2. 提供理論補充

研究人員將事先準備的參考資料，包括 CIPP 評鑑模式的各個要項及重點，例如：背景評鑑—目標、需求有哪些？輸入評鑑—人力、資源、經費等合理嗎？能達到目標嗎？有那些策略？例如教學進度的安排、教師的專長、是否收班費、行政支援、排課、教具、社區有那些資源可以運用、時間因素；過程評鑑—課程方案的執行過程如何？例如師生互動、實施過程中遇到的障礙及修正、教學方法、教學過程中的學生表現等；結果評鑑—正面、負面的效果，預期、非預期的效果，受益程度等（黃政傑，民 83）。請老師分別就 CIPP 的背景、輸入、過程、結果評鑑的角度再思考是否有重要之評鑑問題要補充。其後，合作學校老師補充：「如何訂定適合的學生學習成果的評量標準，做為修訂教材教法的依据？如何掌握學生準時來上課？」（座談：86/05/16）。後來又經確認，補充問題一關心的面向可以包含於原提問題 8，所以可刪除；補充問題二則被認爲是教師自己可以很快解決的，不適合列爲評鑑問題。

3. 討論「判斷規準」

最後討論判斷的規準。至於判斷規準的討論因時間不夠，只共同討論出兩個，其他的部分，老師將於校內共同討論之後再行傳真。

步驟6　進行資料收集

研究成員將解答「評鑑問題」所需的資料及文件列成參照表，傳真給敦化國小，再與劉老師聯繫，請老師確認並進行收集。有則打✓，等日後會面時再做協調補充。

第三階段 評鑑模式的修訂及應用評估

步驟7 期末座談會

1.老師的回饋及提問

期末座談會的重點在於了解各校的進度情形、疑難問題討論、意見交流、模式撰寫說明、後續進度及暑假聯絡事宜。專案主持人首先針對四所合作發展學校的共同問題提出說明與解答，也請各校報告目前進行的情況，敦化國小的老師首先提到他們很珍惜這個機會，說：「感謝市立師院給予我們這樣的機會。平常家長質疑資優教育目標為何？學生學些什麼，剛好可以利用這個機會做內省，也可以讓老師抽絲撥繭，一步一步來檢視。」（座談：86/06/27）

2.會後的聯繫

座談會之後，負責各校合作發展工作的研究人員針對各校的進度分別討論。

研究成員肯定老師的努力，說明該校的進度算是不錯的，希望繼續加油。爲免耽誤老師暑假進修時間，希望能儘早完成進度。資優班教師希望研究小組能提供撰寫參考格式，研究小組成員與老師約定下次開會時間，並預先準備開會資料。

步驟8 確認蒐集之資料

研究小組說明開會重點是：確認所收集的資料是否足夠，再補充並歸類；補充資料收集的方法及時間；討論模式中的要項；說明模式的撰寫參考格式；約定下次開會時間及交稿日期。在會中，依重點逐一確認無誤，在撰擬模式的討論過程中，研究小組建議架構中可增加「行政考量」一項。但老師提到：「我們學校行政都採絕對支持立場，所以不是課程方案設計時的考慮要項，在實務經驗中不必列入。」(座談：86/07/01)。而在評鑑流程中，教師認為「擬定課程方案」應在「資料收集」的前面流程，建議「擬定課程方案」應在「資料收集之前」，研究小組建議在擬方案之前應早有評估，所以「擬定課程方案」可以考慮調到「資料收集」之後，結果教師同意。

步驟9　評鑑模式的修訂

1. 研究小組針對評鑑模式初稿做補充修正

首先針對模式中的要項進行概念澄清，使其更明確。例如原「教育目標」此一要項指的應是「資優教育方案目標」；原「擬定目標」指的應是「擬定學科教學目標」等。

2. 調整評鑑模式流程圖

主要依據流程圖代表圖形之意義做修正。例如：菱形表示決策，矩形表示處理，其中「家長座談會的意見」代表重要的決策點，以菱形來表示；「課程方案的實施」代表一般的處理，以矩形來表示。

3. 傳真第三版模式流程圖

請老師確認修改後的流程圖是否與其實務經驗相符？合作學校教師對第三版的流程圖表示認同。

4. 檢核三版流程圖的撰寫

為了讓流程圖的畫法更精確，請師大資研所具有資訊背景的專家依流程圖的撰寫方式，檢核三版流程圖，並依其建議進行微調。

5.針對評鑑模式四版做補充修正

流程圖中，因背景評鑑部分的四個要項同樣重要，並沒有先後性質，因此改爲另一種敘寫方式。

6.模式撰寫前的總檢查

此次開會的重點在於檢核修正五版評鑑流程、確認評鑑模式發展資料、調整評鑑問題先後順序、討論撰寫方式、確定交稿時間。在討論中，教師認爲「自然科架構」可改爲「資優班課程架構」，評鑑流程中的「是」「否」可改爲「有」、「無」更合適，於是進行修正。

7.評鑑模式的定稿及最後確認

(1)依上次的修訂意見重新繪製流程圖。

(2)研究小組將定稿模式傳真到敦化，經老師確認模式後，開始撰寫發展模式。

步驟10　評鑑模式的應用評估

請參與合作發展之教師就所發展出來的評鑑模式進行應用評估，檢討自己的教學是否因而有所助益改進。參與教師很熱心，特別調課將三位老師集中一起討論，其專業熱忱令人敬佩。基本上，合作學小教師認爲：評鑑檢核表的架構，可以提供其他資優教育課程方案的參考；評鑑模式流程圖有助於資優班老師看出現有課程方案的盲點，加以改進；此外，評鑑檢核表與評鑑模式流程圖也可以提供其他學校，作爲改進資優教育評鑑的參考。

伍、合作研究經驗的省思

國內對於合作研究法的實踐相當欠缺，雖有合作研究法的相關文獻，但在實務經驗的提供上仍不足。進行合作研究時，除了參考相關文獻外，合作研究成員的省思對合作任務的推展相當重要。爲了使合作研究的進行較爲順暢，本研究從合作研究的經驗省思中，歸納重點，做爲日後實施合作研究的參考。

一、切合實務需求，激發合作意願

合作研究的進行所花費的時間較長，加上平日老師工作量繁重，因此，要讓老師有合作意願，必需先了解老師的需求。在切合實務需求的前提下，讓老師了解研究的方向、目標，才能增進合作的可行性。本研究第一年先進行調查、訪談，目的在於了解老師的評鑑需求，然後針對需求，激發合作意願。至於取得合作意願的方法，本研究則以提供書面的研究計畫說明，並且親自到校進行溝通，澄清老師們的疑慮，再舉辦期初座談會，說明研究的目的、背景、進行方式、意見交流等，以提昇資優班老師的合作意願。

二、經常支持鼓勵，提昇合作士氣

合作研究的過程可能因爲主、客觀因素而讓參與人員遭遇情緒的低潮或困難。因此不斷的支持鼓勵，引導打氣相當重要。在本研究進行過程中，就曾出現過這類情形。例如：「當初你們不是說，我們原本怎麼做，原本有什麼東西就拿給你們就好了，怎麼現在變出這些專有名詞，我看不懂啦，太高深了，我又不做學術研究。」、「好煩哦！我不想跟你們做了，我學校工作夠多了，沒有時間再做統整工作。」、「我們跟別的教授合作都沒有像跟你們合作做得那麼多、那麼累。」、「怎麼弄出一個模式，我就是不懂！要發展出一個模式，我那有那麼行啊！」當遇到這些情況時，研究成員心理也不好受。但是爲了研究的任務，研究成員必須先做好心理調適，然後給予合作教師支持、肯定、同理、激勵，才能使合作繼續下去，順利完成。

三、適時舉例說明，消除誤解疑慮

對教師而言，不管是「評鑑模式」、「評鑑問題」、「評鑑流程」、或是「課程方案」都是學術化的名詞，在教師的經驗中較難聯結。因此，老師常會充滿疑惑，也容易產生誤解而不知如何著手。例如：「你所謂的評鑑是要評鑑我們資優班教得好不好嗎？課程方案、模式又是什麼？」此時，研究成員必須舉例說明，以建立彼此間的共識，消除誤解疑慮。

四、相互尊重，平等合作

單向的施與受無法維持長久的合作關係。參與研究的教師有不同的觀點、想法及解決問題的模式，研究成員必需接納彼此的差異，雙向互動，分享彼此的經驗。研究人員避免淩駕教師之上，而是以平等地位，提供建議但不勉強對方接受。本研究在研究流程中相當尊重老師的看法，研究小組若有補充意見，得經參與教師確認，才可納入。

五、透過研究成果，提升教師的價值感

凡事有目標、有價值，就較有動機意願。當老師從研究中感受到研究成果的價值時，就會有繼續合作的意願。例如：「感謝市立師院給予我們這樣的機會。平常家長質疑資優教育為何？學生學些什麼？剛好可以利用這個機會抽絲撥繭，一步一步來檢視。」、「其實剛開始很不願意寫，覺得檢核表就可以了，為什麼一定要建構流程圖呢？後來對流程圖的概念有所了解，覺得流程圖和檢核表是不一樣的，試著寫出一份自己的評鑑流程圖，覺得受益良多，也對自己的教學做了一番省思。」本研究的具體成果，如合作學校資優教育的評鑑檢核表與評鑑模式流程圖等，已另行整理發表（張煌熙，民 87）。當學校老師面對合作研究的具體成果時，教師的價值感也能得到肯定與提升。

六、成立研究小組，隨時討論分享

研究成員在研究過程中，雖然在學理的接觸上比學校老師多，但與不同學校老師的互動，仍屬全新的經驗。因此，當合作學校老師陷入低潮或出現負面情緒時，研究小組內部需要有相互支持的力量，以激勵本身的士氣。本研究之完成，在於透過研究小組定期或臨時開會，經由小組成員的討論及分享，了解小組成員所遭遇的困難，並共謀解決問題的策略。

七、合作研究進行，要保持彈性

合作研究的過程是動態的。過程中可能出現的狀況無法完全預知。因此研究進行時，要能保持一些彈性。以本研究而言，「評鑑模式的應用評估」在相關理論上並未得到應有的重視。有鑑於此，本研究進行時，針對「評鑑模式的應用評估」另行補充。

在合作研究的理論架構中，並沒有提供時間參照點。本研究原先預定進度 12 週的安排是因應一學期時間的掌握，但實際進行時卻發現，由於研發工作本身是一個不斷互動、澄清、歸納、檢証、補充與確認的歷程，因此原先預定一週的研究任務，可能因爲上述的往返互動而難以及時完成，其他任務亦因此受到影響。由於實際的任務通常會遭遇不同的變數，因此必須彈性調整，才能切合需要。

陸、合作研究法在國內推行的展望

對大學研究人員而言，合作研究可以藉由學校人員的實務經驗發展探討的主題，進而驗證理論的得失；也可以化解研究人員與實務人員之間的隔閡，讓教育研究的結果更具實用價值。對學校實務人員而言，合作研究的功用可以增進國小實務人員的個人成長及專業發展；同時,，透過合作研究的互動也可以改進學校的教學方法與歷程。

無可避免的，合作研究的進行可能遭遇若干困難，例如：參與教師與研究人員對名詞認知的差距、參與教師信心不足、雙方人員陷入情緒低潮等。但是，合作研究的實踐，有助於理論與實務的結合；且就本研究小組與國小教師合作研究的實務經驗與研究成果來看，我們對於合作研究在國內推行的前景，仍然抱持審慎樂觀的態度。根據此次以合作研究來發展國小資優教育評鑑模式的經驗，本研究小組針對合作研究在國內推行的展望，提供參考建議。

一、爭取合作意願，研究主題要切合實務需求

「好的開始，是成功的一半」。取得合作意願是進行合作研究的必要條件。由於進行合作研究工作所需要的時間較多，學校老師受限於日常教學工作，時間普遍不足，且以往缺乏此類研究經驗，要取得學校老師的合作意願並不容易。因此，評估學校老師的問題與需求，讓合作研究的主題切合學校老師的需求，有助於學校老師解決實務問題，是爭取合作意願的首要急務。

二、合作研究法的推行，在國內具有可行性

由本研究小組與四所學校合作研究的具體成果（張煌熙，民87）及學校老師對此成果的應用評估意見來看，合作研究法的應用在國內具有可行性。例如，學校教師進行應用評估時指出：「這是理論與實務的結合，因大學是理論取向，缺乏實務經驗，小學可以提供實務經驗，所以此方式可行。當然，合作對象的選擇要審慎才會比較愉快。選擇合作對象時，可以找有需求、有成長意願、教師流動性較低的學校。」（訪談：86/11/05）不過，合作研究也會遇到一些困難和挫折，有待及時溝通化解。因此，為

了確保合作研究的進行順暢，必須洞察研究過程所顯現的問題，設法疏導解決。

三、以合作研究法發展評鑑模式的經驗，有助於應用參考

合作研究法近幾年來受到相當的重視，多位學者（Sarason, 1982；Goodlad, 1975；Berman & Mclaughlin, 1975）指出，教育研究功能不彰的原因在於研究人員忽略了實務人員的重要角色且未考慮到學校內部的保守力量。如果能加強研究人員與實務人員的合作，將可以化解兩類人員之間的隔閡，讓教育研究結果更具實用價值。此外，國內對於合作研究法的實踐相當欠缺，本研究採合作研究法進行，不但能增進研究人員與實務人員的合作互動，合作學校的老師也因爲參與本研究，提昇評鑑的專業知能，有助於學校評鑑實務的改進。此外，本研究開創以合作研究法發展評鑑模式的先例，有關如何與學校聯絡合作、如何擬訂合作研究的工作進度以及過程中的互動方式等，都是難得的實務經驗，有助於日後的應用參考。

四、對合作研究成果，要進行應用評估

爲了解合作研究成果的價值，本研究商請四所合作學校老師對所發展出來的成果---評鑑模式進行應用評估。從資優班教師所提的意見中發現，本研究小組與合作學校所發展的評鑑模式係依据各校的實務經驗，且各校的環境變動不大，所以在應用上大致適切可行。此外，評鑑模式的提供，可以幫助老師進行系統化的

評鑑活動，澄清自己既有的盲點，對於評鑑工作的改善頗有助益。

由合作學校來進行研究成果的應用評估，或流於主觀。爲客觀評估研究成果的實用價值，本研究也邀請了有關的學者專家，針對所發展的模式進行後設評鑑，以提供改進的依据。經過這樣的評估後，獲得資優班教師及學者專家的肯定，認爲所發展的評鑑模式具有實用價值。

五、對教育行政單位的建議

1.教育行政單位應鼓勵學術研究機構與學校實務人員的合作研究，以消除兩類人員之間的隔閡，讓教育研究的結果更具實用價值。

2.教育行政單位應安排進修活動，提供合作研究成果發表的機會，以鼓勵參與合作研究的實務工作者，並分享研究經驗與成果。

六、對學校行政單位及資優班教師的建議

1.學校行政單位應鼓勵教師參與有助於解決學校問題的合作研究專案。

2.資優班教師應有信心，主動了解自己的教學，評估學校的需求，找出評鑑問題，參考本研究發展模式的歷程，自行發展適合該校的評鑑模式。

七、對後續研究的建議

1. 在合作研究的推展上，要重視合作研究前的溝通與準備工作，比較容易取得合作意願。

2. 擬定合作研究計畫時，可以預先規畫合作研究的進度與重點，以利於其後研究的進行。

3. 合作研究是一個動態的歷程，情意的支持是重要關鍵；研究計畫可以配合實況進行調整，不要用理論觀點框限了老師的實務經驗。

4. 合作研究成果除了請資優班老師及學者專家做應用評估外，將來也可邀請未參與發展的學校進行試用評估，使評鑑模式更爲完備。

5. 本研究係由四所合作學校各自發展不同的評鑑模式，屬於個案研究；將來亦可嘗試由多所合作學校共同發展一個評鑑模式，以比較不同學校的評鑑模式。

6. 本研究係以發展國小資優教育評鑑模式爲目的，其經驗可以作爲中學資優教育評鑑模式發展之參考。

參考文獻

一、中文部分

王文科（民78）：**教育研究法**。臺北：五南。

丘慧芬（民69）：教育評鑑概念與模式之研究。**師大學報**，25，141-166。

伍振鷟（民82）：**教育評鑑**，臺北市：南宏。
吳清山（民86）：**學校效能研究**。臺北：五南。
吳武典（民72）：我國國中資優教育之評鑑。**資優教育季刊**，10，1-9。
吳復新（民62）：社會科學中模型的分析。**幼獅月刊**，37(5)，2638頁。
周淑娟（民87）：**國小班級同儕團體互動之研究**。國立高雄師範大學教育學系未出版之碩士論文。
洪謙德（民66）：**思想與方法**。臺北：牧童。
張植珊（民66）：教育評鑑的實施與展望。載於**昨日今日與明日的教育**，706-707。臺北：開明書店。
張煌熙、王振德（民86）：**國小資優教育評鑑模式發展之研究㈠**。臺北市：行政院國家科學委員會專題研究計畫成果報告，NSC85-2511-S-133-008。
張煌熙（民87）：從外部評鑑到內部評鑑：資優教育方案評鑑的新途徑。載於中華民國特殊教育學會主編：**資優教育二十五週年研討會論文專輯**，117-133。臺北市：中華民國資優教育學會。
教育部（民86）：**中華民國教育統計**。臺北市：教育部。
郭靜姿（民83）：八十二學年度全國高中數理資優教育評鑑報告。**資優教育季刊**，51，1-8。
陳瑞榮（民84）：**工業職業學校教師評鑑模式之研究**。國立臺灣師範大學工業教育研究所未出版碩士論文。
黃光雄（民78）：**教育評鑑模式**。臺北：師大書苑。
黃政傑（民80）：**課程設計**。臺北市：東華。

黃政傑（民83）：**課程評鑑**。臺北：師大書苑。

黃瑞琴（民80）：**質的教育研究法**。臺北：心理。

楊文雄（民69）：**教育評鑑的理論及其在教育行政決定上的應用**。屏東：省立屏東師範學院。

葉維廉等（民66）：**中國古典文學比較研究**。臺北市：黎明。

蔡孟翰（民83）：**班級秩序的建立與維持—國小參年級一個班級之描述性個案研究**。國立臺中師範學院初等教育研究所碩士論文（未出版）。

蔡培村（民68）：CIPP評鑑模式之評價。**教育文粹**，8，108-113。

盧台華（民82）：我國近十年來資優教育重要研究成果剖析。**資優教育季刊**，50，15-19。

盧美貴（民70）：臺北市資優教育的現況及其問題探討。**資優教育季刊**，3，22-24。

盧增緒（民82）：教育評鑑的問題與趨勢。載於伍振鷟編：**教育評鑑**。臺北市：南宏。

盧增緒（民84）：論教育評鑑觀念之形成。載於中國教育學會編：**教育評鑑**。臺北市：師大書苑。

二、英文部分

Berman, P. & McLaughlin, M. (1976). "Implementation of educational innovation". ***Educational Forum, 40***, 345-370.

Clift, R. et al. (1995). ***Collaborative leadership and shared decision making***. N.Y.: Teachers College Press.

Deutsch, K. W. (1966). ***The Nerves of government: Models of political communication and control***. NY: The Free Press.

Goodlad, J.I. (1975). ***The dynamics of educational change.*** Toronto: McGraw-Hill.

Hilgard, E. R. & Lerner, D. (1951). "The Person: Subject and Object of Science and Policy". In D. Lerner & H. D. Lasswell (Eds.). ***The Policy science: Recent developments in scope and method*** (pp.28-29). CA: Stanford University Press.

Hopkins, D. (1989). ***Evaluation for school development.*** Open University Press.

Kaplan, A. (1969). ***The Conduct of inquiry: Methodology for Behavioral Science.*** C.A.: Chandler.

Keeve , J. P. (1994). "***Models and model building***". In T. Husen & T. N. Postlethwaite (Eds.). ***The international encyclopedia of education.*** (pp.3865-3873). NY: Pergamon.

Kingdon , J. W. (1995). ***Agendas, alternatives, and public policies.*** (2nd ed.). NY: Harper Collins College Publishers.

Lunneborg, C. E. (1994). ***Modeling experimental and observational data.*** CA: Duxbury Press.

Mergendoller, J. R. (1981). ***Mutual inquiry: The role of collaborative research on teaching in school-based staff development.*** (ERIC Document Reproduction Service No ED.230496)

Nevo, D.(1995). ***School-based evaluation: A dialogue for school improvement.*** N.Y.: Pergamon.

Oakes, J.,Hare, S. E.& Sirotnik, K. A. (1985). ***Collaborative inquiry: A congenial paradigm in a cantankerous world.*** (ERIC Document Reproduction Service No ED.261073).

Russell, J. F. & Flynn, R. B. (1992). ***School-University collaboration***. The Phi Delta Kappa Educational Foundation Bloomington, Indiana.

Sagor, R. (1992). "Defining collaborative action research". In ***How to conduct collaborative action research***. Alexandria Virginia: ASCD.

Sanders, J. R. (1992). ***Evaluation school program: An educator's guide***. Newbury Park: Crowin.

Sanders, J. R. (1994). ***The program evaluation standards***. (2nd ed.). London: Sage.

Sarason, S. (1982). ***Evaluating school programs: An educator's guide***. Newbury Park: Crowin.

Ward, B. A. & Tikunoff, W. J. (1982). ***Collaborative research***. (ERIC document Reproduction Service No. ED221531)

Worthen, B. R. & Sanders, J. R. (1987). ***Educational evaluation***. N.Y.: Longman.

資優學生鑑定制度之研究*

林幸台

壹、緒言

資優教育在我國已行之二十餘年，七十六年公布之特教法施行細則對資優的定義與鑑定標準亦有詳盡的規定，然而有關鑑定流程及相關制度卻無明確規範，以致不同地區所採步驟及程序有相當差異。多年來由於執行策略的偏差，資優教育之推展不見理想，許多縣市甚至無資優教育可言，此種情形與資優學生之鑑定制度亦有密切關連，值得深入探討。

本研究爲確實瞭解資優學生之鑑定制度，乃以自編之「我國資優學生鑑定制度調查問卷」進行調查。依特教法規定，資優本有三類，然本研究僅以一般能力及學術性向優異兩類爲主題，特殊才能優異因有較多不同的考慮，故未列入本研究範圍。

問卷之設計乃參考相關文獻，針對不同對象及層級，設計七種問卷版本，並藉專家學者座談修正之。問卷內容主要在探討各級政府（學校）鑑定資優學生所採行之方式，包括其鑑定流程、

*本文摘自國科會專題研究成果報告（NSC84-2511-S-003-060）。

甄選標準、參與人員、使用之工具、以及決策過程，並分析其對現行資優學生鑑定制度之意見及改進建議。

調查對象包括 66 名學者專家及設有資優班之 83 所學校 778 名中、小學教師與行政人員及家長。問卷回收率達七成以上，經整理並以電腦軟體進行統計分析。

貳、調查結果

本研究調查結果有如下之發現：

1. 各級學校用以鑑定資優學生的甄選標準個數約在 2 至 9 種之間，且以客觀化的量表數據為主要篩選與鑑定的工具。有少數學校以單一標準篩選、確定資優學生名單，而教師及行政人員、家長與專家學者的意見則明顯偏向採用多樣標準，其中又以家長及專家學者的意見與實際情況有較大差距。此三類樣本除亦贊同以各式測驗做爲甄選工具外，更強調教師觀察資料的重要，甚至可採用面試的方法進行甄選。

2. 資優學生名單之確定並無齊一的模式，高中較傾向於採相對標準（即加權法），國中較偏向採固定標準（即多元截斷法），而國小與一般家長、以及專家學者則以贊成採部分相對、部分絕對標準者居多。而在固定名額的前題下，高中較多取足額，國小不取足額者居多，國中則近半數取足額、半數不取足額。惟無論足額錄取與否，多數學校爲免遺珠之憾，仍留有若干彈性遞補之。惟其他樣本多贊成依標準不必取足名額。

3.各校鑑定委員會（或小組）的行政導向色彩頗爲濃厚，委員會主要係由校內行政主管以及教育局相關人士組成，輔導教師或一般教師參與的情況並不十分普遍。其他樣本則有頗多不同意見，尤其是家長及科教界學者頗不贊同校內行政主管及教育行政人員的參與，反而希望邀請更多實務工作者成爲委員會成員之一。

4.在鑑定工具方面，大部分樣本均肯定其對鑑定工作的重要性，在實際使用上，高中方面較偏向性向測驗，而國中、國小則較注重個別智力測驗與非語文測驗，惟樣本間仍有不同之反應，特別是國小教師及行政人員的意見與實際情況有較大的差距，而專家學者及各級學校教師對創造力測驗的重視更突顯各校在鑑定上對創造思考的忽視。

5.樣本勾選鑑定工作困難之狀況相當普遍，所涉及的問題自觀念的偏差或誤導、至工具之不足與誤用等，均有頗多樣本反應此等事實，惟各類樣本感受仍有所不同。教育學者對測驗問題最爲重視，亦強調現行鑑定制度對個別差異及內在差異之忽視，而國小家長亦有同樣反應。此外，國小樣本教師及行政人員普遍感受到條件較差、困難較多的問題，十分不利於資優教育的推展。

6.各類樣本對鑑定制度的建議則頗爲相近，最強烈的建議是「宣導正確資優教育理念」，次爲「重視個別差異的存在避免鑑定僵化」，至於測驗工具的編製與應用則爲承辦人員、教師及教育學者所強調之重點，科教界學者則希望鑑定過程中更重視教師及專家學者的推薦。

參、結論

綜合研究發現，可歸納如下的結論：

1. 以各項鑑定措施與問題及建議而言，各類樣本之反應有程度不一的差距，其中以教師及行政人員的意見與實際情況較接近，但家長有相當不同的看法，而專家學者的意見與實際情況差距最大。此一現象反應出理論典實務間存在的鴻溝，雖然樣本的意見不一定完全正確，而實務上亦可能因執行的困難，而明知理論較爲妥適卻無法落實，但在強調溝通的時代，教育當局應特別注意此一問題存在的事實，必須設法縮小此等差距，使資優教育之推展減少可能的阻礙或挫折。

2. 資優教育的理念不健全而使得鑑定制度無法真正落實，似爲多數樣本的共同感受，各類樣本對各項問題的反應有所差距，與其對資優教育的理念之不同有密切關係。雖然資優教育的理念不必求其完全的一致，然而文獻上強調鑑定制度應配合資優教育方案的精神卻是根本的原則，各類樣本對資優教育方案的期待是否有所不同？仍視鑑定工作爲學生之分類（區分資優與否）而已？凡此均須徹底加以檢討，並達成共識而廣爲宣導。

3. 各級政府與學校所採行之鑑定標準、決策模式並不相同，因此在問卷建議中，頗多樣本反應應有統一的程序與標準，尤其是承辦人員的反應最爲強烈，顯示在彈性的原則下有執行上的困難。然而更多的樣本亦反應鑑定制度不應僵化，特別是考慮到內在差異的問題時，更需要較多彈性的空間，如何在統一與彈性二者之間取得平衡頗值得重視。

4. 樣本對鑑定委員會的組成有頗多不同的意見，現行制度似乎較偏於行政導向，而文獻上強調整個鑑定過程最後仍需由委員會或小組，綜合所有的資料加以研判做成決議，其專業性的功能高過於行政上的考慮，因此家長及專家學者特別重視實務工作者以及相關領域教授的參與，主管單位似宜對此建議審慎考慮。

5. 測驗爲鑑定過程中蒐集學生資料必備的工具，其限制固然頗多，因此樣本中有過度重視測驗的現象實非允當，然而似亦不能因噎廢食刻意加以排斥。如何針對現況所發現的缺失做全盤的考量，以整體且具有前瞻性的規劃，促使測驗的功能更加彰顯，實乃必要的因應之道。而在量化數據之外，對質性資料的重視與運用亦應有所考量。調查資料中發現甚多樣本頗爲贊同教師觀察的方法，然而實際上運用該項資料者僅高中較多，國中及國小較少採用，是否有必要對教師觀察資料做適當的整理，甚至訓練教師觀察學生的方法，以有效提供鑑定委員會做爲參考，實値得深思。

肆、研究限制及建議

本研究以調查法探討國內資優學生鑑定的相關問題，由於考慮其涉入經驗之有無或對資優教育的了解程度，因此所選取之樣本皆以目前已辦理資優教育之學校爲抽樣對象，然而若于學者強調資優教育的理念可普及所有學生，不必侷限於資優班的學生，因此上述研究發現與結論可能無法完全反應所有學校教師、行政人員、學生家長、甚至其他類科專家學者的意見。此外，本研究係「我國資優教育全方位發展策略之研究」整合型研究中之一項子題，有關鑑定問題尚有其他數項子計畫研究結果可供參考，因此諸如鑑定工具與方法之有效性、鑑定與安置模式、低成就資優優學生之鑑定等課題並未在本研究中深加探討，甚至資優之概念、資優教育政策、資優學生的身心特質等問題，均與本研究有密切關連，本研究之發現應再參照其研究結果，始能做爲整體規劃發展我國資優教育的依據。

在上述限制之下，根據本研究之發現與結論，提出下列具體建議供有關單位及人士參考：

1.在觀念的層次方面，無論是教育行政機關或各級學校內部及家長之間、均應開闢多元溝通管道，透過更多的溝通機會，經常就資優教育的理念及鑑定制度本身所涉及的問題進行深入的探討，以減少彼此間認知上的差距、化解可能的誤會或不必要的疑惑，並適時宣導正確的理念，針對理論上所強調的重點研議可行的方案，落實鑑定工作的目標。

2.有關鑑定標準與決策模式，在統一與彈性之間如何取得平衡的問題，除須透過諸如上項建議加強溝通之外，教育主管機關可訂定基本的規範，在程序上做原則性的統一規定，同時禁止以單一標準決定資優學生的名單，但亦要求各級學校自行選擇多樣化的甄選標準，使各校可依其背景與地區特性，擴大學生資料蒐集的範圍，而在決策過程中則強調委員會必須特別考慮專業性，尤其重視教師觀察資料的蒐集，避免完全以量化數據最後的決定。

3.爲考慮弱勢族群學生的權益，避免因現行鑑定制度對其產生不利的影響，宜進一步分析入選爲資優班學生之背景，分析弱勢族群學生獲得資優教育服務的機會如何，若相距一般學生過於遙遠，則宜參考國外做法，以特別的立法給予適當的照顧。在未確切了解實況之前，宜給予更多參與各項活動、表現其才能的機會，以做爲教師推薦之依據，而在篩選或最後複選階段，亦可考慮經由面試、現場實作等方法，從其思考歷程、對問題的發現與處理過程中，確實掌握其可發展的潛能。

4.就實務層面考慮，測驗工具爲蒐集資料的重要方法，有關教育部門，已陸續著手發展相關之測驗，惟其數量仍嫌不足，尤其在測驗之使用方面，更有待落實。因此主管教育行政機關應進一步統整各項測驗發展計畫，參考勞委會職訓局心理測驗編製計畫之周延性與持續性，以具有前瞻性的整體規劃，加速委託專家學者致力於測驗編製之工作。而在測驗之正確使用上，更應積極輔導各縣市特殊教育學生鑑定及就學輔導委員會之心理評量小組，定期辦理各項測驗研習活動，建立專業人員進階制度，務使所使用之測驗發揮最大的功效。此外，在量化資料之餘，其他蒐集與整理學生個案資料的方法亦應納入研習範圍，以加強鑑定工作的信度與效度。

5.現行鑑定制度多在已先訂定學生名額、在名額之內甄選資優學生的框框中運作，因有此項規定，在僧多粥少的情況下，不少家長爲使其子女擠進資優班而無所不用其極。亦有若干學校爲招攬學生，而以資優班爲號召，惡性循環之下，無論如何良法美意皆可能破壞無餘。此一問題除涉及前一建議必須進一步溝通、宣導正確的資優教育理念外，該項名額限制措施是否得宜實有深入研究之必要。設若資優教育之型態更多樣化，資優學生的鑑定不受名額之限制，或可減少目前鑑定過程中所出現的種種奇特現象。

6.另一項有待進一步研究的課題應是在現行鑑定制度下獲選的學生，是否與所提供之資優教育目標對象相符？是否獲得適當的資優教育服務？此一追蹤性的研究可用以檢驗現行鑑定制度的效度，至於對落選學生的追蹤，了解其日後的發展與表現，亦可反應先前的鑑定工作是否確實，如果已知有了遺珠，則可探討究竟在那一階段、何種工具造成如此的缺憾？蒐集此類資料甚至可做為資優教育成效的一項反證。

伍、後語

本研究係民國八十四年完成，迄今已有若干時日，且特教法修訂後，有關資優的定義及鑑定標準亦有甚大改變，雖然如此，本研究在結論與建議事項中所舉述的基本理念，仍有其深遠意義。為進一步澄清資優學生鑑定問題，故不揣淺陋，於文後再加以闡釋。

鑑定是指為某一名稱，如「一般智能優異」訂出標準，然後檢核學生是否符合這些標準，符合者即可稱為某類學生，反之則否。制訂鑑定標準正如設立門檻，能通過者即成為特定服務服務對象。鑑定與安置本為前後關連一體之事，以身心障礙而言，經鑑定為身心障礙學生，即為特殊教育服務對象，必須提供適當的安置措施。然而二十餘年來我國的資優教育並非如此安排，各縣市辦理資優學生之鑑定主要重點乃在於編成資優班，未能入班者即不被視爲資優，但資優班數又頗爲稀少，有僧多粥少之憾，因此出現洩題、補習智力等等斲喪資優教育的偏頗現象，至於學生入班之後是否真正接受資優教育，則又是另一值得探究的問題。

單就資優學生的鑑定而言，因與能否入班連成一氣，乃使問題更趨複雜。目前各縣市所設班級數並非依學生實際需要而定，乃有偌大一縣數萬名學生僅有三個資優班、亦有全縣無一資優班存在的現象。以常識論之，資優生的出現率不應如此奇異！因此以目前狀況而言，資優學生的鑑定不應遷就現況僧多粥少的安置方式，反而應在鑑定工作之後，突顯出安置問題不合理之處，而思在資優班之外，如何提供適當的安置措施。

特殊教育法第十三條規定：「各級學校應主動發掘學生特質，透過適當鑑定，按身心發展狀況與學習需要，輔導其就讀適當學校（班）」。其用意不僅在使身心障礙學生得以確實獲得特殊教育的服務，對資優學生亦應秉持適性教育的原理，提供適合其身心發展狀況與學習需要的資優教育。基於此一理念，八十七年公布之鑑定原則鑑定基準，有關資優教育的六個條文，已明顯打破過去以單一智力或標準化測驗爲基準的規定。各類資優均採用寬廣的定義，除以測驗工具評定、考量測驗工具的有效性與穩定性外（既使一般智能優異者之標準亦放寬爲一個半標準差〔舊制爲兩個標準差〕)，更強調多元智能、多元評量的觀點，從學生平日表現中積極主動發掘更多人才。

在更爲寬廣的定義下，勢必出現更多資優生（雖然他們事實上已存在，只是未能入班而被忽略），因此如何協助這批可能無法進入所謂資優班的資優生，亦能接受適當的資優教育，乃是所有教育工作者必須面對的問題。事實上，資優教育的方式不僅限於資優班型態，尙有甚多短期研習、夏令營、冬令營、資源班、獨立研究、乃至跳級、提早入學等方式，可能更適合某些資優生發展其秉賦。唯有基於這種認識，鑑定工作始有其存在價値，而我國的資優教育才可能有機會真正邁入另一新紀元。

資優學生之鑑定研究與鑑定趨勢

郭靜姿

壹、前言

已往在國科會與教育部的補助下，國內幾位研究者對於資優生的鑑定效度與制度做了若干研究，包括對於鑑定工具的預測效度研究（郭靜姿，民 84～85）、鑑定制度的研究（林幸台，民 84），以及在甄試保送學生之追蹤研究（林寶貴、郭靜姿等，民 85）與跳級學生之追蹤研究（郭靜姿、蔡尚芳等，民 85～86）中探討鑑定方式的問題。上述研究結果雖未能系統化地報告國內各類、各階段資優學生之鑑定現況與存在的各種問題，但可提供若干方向以改進國內的鑑定制度與方法。配合新頒布的資優鑑定基準所強調的多元資優鑑定的精神，未來國內資優學生的鑑定方式預期將有較大幅度的改變，教育安置方式也勢必隨之而更有彈性。

貳、國內過去的研究發現

過去國內對於資優學生的鑑定研究報告指出國內資優學生的鑑定方式存在著若干優點，也存在著若干迫切需要解決的問題。

一、優點

郭靜姿（民83）指出國內的資優鑑定有以下優點：

1.以多元的工具及步驟鑑定資優生，排除「一試定終身」的缺點。

2.鑑定標準參考多種測驗的結果，排除運用單一測驗作為鑑定標準的缺點。

3.各種甄試標準明確，可排除「人情」的因素。

4.各種甄試保送配合學科競試及各類競賽如：科學展覽、作文比賽、演講比賽等甄選學生，管道多元化，不侷限於紙筆考試。

5.鑑定過程慎重，各種校內外的甄試均組成鑑定委員會，由委員共同決定通過人選。

6.教育行政單位極為重視鑑定工作的辦理，每年均投入大筆經費協助鑑定工作進行。

7.各種甄試多有專家學者及教育行政人員的參與及協助，能夠提高鑑定的客觀性及公平性。

二、需要解決的問題

不過國內的鑑定方式亦有若干缺點及迫切需要解決的問題，茲陳述如下：

㈠鑑定方式側重紙筆測驗方式

國內資優的鑑定動輒百人、千人。詳盡的個案推薦與觀察資料不易獲取，大多數鑑定均以紙筆測驗及統一的標準決定入選學生。此種鑑定方式對於不善考試而在作品或行爲表現優秀的學生十分不利。所謂「偏才」往往在傳統的測驗方式表現不佳。（郭靜姿，民83）

㈡測驗工具不敷使用，常模老舊

此種現象在智力測驗、性向測驗中皆普遍存在，而標準化成就測驗則完全闕如，故而學校均反應鑑定工具不足。各種甄試保送所使用的性向測驗常係在短時間內應急編製，未建立完善的常模，試題的鑑別度有待提高。（郭靜姿，民83；林幸台，民84）

㈢人爲因素影響測驗的信度及使用年限

部分家長過度重視學生接受資優教育的機會，加以資優教育名額的限制，若干學生爲了進資優班對於智力測驗有預先練習的現象，影響鑑定的效度。新測驗出爐後也因練習因素而減少使用的年限。若干施測人員未能遵守測驗倫理而將測驗外洩應是造成學生有測驗可補的原因之一。（郭靜姿，民83；林幸台，民84）

㈣ 各校鑑定資優生的時機未有共識

各校資優生應在入學前鑑定或入學後鑑定始終未達共識。目前臺灣省各縣市國中資優生的鑑定多採入學前鑑定的方式，其優點是有利於學校之行政作業，缺點是鑑定完全仰賴紙筆測驗，缺乏教師觀察資料；臺北市則採用入學後鑑定的方式，優點是教師約有一學期觀察學生的時間，但一年級下學期成班學校編班排課較爲不便。此兩種方式孰優孰劣教師們似乎未能取得共識。不過前者似易引起校際間爭取好學生及國小資優班教學正常化的問題；後者在若干學生素質較差的學區似會有資優班學生素質偏低的問題產生，兩者利弊相較，有學者建議行政單位規定各校一律採用入學後鑑定方式，但允許鄰近學區學生參加甄選（林幸台，民 84）。

㈤ 各校鑑定標準與決策模式不一，影響學生受教權益

目前國內各級學校所採行之鑑定標準，決策模式不盡相同。承辦鑑定的人員有些期望鑑定標準應統一，建立共同的模式；有些承辦人員則期望鑑定標準彈性些，能考慮個別內在差異的問題。如何在統一與彈性二者間求取平衡，以使學生受教權益不在不同的決策模式下受損，應爲未來鑑定所應注意的問題。（林幸台，民 84；郭靜姿，民 84a,b）

㈥ 甄試保送辦法，忽視個別性與內在差異性的問題

國內升學甄試保送辦法旨在輔導數理及語文資賦優異學生升學，繼續發展專才，以達適性教育、培植資優人才的目的。然此項保送辦法，對於學業成績的要求甚爲嚴苛，初選的標準規定專

長學科成績必須在全年級百分等級 2 以上。雖然辦法中對於參加全國性競賽表現優異的學生、或是參加國科會輔導表現優秀的學生，允許其成績不受初選標準限制，可逕參加複選，然後者畢竟屬於少數。在報考的學生中，百分之九十八以上均是各校成績之姣姣者，該批學生事實上不經保送亦可經由聯考升學。反之，若干平常在校內對科學研究有興趣者，卻未必能經由保送管道升學，令人深感遺憾。因此，此項升學甄試保送的辦法實未能充分發揮拔擢專才的美意，僅爲多數績優同學開闢提前數月入學的管道，另外，冠上「資優」的標幟。而這些「資優」同學入學後，常有教師反應其不夠資優，未具資優者應有的特質。足見此種大量鑑定的方式，亟需檢討改進。（郭靜姿，民85）

㈦ 聯考跳級方式不利於資優教學的正常化

資優學生學力鑑定辦法自民國 77 年度頒部，通過學力鑑定的國二、高二學生以憑各縣市政府教育局所核發的「提早升學報考證明書」參加升學聯招考試，通過者即可跳級入學。經由此項升學輔導辦法，每年國內實際跳級入學的國、高中學生人數約在一百人左右。採用聯考方式跳級入學，學生課業負擔頗重，而若干學校更急於兩年內授完三年課程，在教學上違背了正常化的原則，也使若干能力條件較弱的同學，在全班加速的方式下成了犧牲者。因此，現行之跳級制度應多採甄試保送方式，以導正教學。（郭靜姿、蔡尚芳、梁嘉慧，民85）

㈧ 測驗的內容及方式不利於某些群體的學生

國內各種資優鑑定工具的編製多有利於文化刺激較高的學

生，文化不利資優學生、特殊身心障礙資優學生之鑑定較乏可用之工具。（郭靜姿，民83）

參、資優鑑定原則、基準之特色

我國在民國八十六年修訂公布之「特殊教育法」將資賦優異教育對象擴充為六類：1.一般智能優異，2.學術性向優異，3.藝術才能優異，4.創造能力優異，5.領導才能優異，及6.其他特殊才能優異。資優學生鑑定原則、基準，在鑑定方式上有兩大主要的理念，將影響國內未來之鑑定方式與教育安置型態。

㈠資優概念多元化

在現行之特教法中，資優教育之對象較以往擴充許多，尤以其他特殊才能部分更包含多類特殊才能。蓋因資優是一個相當複雜和多元的概念，世界各國對於資優的概念及鑑定均朝向多元化發展，資優教育對象不再侷限於少數類別，重視每位兒童長才的發現與培育，避免將教育重點聚焦於少數特殊優秀的群體。資優的鑑定可說已由鑑別「誰是資優」、「誰不是資優」移轉到重視每位兒童能力中「資優面」的發展，期望能使更多兒童受到肯定與重視，能夠經由資優教學的方式發揮兒童的才能。

㈡鑑定方式人文化

過去國內之鑑定方式多採用量化的資料，強調客觀、公平，對於特殊個案的考慮較少。事實上，由於測驗內涵及測量誤差的問題，測驗未必對於每一位學生是公平的。在「資賦優異學生鑑定原則、鑑定基準」上，不論是那一類資優鑑定，都有一項標準---專家學者、指導老師或家長觀察推薦並檢附具體資料---這是相當人文化的，重視質的評量方式。未來國內在鑑定工具上，應由重視量化資料的運用到觀察、晤談等質化資料的採取；在鑑定內容上，應由側重認知的評量到兼重情意的評量；在鑑定方法上，應由學習結果的評量到思考歷程的分析。

肆、未來學校該如何發掘與鑑定各類資優學生？

基於上述理念，未來各校在鑑定資優生時，將面臨下述的改變：

一、資優教育對象的擴充

資優教育的對象將擴充至各類才能的發展，不僅侷限於學科資優及藝能資優的培育，以發揮每位兒童的長才，真正落實人盡其才的理想。更重要的是資優教育應該突破「資優必須績優」之觀念，讓學科以外的才能都能受到肯定，讓多數學生得以發展積極正向的自我概念。

二、鑑定工具多元化，不固執於「鑑定標準」

鑑定應為連續不斷的過程，容許學生視需要於資優教育方案中轉進轉出。鑑定工具應運用多元的資料，不受限於測驗。如可運用檔案評量、實作評量、觀察與推薦資料、競賽成果、作品發表等。運用上述非量化的資料，鑑定當然無所謂固定的或先前的標準，也不會受限於量化的成績。以下爲幾種非正式評量方法的介紹。

(一) 檔案評量之運用

採用質的鑑定方式，檔案評量勢必受到重視，其可包含：學生個人的成長及心理評量資料，系統的學習觀察記錄〔老師與家長對學生的觀察均屬之〕，優良作業或作品的蒐集，特殊表現或競賽記錄，學習成績記錄，追蹤轉銜資料，或其他軼事資料等，這些有助於了解孩子資優行爲的具體資料，有賴細心的觀察及資料蒐集，對於教師而言，提供這樣的資料，遠比對於學生做些測驗要花費更多的時間與心力。

(二) 實作評量之運用

實作評量是一種依據觀察和專業判斷去評量學生能力的方式。與傳統評量方式相較，實作評量強調將知識轉換成具體的行動歷程，而非僅靜態知識的評量。在工具上，實作評量係以真實世界或生活中可能遭遇的事件做爲評量的題材，學生須從相關的問題情境脈絡中，使用學習過的知識或技能去解決問題。由實作評量的反應中，可以觀察到學生對於問題情境建構解決途徑，及以行動解決問題的技巧，對於學生的能力評量可以提供相當豐富的訊息。「資賦優異學生鑑定原則、鑑定基準」將觀察推薦列爲各類資優的標準之一。當鑑定過程中，鑑定單位缺乏具體可靠的觀察推薦資料時，實作評量無疑是由主試者或鑑定人員提供觀察推薦資料的好方式。

㈢ 觀察量表之運用

觀察量表旨在提供教師對於學生能力特質的觀察資料，以輔助傳統以客觀化測驗鑑定學生的不足，使鑑定人員以更多元的方式了解學生的能力，而不侷限於以紙筆式測驗的結果鑑別學生的能力。觀察量表可以是老師自編的，也可以使用現有的資優特質觀察量表或是多元能力特質觀察量表。量表內容可爲組合式的特質量表，也可爲單一的特質量表，也可針對特殊族群編製文化殊異特質觀察量表。觀察量表的功能在另一方面可使不了解資優特質的教師或家長，由量表內之敘述認識資優，至少在寫觀察或推薦評語時可供參考；而組合式的特質量表則可協助教師或家長了解學生多方面的能力表現與個別內在差異的情形，有助於實施個別化教學。

㈣ 競賽成果之採用

採用智力、性向測驗是評估學生學習的潛能；採用競賽成果是評量學生具體之成就表現。競賽成績在「資賦優異學生鑑定原則、鑑定基準」中頗受重視，除了一般能力優異外，其他五類資優之鑑定，競賽成績均單獨列爲一項鑑定標準。是以，未來學校在招生報名表上，應讓學生註明相關專長之競賽成績，並檢附具體資料（獎狀）。

㈤ 作品之採用

作品是另一種評量學生具體成就表現的方式。如學生獨立研究的報告、攝影、繪畫作品、文學著作等均屬之。當教師或家長推薦學生時，可以檢附學生作品以為具體資料。不過，鑑定單位應對於上述作品加以評鑑，以確認品質；同時也可採取面試等複審方式，以確定作品的可信度。

㈥其他方法之運用

如面試、表演、觀察課程等均可以各類資優鑑定的需要加以採用。

伍、學校如何安置各類資優學生？

資優教育對象擴充後，傳統以「班級」為安置資優學生的方式，已不適合各類學生之教育需求。國內未來對於資優學生之安置方式也應有所改變。

一、多元才能，多樣安置

國內已往對於資賦優異學生的安置方式，不外乎採用集中式資優班與分散式資源班兩種型態，事實上這兩種方式並不能符合不同能力、不同地區、不同才能學生的需求。尤以資優教育對象擴充後，創造才能、領導才能及其他特殊才能的安置更不適合以「班」的方式進行。是以資優教育在未來應嘗試提供更多樣化的教育方式。圖一為各種資優教育的方式，自普通班中的個別化教學至在家自行學習的方式，相信可使我國未來的資優教育更為多元化，使整個教學環境更為活潑生動而富有彈性。對於創造、領導及其他特殊才能學生的教育方式未來可多利用社團活動、假日研習、冬夏令營、競賽方式辦理；偏遠或人口較少的社區可多運用遠距教學、函授學習的方式，不一定每校均設置資優班或資源班。教育安置將由以往一統化的方式趨向於以學生需求而考慮之安置方式。圖示之資優教育類型愈往下層愈與普通教育融合；愈往上層則愈傾向隔離學習。這些教育方式的選擇須配合學生之能力特質、學習風格、學習興趣及情意動機；學校的角色係在配合學生的需要提供資源、設計課程、進行評量與咨商輔導。

二、教學多元，環境開放

資優教育對象多元化，資優教學的方式就不僅止於學科的教學，也不僅限於某一類科的教學。各校教學應提供多類才能的發展，教學內容可由學科教學擴展到非學科教學，包含領導、人際、創造與其他才能的發展。透過全校性充實服務方式，學校可提供如：創意點子教室、溝通教室、領導訓練、進階思考等研習活動。採用「非學科資優教育資源服務」的型態，是直接突破升學主義的作法。教學應由教師爲中心的課程設計走向學生爲中心的課程設計；由傳統直接教學的方式邁向開放式的教學；由教師直接引導學習到學生自動化的學習。

三、善用資源，校際合作

由於以一校提供多類資優教育，人力物力資源花費較高，實施恐較不易，未來各校除可發展特色教學外，更可進行校際間的合作教學，甚而是跨教育階段的合作教學。資優教育可由以校內師資服務，擴展到校外資源機學，使師資來源更多元化、更豐富。

換言之，資優教育在未來可由各校爲主的教學型態，邁向跨校、跨階段的社區教育；由各年級爲主的教育方式到混合年級與跨級選修的教育，同時更應善用鄰近區域中的專長人才，提供學生良師典範學習的機會，以發揮學生的專長。

四、科技媒體之廣爲運用

未來各校可藉助網路的設置，讓學生選課、學習，不受時空限制，使得學習與研究的領域更廣闊。也可運用網路進行良師指導制，使偏遠而資源取得不易的學校得以突破空間限制，跟隨良師學習。總之，遠距教學的理念將在科技高度發展的現況下順利推展，有助於教育資源的運用。

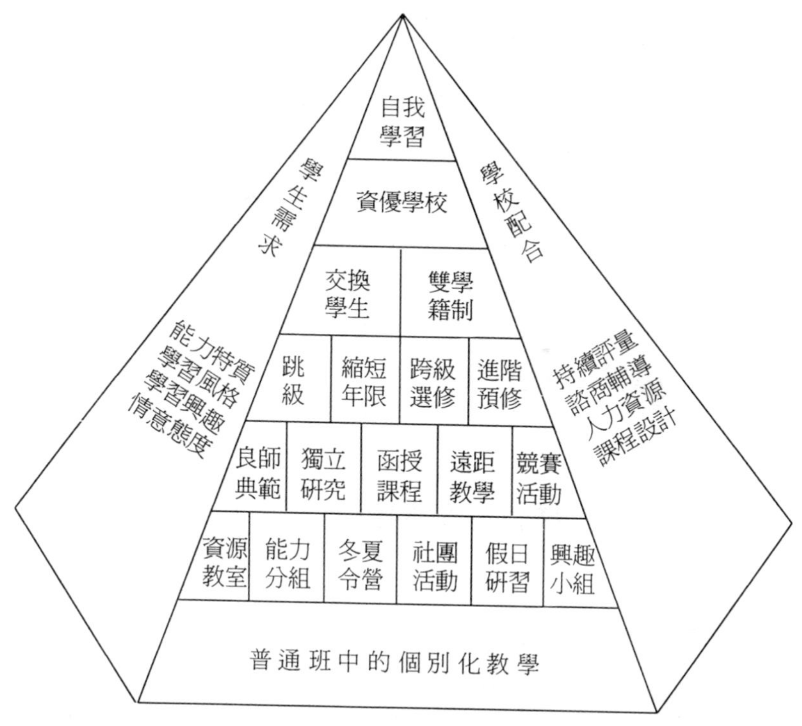

圖一　資優教育的類型（郭靜姿，民 87）

陸、教育行政單位之配合措施

多樣化的教育安置、非「班級」經營導向式的資源教學型態、學生中心導向的課程設計，跨校際合作的教學，上述理念的落實有賴教育行政的配合始能達成。筆者認爲各縣市教育局要落實資優教育法規，推展資優教育，在行政上須提供下述支持：

一、提供均等的資優教育機會

以往國內資優教育機會分配不均，集中於少數學校、少數對象。爲了落實發展多元才能的理念，讓更多學生的「資優面」得以發展，讓更多學生的「資優行爲」得以養成，教育局應開放各校提供資優輔導方案，讓每一所學校的學生，無論資優類別，無論居住地區，無論就讀學校，均有發展特殊長才的機會。

經由資優輔導方案，除了各校可發展教學特色之外，資優教育著重個別差異、因材施教的方法，更可帶動整體學校教育品質的提昇。

二、授權各校選擇教育安置類型

對於教育安置型態，教育局可授權學校依據學生素質與人數、社區資源、師資專長及學生意願等條件，自行選擇決定安置型態。已往以一統化的行政命令方式，規定各校採取同一安置型態的作法需要改變，因爲沒有任何單獨一類的安置方式能夠滿足各類學生、各個學生的教育需求。

三、彈性補助各校經費

對於非採用「班級式」經營的資源教學方案，因無固定的班，無法以「班」爲編制提供人事費及業務費補助，教育局可考慮以各校所提出的教育計畫，彈性補助教學鐘點費及活動費等。此種方式，一方面可符合學校實際的需要；一方面也可減少固定人事費用的支出。

四、定期評估成效

由於充分授權學校辦理資優教育，爲了確保資優教育品質與學生權益，教育局對於各校的辦理方式應予定期評估。對於辦理不當的學校，則取消其經費補助至情況改善後再加補助。

柒、如何提供身心障礙與文化殊異學生資優教育的機會？

身心障礙學生常因生理的缺陷或溝通管道的限制，在測驗中有低於潛能的表現；文化殊異學生也常因測驗題材與施測方式的偏差，而有不利於潛能的表現。近幾年來，多位從事資優教育的學者（Frasier, 1993; Gallagher, 1985; Passow, 1982）均指出資優的鑑定必須重視到文化差異的影響，以給予身心障礙及文化殊異兒童公平學習的機會。以學障資優爲例，學校不應因其部分學業成績較差，而將之排除於資優教育門外；又以自閉症學生爲例，有些美術才能優異、記憶能力、資訊能力特優的學生，學校也應就其資優面，提供發展專長的機會；而原住民學生、僑生、社經地位不利學生，其中更不乏具有專長才能者，惟常因文化殊異或不利之因素，無法通過資優鑑定。國外對於身心障礙與文化殊異兒童的鑑定多從以下四方面著手，未來國內亦應多研擬適切的方法與編製適當的工具，以協助弱勢學生發展其潛能。

一、編製適用於身心障礙及文化殊異學生之鑑定工具

㈠ 編製資優特質觀察量表

包括基本資料和能力特質觀察兩部分。基本資料含：族群特徵、社經情形、家庭文化狀況等。這部分一般可先編製一個通用的量表，而後再依據不同族群的特徵加以編修（Passow, 1982; Baldwin, 1985; Frasier, 1993）。能力特質觀察部分，含不同族群間共同之能力，如：操弄符號的能力、邏輯思考的能力、問題解決的能力、類推的能力及應用知識的能力（Gallagher & Kinney, 1974）。而 Hilliard（1976）則強調，不同文化之特定特質應納入考慮,尤以各文化中學童被剝奪的能力及各文化對於才能的特殊表現方式，更應受到重視，以免影響對於其能力的評量。

㈡ 修改標準化測驗工具

在工具方面，有的學者（Fibbon, 1975）主張採用傳統的鑑定工具輔以無文化偏差（culture free）的測驗，如瑞文式圖形推理測驗或加州心理成熟測驗。有的學者（Bruch, 1971）則主張依據文化殊異學生的優點而修改標準化測驗爲簡式測驗加以運用，Bruch 曾爲文化不利學生編製比奈簡式測驗，結果發現文化不利學生之能力組型有其優弱點。

㈢ 編製文化殊異族群的鑑定工具

Mary Meeker 則指出文化不利學生能力的優弱點可能直接與其生長背景文化有關，即使運用簡式測驗仍無法正確評估其潛能，因此她建議應發展文化殊異族群的鑑定工具。

二、運用多元的評量工具

Baldwin（1985）建議對於文化殊異資優兒童的鑑定應兼採主客觀測驗，運用矩陣的方式將各種測驗分數化為等第加權，因此可納入知情意不同領域的成績，去除以單一工具鑑定資優的缺點。Zorman（1997）在以色列耶路撒冷地區採用之優瑞卡模式（Eureka Model）則以教師觀察評語、學生學習紀錄（portfolios of work）及作業成品，為每位孩子分析其在團體中的表現與個人學習成長的情形，不使用客觀化的標準測驗。後者所強調的是學習與評量間的互動歷程及教師觀察結果，期運用多元的資料及紀錄發掘兒童的特殊才能。

三、改變施測方式

主張改變施測方式的學者提出以動態評量的方式評估兒童的學習潛能發展區間，據之建立對兒童適當的期望，經由教學活動提高其成就表現（Falik & Feuerstein, 1990）。

學習潛能的動態評量之所以受到重視，可歸因於：一、標準化的測驗雖具有客觀區分的效能，但是對於部份條件不利的受試者，倘難測出實際的能力。二、採取前述評量結果來區分安置學童，可能使其發展機會受到限制，甚或產生雙重不利的後果。三、認知功能可透過學習經驗來增長，適當的學習輔導可使學童的表現產生積極正向的改變（Tzuriel & Haywood, 1992; Lidz, 1987）。

以色列 Feuerstein（1979）根據 Vygotsky 與 Piaget 的理論，建立了動態評量的方式，並發展了一套思考教學方案（Instrumental Enrichment, IE）提供兒童充實教學的機會。Zorman（1997）

則運用動態評量的方式提供文化殊異兒童藝術與科學的充實機會，實施成效頗佳，不但發掘出許多有才能的孩子，教師及家長咸認為孩子學習成就動機提高了，課後喜好藝術和科學活動，獨立學習的能力亦大為增進，有助於其生涯發展。

四、調整鑑定標準

為了保障身心障礙、文化不利學生接受資優教育的機會，若干學者主張以配額的模式（Quota System Models）鑑定文化殊異資優生，方式包括保留名額（Lerose, 1978）或降低錄取標準（Baska, 1989）。

參考文獻

一、中文部份

林幸台（民 84）：**我國資優學生鑑定制度之研究**。國科會專題研究報告。

林寶貴、郭靜姿、吳淑敏、廖永堃、嚴嘉明（民 87）：高中語文資優生進入大學後之追蹤研究。國立臺灣師範大學特殊教育研究學刊，16 期，401-426。

郭靜姿（民 83）：**資賦優異學生的鑑定問題探討**。載於國立臺灣師範大學特殊教育研究所編印：開創資優教育的新世紀，67-87。

郭靜姿（民84a）：國中資優學生鑑定工具與方法之有效性分析。國科會八十四年專題研究報告。

郭靜姿（民84b）：國中資優生鑑定成績與學生入學後成就表現之相關研究。**國立臺灣師範大學特殊教育研究學刊**，12 期，261-294。

郭靜姿（民84c）：資優學生鑑定工具得分間之相關及其對於學業成就之預測分析。**國立臺灣師範大學特殊教育研究學刊**，13 期，175-202。

郭靜姿（民 85）：資賦優異學生的鑑定與教育安置。載於國立教育資料館編印：**教育資料集刊**，21 輯，27-54。

郭靜姿、蔡尚芳、梁嘉慧（民 85）：**跳級資優生之追蹤研究－第一年報告**。國科會八十五年度專題研究計劃報告，NSC85-2511-S-003-041。

郭靜姿、蔡尚芳、王曼娜（民 86）：**跳級資優生之追蹤研究－訪談暨輔導紀錄**。國科會八十六年度專題研究計劃報告，NSC86-2511-S-003-042。

二、英文部份

Baldwin, A.Y. (1985). Issues concerning minorities. In F. D. Horowitz & M. O'Brien (Eds.). ***The gifted and talented: Developmental perspectives*** (pp.223 -249). Washington DC: American Psychological Association.

Feuerstein, R., Rand, Y., & Hoffman, M. (1979). ***The dynamic assessment of retarded performers: the learning potential assessment, device, theory, instruments and techniques***. Baltimore: University Park.

Frasier, M. M. (1993). Issues, problems and programs in nurturing the disadvantaged and culturally different talented. In Heller, Monks and Passow (Eds.). ***International Handbook of research and development of gifted and talented*** (pp.685-691). Oxford: Pergamon.

Gallagher, J. J. & Kinney, L. (1974). ***Talent delayed- talent dennied: The culturally different gifted child***. a conference report. Reston, VA: The Foundation for Exceptional Children.

Hilliard, A. G. (1976). ***Alternatives to IQ testing: An approach to identify gifted minority children***. Sacramento: California State Department of Education. Sacramento Division of Special Education.

Lidz, C. S. (1987). Historical perspectives. In C. S. Lidz (Ed.). ***Dynamic assessment: an interactive approach to evaluating learning potential***. New York: Guilford.

Tzuriel, D. & Haywood, H. C. (1992). The development of interactive -dynamic approaches to assessment of learning potential. In H. C. Haywood & D. Tzuriel, (eds.). ***Interactive Assessment***. New York: Springer-Verlag.

Skuy, M. (1988). ***Dynamic assessment of academically superior children in low socioeconomic status communities***. Paper presented at the International Conference: Educated The Gifted and Talented: Johannesburg College of Education.

Zorman, Rachel (1997). ***Eureka--the cross-cultural model for identification of hidden talent through enrichment***. Paper was presented at the 12th World Conference for Gifted and Talented Children, July 29-August 2, Seattle, Washington.

跳級生對於生活適應程度的感受爲何不同？*

郭靜姿
蔡尚芳
王曼娜

壹、前言

我國自民國七十三年起即有資優學生學力鑑定辦法的實施，「特殊教育法」第十三條規定「資賦優異學生經學力鑑定合格者，得以同等學力參加高一級學校入學考試或保送甄試升學」，至今國高中學生經由此一辦法跳級升學已有十多年的歷史，每年學力鑑定合格的學生約有一百四十位，而實際跳級入學的學生約在七、八十人左右。跳級學生入學後究竟適應情形如何，爲學者專家、教師、行政人員及家長所共同關注的問題。

爲了解國內跳級學生的學業及身心適應狀況，分析不同適應表現學生的學習歷程，研究者訪談了77～84學年度臺灣地區119

*本文改寫自國科會專題研究計畫成果報告（NSC86-2511-S-003-042）。

所辦理資優教育的學校中曾經跳級的442名學生，調查其基本資料及教育現況，第一年實施「資優生跳級經驗量表」與「賴氏人格測驗」（回收率約七成，計233名），第二年選擇五十八名學生進行訪談，依據受試在跳級經驗量表及人格測驗上的作答情形，分成五種適應類別，並以問卷調查其接受訪談的意願後進行訪談。訪談人員由國立臺灣師大心輔系與特教系所研究生及大三以上學生擔任。訪談工具採用半結構性問卷，共有十個訪談題目。除了開放性回答問題的方式之外，並由訪談員與受訪者在五等量表中勾選適當的選項。（郭靜姿、蔡尚芳，民86）

訪談結果之分析，在量的部分逐題分析58名受試在各題之反應，並與第一年之問卷調查資料相互比較，以檢核訪談方式與問卷調查之一致性，結果發現兩種方式大致有相同的傾向；在質的部分對於每位受試之訪談結果均整理出一篇敘述，彙整為訪談紀錄。研究者亦進一步就受試之反應逐題分析，以獲取勾選不同選項的學生之意見。在整理上述初步資料之後，研究者更以後設分析的方式探討不同適應程度的學生在各個訪談題目中有何種不同的反應，以期歸納出影響跳級生學習適應的因素。由於本書篇幅的限制，本文僅就其中五個與學習適應最有相關的題目加以陳述，期望能提供教師或家長輔導跳級學生的參考。

貳、爲什麼跳級生對於學習適應的程度感受不同？

跳級生對於學習適應感受程度的不同可由兩部分探討：一是「學習適應期中自我調適的情形」；二是「課程、教學銜接的情形。」

一、學習適應期

通常在跳級過後，一接觸到新的學習環境、學習新的課程內容，必須調整過去的學習習慣，用新的學習方式來學習。所以在新學期的開始，跳級生通常會有一段學習適應期。其中，適應良好的學生表示：其學習能力不差，學習十分快速。對於新學科的學習常常能很快的掌握重點，因此學業成績十分優秀，在班上常是「名列前茅」。如交大陳同學所說的：

「在班上，因我的年齡比……班上同學都要小個一、二歲。可是我在課業上實在太優秀了，和同學相較之下不但毫不遜色，還遠遠超越在前頭。例如說考試，我每一回都是很快就寫完，在理科方面我相當有把握。老師們通常教些什麼我也都吸收很快。在班上，數學我是第一名，物理是第一、二名，化學稍為差一點，是三、四名。至於英文可能就沒有那麼好，因為國三的課程在跳級時實力不充份，基礎不夠好；至於其他各科目，則是有過之而無不及，不會因為沒有上國三的課程而有所落差。」（交大陳同學）

即使在跳級的過程中，遭遇到學習方面的困難，也多能自發調整學習的方式，自行解決困難；如果自己仍無法解決困難，也能發揮「不恥下問」的精神，請教同儕或師長，通常問題便能迎刃而解。如港明中學蔡同學的訪談記錄中表示：

「在學習或生活上的適應情況都很好，即使學業上有困難也都是與其他同學相同，例如：遇到不會的問題，便請教老師或同學。」（港明中學蔡同學）

在學科學習方面，好惡表現明顯：亦即自己喜歡的科目會主動用心鑽研，而不喜歡的科目則得過且過。但即使是自己不喜歡的學科，也都能保持一定的成績水準。正如師大附中盧同學及中興高中吳同學提到的：

「我在數理學科方面比背的科目擅長，在數理方面的學習，如果有困難多會請教爸爸。但是我很喜歡歷史，所以感覺上對文科的興趣比較大，對理科的興趣比較不夠。此外，老師在教法上吸引我與否的程度，也會影響我學習的意願，但是並不會造成成績上的差異。」（師大附中盧同學）

「我自己覺得功課沒什麼問題，成績起伏也不大，至於會不會有什麼困難，應該講是我喜不喜歡那些科目，對於不喜歡的科目就不想去學；不過，當面臨考試時，其實用點心還是沒有太大的問題，而且考試的成果其實還不錯。像我對自然科比較沒興趣，但考試出來的成績還是會比別人好。」（中興高中吳同學）

而適應欠佳的跳級生則表示：在跳級後接觸新的環境，因未能適應學習環境、學習方式，故出現學業成績低落的現象。而造成學習成績不佳的原因有：學習習慣不當、讀書不得要領，或是學習方法不正確，卻自我防衛地裝出一副很懂的樣子，而不敢請教老師或同學。正如建國中學蔡同學、臺中葉同學及臺大徐同學所提到的：

「我國中的成績還不錯，雖然最後我是全校以最低分考上建中的。覺得自己國中學習的情況還不錯，是因為國小五年級的老師為我打下相當不錯的基礎，加上國中老師都會為我們安排好學習進度和內容，給我們相當多的學習引導和方向，因此我們只要照著學就好了，這是靠老師而非靠自己。但是高中的學習方式則不同於國中，老師不再給學生很多的線索和引導，許多學習和課外知識的求取都必須自己來，尤其是數學，因此在學習上比較不適應。不過這也有可能是我練習不夠的關係，因為我在自然科的表現就還不錯，這是我比較有興趣的科目。再加上我現在迷上電腦遊戲，因此成績有一點一落千丈，在班上排名中下。」（建國中學蔡同學）

「在學習情況方面，自認受到分數影響很大，亦即某科會帶給成就感，學習情況就很好，反之亦然。因此在高中時，因物理學習方式錯誤，導致物理成績不佳，如此惡性循環，非常恐懼物理；其他各科學習適應均良好，惟獨物理學習情況差了些。不過目前因調整物理學習方式，物理成績也不錯，因此已大致排除了對物理恐懼心理。」（臺中葉同學）

「關於學習適應方面，覺得大一讀書很不得法，使得成績很爛，平均才七十幾分，常裝作一副很懂的樣子，是自己學習不好的原因之一，所以要改正自己學習的態度。另外，在課堂上有不懂的地方也不敢問老師，怕自己問的問題沒有深度，被老師看不起。有時當老師問：「有誰不懂的？」自己都不敢舉手問，怕被同學笑。後來才發現有許多同學也不會，所以我覺得有問題應該要問。」（臺大徐同學）

學習適應期的長短，則視個別差異而異。通常，在跳級生不服輸的天性及自身的努力下，隨著年齡漸長，適應不良的情況都能獲得改善。正如嘉義女中李同學及臺大葉同學所提到的：

「學業的適應方面大致上還算良好。但在高一下剛進資優班時，會覺得自己在課程的進度和課業的理解方面會趕不上同學，必須要花更多的時間來準備功課。因為在國中準備聯考時，並沒有準備的很詳盡，所以在高一下時，要花比較多的心力。不過，漸漸地年級愈高，適應的情況也就愈好。」（嘉義女中李同學）

「兩次跳級後，剛開始在學業上皆出現適應不良的情形。由於準備跳考高中時英文是靠自修的方式學習，導致聽、說能力較差，段考成績也只有六、七十分。但不因此放棄，決心再次自己摸索，賭氣不上補習班；果不其然，再度證明自己的能力。經過一段探索，找到學習的竅門，因此雖然高一上的成績不理想，高二還曾贏得全班第一。至於大一時，也許是因為高中時沒讀歷史或是由於不感興趣，所以中國現代史、中國通史之類的共同科目表現不佳，不過即使原來認為

成績會很低，但是學期末公布全班分數時才發現其實還不差；但在本科系專業科目方面，表現可不含糊。」（臺大葉同學）

二、課程教學銜接的情形

有部分跳級生表示：由於「跳級」使修業年限縮短，造成部份年段學科學習的缺乏，讓學生認爲自己的基礎打得不夠扎實；尤其在跳級後，當老師於課堂上引用跳級階段所省略的學習內容時，常常讓學生感到一頭霧水。如同臺大化工黃同學提到的：

「在進入高中後，課業並不會跟不上，只是在理化方面，會有部份地方較弱，因為學得不夠扎實，所以學習起來會比較辛苦。還好因為高一時唸的是基礎物理，所以只要再加油一點就可以；之後的學習還好，只是有時候還是會有一些學習挫折，有一部份原因是因為國中時沒有學得很扎實，但是情況不會很嚴重，因為那些課程都可以從頭學起，不是累積了很久。……我高一遇到的困難常有的情況是：當老師講課會應用到國三學過的觀念，而老師會認為已經學過就不用多說，那時我就會覺得一頭霧水，尤其是高一上學期比較嚴重。每次同學分組討論，一講到說：「這很簡單啊！以前國中學過。」聽到這句話就會怕，就會馬上去問同學或是趕緊翻翻國中課本，那時把國中課本留下，就是怕發生這種情況。當時也算是有一些阻礙，所以自己就要多注意一點、多做一些努力。若連續發生這種情況，有時候會有挫折感，造成心情低落。但是慢慢後來會發現其實真的不是那麼難，有時只是一個簡單的觀念，所以也不會嚴重到心灰意冷、不想學習。到了高二、高三這種情況就不會再發生，學習也不會覺得累了。」

而老師在教學時，如果能特別注意每個環節的銜接，再加上跳級生自身努力的學習——對他們而言，並不會造成學習上太大的影響。正如敦化國中王同學所說的：

「跳級並沒有帶來學業及生活適應上的困擾。剛上國中時原本還擔心會不會因為少了六年級接觸歷史、地理等科目，課程基礎不足而跟不上國中的進度，結果事實證明他的疑慮是多餘的。因為很幸運的，國中老師都能清楚而仔細地交待每個環節，使我能不費吹灰之力地贏得不錯的成績。」

不過，也有跳級生認爲：由於各學習階段間課程的連貫性不大，所以並不會讓他們覺得學習上有太大的困難。正如成大醫學系楊同學所說的：

「因為國中、高中、大學的課程不相連貫，所以即使後面的課程斷掉也沒有什麼關係，只要唸書的方法對，大概就可以唸得很好，所以在學習上的適應情形非常良好。」

一般而言，跳級生的學習能力不差，在學業成就方面並未因其年紀較而比同班同學遜色。而在跳級之後，通常會面臨克服「學習適應期」及「新舊課程銜接」方面的兩大問題——如果能在跳級生跳級後、剛接觸新環境之初，加強跳級生因應「學習適應期」的輔導；並商請擔任該生課程、教學方面之相關教師於教學新課程時，能注意各個環節銜接的說明，定能使跳級生在學習適應方面達到「最少限制環境」的理想，以收「發揮最大潛能」之效。

參、爲什麼跳級生對於生活適應的程度感受不同？

由於跳級，跳級生學習及生活環境的驟然改變，間接影響了生活適應的良窳。而生活適應好壞的影響因素，主要有：「適應新環境的能力」、「自我定位重新調整的能力」及「壓力調適的方式」。

一、「適應新環境的能力」方面

認爲自己「生活適應良好」的跳級生表示：自己的環境適應力極強，很快便能適應新環境，所以跳級前、後生活的差異不大。而跳級後，在生活作息方面，他們多半能保持規律的生活作息；於學習方面，多能自動自發的學習，對新課業的學習應付裕如。同時，他們注重休閒生活，善於利用時間來從事自己所喜歡的休閒活動。正如蘭雅國中王同學及高雄女中張同學提到的：

「我現在成績很不錯，段考成績多在全校前三名，在班上幾乎每次都第一名……因為國中課程比較難，大家都比以前退步了，只有我保持，所以感覺上功課會比以前好，另一方面大概因為我的領悟力不錯，學習能力也不錯，所以成績也不差。因為我在上課時就能理解課程內容的大部分，回家後只要再花一些時間做複習和記憶的工作就可以考的不錯；其他的時間我就利用來打球、玩電腦或看課外書，例如：金庸小說、科學類、文學類等叢書。此外我也額外學習了一些才藝，如：鋼琴、小提琴、圍棋、漫畫，其中鋼琴到現在還在學。」（蘭雅國中王同學）

「在生活上的適應上我覺得一切也都很好，生活上並沒有什麼事值的讓我操心，所以我只要好好念書就行了。而且我的生活蠻有規律的，固定 11:30 以前上床睡覺，並且從來不熬夜；所以儘管有跳級的壓力，但事實上真的還蠻能夠調適，並沒有對我造成太大的困擾，也沒有打亂我的生活秩序。此外，我也會利用課餘時間，從事一些簡單輕鬆的休閒活動，如：看報紙、看小說…等，讓自己稍稍放鬆一下心情。」（高雄女中張同學）

縱使因環境的驟然改變，造成生活適應上的些許困擾，但終究仍能找到適當的方式來宣洩，以改善生活適應的情形。正如臺大土木系廖同學所提到的：

「在生活適應上，剛上臺北時，一切生疏，沒有朋友，一切生活方式改變，覺得很不好受，但這是所有大一新鮮人共同的問題。課業上的學習壓力並沒有造成生活上適應的不良。平時喜歡畫畫（在系學會上也因這項才能受到大家的肯定），心情不好的時候會以做運動來宣洩情緒。」

而認為「生活適應欠佳」的同學則表示：跳級後學習環境的改變，造成其生活適應的困難。除了適應新的班級、新同學之外，參加資優資源班的教育服務使他疲於奔命，也促成生活適應上的困難；最後只得選擇放棄資優資源班的教育服務，以改善生活適應的狀況。正如埔墘國小李同學所提到的：

「在埔墘念了一年資優資源班，跳級至四年級。但在四年級時就是念普通班而已，到了五年級再繼續在資優班上課，六年級停止，回到普通班上課，主要是因為兩邊的功課加起來太重了，兩邊上課要跑來跑去也容易忘記出錯。」

二、「自我定位重新調整的能力」方面

認爲自己「生活適應尚佳」的跳級生表示：跳級前後自身的定位模糊，導致人際上的疏離，也間接影響其生活適應；不過，隨著生活重心的轉移，也漸漸能摸索出適應之道。如同臺大電機系林同學所提到的：

「剛上大學時，在生活圈，人際關係上，有時覺得不太習慣，雖然我已進入大學就讀，但大部分從國中時代的好友仍在高三就讀，突然周圍都是一些不認識的人，那時覺得自己卡在大學與高中之間，不知該把自己歸位在哪個團體？因此在大一上學期，我常返回母校探望昔日好友，對於大學生活仍非常陌生，與班上的同學也不熟。還好在大一下學期，受到班上同學的影響，加入社團，社團慢慢變成我生活中的重心，目前擔任社長的工作。回顧跳級後的歷史，我大約花了一個學期來適應大學生活，目前在生活適應上已沒有什麼大礙。」

然而，自認「生活適應欠佳」的同學則表示：由於自己的個性內向、害羞，不會主動結交新朋友，較難適應新環境；而欲回

母校找昔日友伴，以尋求同儕的接納與團體的認同時，因兩者之間生活環境相去太遠，也使友誼漸漸陌生——這些人際的疏離，間接造成自我定位的模糊，也導致生活方面的適應情形未盡理想。如同臺大物理系郭同學所提到的：

「跳級後在生活適應上並不好，由幾個現象可明顯知道，如：人際關係上因為個性害羞，學校中又完全沒有認識的人，頓感失落。又由於住在家裏，有課則來沒課則去，無形中與學校及同學間關係較疏離。為了補償在大學中無法獲得的友誼，三天兩頭往建中跑，尋求那股熟悉且親密的感覺；但過了一段時間後，發覺那裡竟也逐漸變得陌生，曾經是一體的同班同學好像和我已分開似的。也難怪會有這樣的結果，畢竟與他們已是不同的群體，即使彼此都無意疏遠，但已非在同一艘船上的伙伴，卻是不爭的事實。有了這層體認後，我便逐漸減少回建中的次數，不願去嘗受另一種孤立的感覺。」

有的同學表示：跳級前同儕之間競爭的壓力大，使自己對於自身的能力起了懷疑。如清大工業工程系侯同學所提到的：

「高中生活中會覺得有點生活壓力。因為一群要跳級的同學在學業上或是行動上就和一般同學區隔開來。感覺自己好像是另外一個世界的人。覺得和班上同學相比與在八人團體中相比，在八人團體中的自卑感較重，在八人之中較渺小，這可能是因為學業上的關係：要趕上其他人的進度。在八人團體尚未出現前，成績並不是最後；但在團體出現後，成績反而殿後。在此情況下，跳級帶給一個壓力就是：成績變差了！在這個團體後，我變得比較緊張，對成績的變化也比較敏感。」

而跳級後所面臨的新環境與自己原先的想像有一段落差；再加上自我期許與實際表現未能配合，遂造成嚴重的失落感，導致生活適應欠佳。正如新竹高中陳同學及清大工業工程系侯同學所提到的：

「一上高中，就給自己很高的目標，以至於很難去達成，所以那時的心情就陷入了低潮。其實一直到現在，仍是在低潮期。例如：在考試的時候，會覺得自己的實力沒有發揮，但有時就很好，有時卻很差，這時內心就會覺得怪怪的：為什麼會這樣呢？高一的時候心情有點失落，或許是因為剛開始高中生活的時候，並不能適應，而高中生活也不像國中時想像的那麼快樂，可以做自己愛做的事。」（新竹高中陳同學）

「跳級之後，別人看自己的眼光比較不一樣，認為我和他們不同；如此就把關係弄得不平等，將我想得比較高。同輩的人若不知道我的跳級背景，會將我視為和他們一樣的普通人；可是當他們知道了我跳級的背景，就會把我的地位拉高，認為我不屬於他們團體中的一員，而變得比較難溝通。這有時會影響我的適應。」（清大工業工程系侯同學）

三、「壓力調適的方式」方面

通常，在學習環境改變之後，跳級生便面臨種種的來自內在及外在的壓力；而這些壓力調適的情形，也間接影響生活適應的良窳。認爲自己「生活適應良好」的同學表示：當自己遭遇到壓力、感到困擾或發生不愉快的事時，多能透過自我檢討、調整生活步調，或是尋找適當的諮詢者、傾聽者及發洩管道，來紓解壓力。如同曉明女中趙同學及臺大醫學系黃同學所說的：

「若真的有情緒不好的時候，就會想辦法調適，例如：寫日記，寫日記可以抒發情緒，不滿的事寫完就忘了，所以心情調適的很快，不會鑽牛角尖。」（曉明女中趙同學）

「五年前獨自負笈北上，離開生活近二十年的家鄉，來到人生地不熟的臺北大都會，大多數的人也許會因這樣的轉變而徬徨吧。但猶如小草般適應力極強的他，並沒有感到一絲不習慣。……在校友會中幸運地結識幾位投緣的學長姐，因此如果遇到不愉快或困擾時，他們就是最好的諮詢者。除了校友會親切的學長姐外，室友是另一個發抒的管道。不過事實上，在生活中一直適應的很好，不需時時找人吐苦水。」（臺大醫學系黃同學）

而表示自己「生活適應欠佳」的同學則認為：由於自己的生活填滿了學習活動，根本無暇從事休閒，更難提及與同儕有所交集；再加上父母對自己的期望甚高，造成他生活上極大的壓力，故時常因壓力過大而有脾氣暴躁的現象。如臺中葉同學所提到的：

「在生活適應方面，偶而會因壓力大而脾氣暴躁。因年紀較小，自覺談吐也比較不成熟，與同學的話題比較無法融入。而且因太忙了，無暇看棒球、電動、電腦等，因此與同儕話題有限。」

由上述結果可知，伴隨跳級制度而來，在學習及生活方面環境的轉變，影響跳級生的生活適應；而適應情形的良窳，隨個體適應能力的個別差異而異。如果，在平日能做好跳級生「環境適應能力」、「自我定位調整能力」及正確「壓力調適能力」的培養；在跳級前、後，能加強這些方面的輔導，將有助於增進跳級生良好的生活適應。

肆、爲什麼跳級生對於人際適應的程度感受不同？

影響跳級生人際適應的因素有：「自身的人格特質」、「同儕對待的態度」、「班級中有類似處境的同儕」、「入學的時期」、「跳級生的標籤作用」、「缺乏接觸的機會」、「缺乏共同的話題」、「青春期交友的困擾」，以下分別說明之。

一、「自身的人格特質」

在自身的人格特質方面，認爲自己與同學關係良好的跳級生表示：自己的個性開朗、活潑，容易和人打成一片；表現較爲成熟，與同儕之間心理上的差距縮短，更能與同儕相處融洽。另外，其所結交的同儕也多爲年紀比其大者。正如師大附中張同學及中興高中吳同學所提到的：

「我和班上同學相處的很好。因為只差一歲並沒有差很多，加上我表現的也比較成熟，並不會讓人覺得我比他們小……。其實我一直喜歡和年紀比較大的人在一起，所以我從不擔心跳級後，和同學的相處會有問題，」（師大附中張

同學）

「老師常常說，我的個性比其他同學還成熟、像大姊姊，所以也不會因為年紀小而有不同。在班上同學之間相處都還蠻不錯的，課餘會打打電話、」（中興高中吳同學）

由於個性開朗、活潑，再加上能力也不錯，所以跳級生往往成爲校園中活躍的人物，有的擔任班級幹部或學校活動的負責人，有的還代表班級或學校參加比賽。如嘉義女中許同學、柳同學及臺北醫學院戴同學所說的：

「和同學間相處融洽，由於本身是幹部，也是學校班聯會主席，所以算是核心人物。同學認為自己還蠻可愛的，像小孩子，但很愛捉弄人」（嘉義女中許同學）

「很奇怪的，同學有什麼事或活動，就會想到我，推薦我去做；可能是因為我比較活潑、特別皮的關係吧！」（嘉義女中柳同學）

「在學校中，個案蠻活躍於社團當中，也當上了社長；高二的時候還代表班上參加學校英文演講比賽。」（臺北醫學院戴同學）

而認爲自己人際關係「未盡理想」的跳級生，其人格特質大致有下列三種類型：

㈠「個性內向」型

有的同學認爲自己個性內向，間接影響人際關係。如臺大物理系徐同學提到的：「在人際關係上，由於個性的關係，所以朋友並不多，但仍有幾位好朋友。在同班同學中，通常與幾個比較熟的同學在一起，多是班上住在宿舍的同學，大概有5人。……雖有時會請教班上其他同學物理方面的問題，或一起出去玩，但頻率不高。和班上較活躍的同學也不熟，故仍侷限於幾個好朋友，與其他同學的互動並不多。」

㈡「好強高傲」型

這類同學的個性好強、高傲，好追求真理，由於社交技巧不佳，遂遭受班上同學排擠；但如能調整自己待人處事的方式，最終仍能與同儕維持良好的關係。如北安國中許同學所述：

「在與同學相處方面，剛開始大家知道我是跳級生都很驚訝，還成為班上炫耀的事情。國一時，由於大家還不太了解我很奇怪的個性，所以相處還平平淡淡。到了國二，我天生好強、愛與人爭的個性就流露出來，有些在功課贏不過我的同學會認為我比他們小，卻又老是贏過他們，心中不服氣，因此拿我跳級的事排擠我，讓我很不高興。加上我本身又是孤僻的性格，常常說些別人聽不懂的話，大家排斥我的情況就越來越嚴重——結果，雖然我成績很好，但是班上選幹部或優秀學生，我永遠選不上，讓我感到非常不解，因為我的成績如此優秀。後來才漸漸發現人緣好的重要，迫使我開始去改變我做人處事的態度，讓自己做一個容易相處的人，到了三年級，和大家相處的情況就改善多了。在班上我還有一些可以相互討論功課，切磋和競爭的對象，他們也是促使我更用功的動力。」

㈢「自我中心」型

這類同學的價值觀仍停留於「自我中心」的時期，對於同儕之間的交往，常因忽略「同理心」而使人際關係不佳。如埔墘國小楊同學的訪談記錄中所述：

「平時與同學相處，男同學多半能接受我；但女同學則很奇怪，常只是輕輕碰一下就要報告老師。有一次體育課就是因為這樣被老師罰站，不過仍有一些女生是可以交朋友的。」

二、「同儕對待的態度」

有些跳級生提及，「同儕對待的態度」影響其人際適應的良窳。由訪談報告中，可發現：由於跳級生的年齡較同班同學為輕，如果同儕視之為小弟弟或是小妹妹，以「關懷」、「照顧」的態度來對待他們，則有助於增進其人際適應。如同臺大化工系黃同學所說的：

「因為我是考聯考上去的，能力和大家都差不多……只是年紀比較小。大家都知道我是跳級生，大家反而會多照顧我。……同學對我就像是照顧小妹妹，所以我的人際關係也不錯。」

如果同儕因其年紀小而主觀地認定其為「幼稚」、「少不經事」，則跳級生對這種對待方式，多半有「受輕視」的感覺，間接影響人際適應。如同建國中學蔡同學、清大生命科學系陳同學及成大醫學系楊同學所提到的：

「說到與同學的相處……大家會拿這件事來當話柄，例如：有什要大家發表意見的事，同學會對我說:「小孩子懂什麼！」不讓我說話。平常也會認為我比他們小，而有些事情不找我一起做，因為他們覺得我沒有能力。當時我都會很不服氣的跟他們吵架：我只不過比大家小一歲，又沒有小多少。我覺得我與女生相處比較容易，也有可能是女生比較聽老師話的關係，加上我很喜歡接近老師，因為從他們身上可以學到許多知識，但是大家就因此覺得我很狗腿而排斥我，也因此或多或少與大家相處的不是很愉快！」（建國中學蔡同學）

「班上多數的同學知道他是跳級生，有的人會以大哥哥對小弟弟的方式對待他，會說他不懂事，這時候他會覺得有種被侮蔑、被輕視的感覺。」（清大生命科學系陳同學）

「跳級後，與班上同學間的關係問題就比較多。因為年紀比班上同學小，所以有些同學會拿此事來「做文章」。如：同學會認為我年紀小不懂事，所以有些事情他們會有點排斥的心理，認為我不會懂、會說：「小孩子不要插嘴……」等。而如果我做了一些異於平常的事，他們也會認為是年紀的關係，而不認為是個性的關係。這些都令我心裏很不舒服，我覺得自己跟別的同學沒什麼兩樣，同學不應該拿年紀小這件事來做文章。」（成大醫學系楊同學）

甚至，有同學表示：因其年紀較班上同學小，常遭同學的惡意作弄，嚴重影響其人際適應的情形；也有同學表示，因爲自己的學業成績優異，而遭受同儕惡意排擠，正所謂「英才招嫉」。正如埔墘國小李同學及中山女高溫同學所述：

「跟目前班上同學情況不盡理想，可能是年紀小的緣故，班上常有特定五、六位同學愛捉弄人，例如：將我的東西丟來丟去、身體上的碰觸……等等，令我很不舒服，處理的方式是去跟這些人說明我不想玩，或者跑到老師附近，有時父親會來學校處理，也會讓同學在欺負我時，挑釁我說：叫你爸爸來。」（埔墘國小李同學）

「因為四年級時成績不錯，又小周遭同學一歲多，常被排擠，當時認為只剩下一年到五年級就分班，所以忍忍就過去了。…升上了國三分班之後，由於新的班級之前已經相處了兩年，而我進入該班後，因為功課太好，造成有一位同學刻意言語中傷我，導致其他同學很排擠我，我甚至想過要自殺，但因為思及父母只有自己一個孩子，這麼做他們一定會很傷心，才放棄。不過，後來其他同學發現其實我並不像那位同學所言的種種不好，才慢慢接近我。」（中山女高溫同學）

三、「班級中有類似處境的同儕」

另外，在班級中如果也有類似處境的同學，也能增進跳級生的人際適應，如蘭雅國中王同學及建國中學蔡同學所述：

「現在班上沒有其他跳級生，但是有早讀的同學，年紀跟我也差不多，所以大家不會覺得我特別小。」

「一方面因為班上還有兩位早讀的同學跟我同年，我並不是班上年紀最小的；加上我的表現並不優秀，並不會引起其他同學的眼紅；後來我自己也發現，當你越不在意時，別人也就越不會去注意，因此漸漸學著不把它當作一回事。」（建國中學蔡同學）

四、「入學的時期」

有同學提到，「入學的時期」也會影響跳級生的人際適應：如果跳級後進入既定的班級，成爲所謂的「空降部隊」；或是留在原學校中，昔日的同學變成今日的學弟妹，較易影響人際適應的情況。如居仁國中莊同學及臺大電機系林同學所提到的：

「與班上同學關係方面，跟男同學還不錯，在班上也有幾個好朋友；由於年紀差不多，所以在同儕互動上沒有什麼問題。此外，因從國一就跟班上同學同時入學，非所謂的「空降部隊」，因此整體而言與班上同學關係還不錯。」（居仁國中莊同學）

「跳級之後，自己在學習方面沒有什麼問題，倒是在人際關係上，遇到較多的問題。國一那年剛跳級時，自己剛開始有些適應不良，因還在同一間學校裡，一時之間，以前的同學變成自己的學弟妹，覺得很奇怪，不過後來就習慣了。」（臺大電機系林同學）

五、「跳級生的標籤作用」

也有同學擔心「跳級生」的「標籤」，間接影響其人際適應。如埔墘國小吳同學及佳里國小王同學所提到的：

「和同學之間也都相處的不錯，不會因為年齡較小或成績的緣故就處不來。現在的班級也都很好，同學都知道自己跳過一年沒有念，但並不會因此有差別。雖然如此，仍對讓其他同學知道這件事有點戒心，擔心別人會覺得有一個不同年齡的人出現而感到奇怪，或者要求他什麼事情都要做好，所以不太想讓人知道，除了很要好的同學。」（埔墘國小吳同學）

「在跳級後，覺得自己跟班上同學間的關係不錯，只是偶爾同學會因為我是跳級生，而叫我「跳級生」或「資優生」。這對我而言，是一種困擾，也在無形中形成一股來自同儕的壓力。不過我都盡量不去理會這類事，把自己調適的很好。」（佳里國小王同學）

六、「缺乏接觸的機會」

有一位同學表示因爲要準備跳級考試，與同學之間的接觸機會減少，遂造成與一般同學的人際疏離；不過卻與一起準備跳級的同學，感情甚佳。高雄女中張同學提到：

「在準備跳級時，由於有條件限制，需要在全校排名前 2% ，所以我們班只有 11 個人有資格參加跳級考試。在考試前的一段日子，由於我們需要全心全意的準備考試，所以就被隔離出來，學校撥出另外一間教室，使我們能有更多的時間可以念書，只有在中午吃便當的時間才回原班級去，以致於我們與班上的其他同學便越來越疏離了。另外，也可能因為有些同學參加跳級考試，有些同學參加保送甄試，再加上我們老師的話鋒會傷人，使得留下來的同學在無形中便造成一種心理傷害，在他們的心裡會產生自己不如人的自卑感。而且考上高中之後，我們讀高中，他們讀國三，關係便更加疏遠了——對於班上這樣感情的分化，心中覺得有點難過；不過，與其他 10 個戰友，因為是曾經一起並肩作戰，同甘共苦走過來，卻形成了非常濃厚的感情，一直到現在我們仍然時常有連絡，而且不分男女，大家感情都非常好。」

七、「缺乏共同的話題」

有兩位同學認爲：自己與同學之間，因爲年齡差距之故，缺乏共同的話題，而轉向埋首於課業的學習之中；逐漸地與同學的互動越來越少，也間接影響人際關係。正如臺大物理系徐同學及臺中的葉同學所述：

「我覺得可能是談論話題的關係，我比較喜歡談論物理、科學方面，對於文學、藝術、音樂，因為我並不擅長，所以並不喜歡與人討論這些東西，認為因話題的狹隘影響自己交友的範圍。另外，我也覺得自己無法與一個人相處很久，友誼到了一個階段就會淡了。」（臺大物理系徐同學）

「與同學的關係方面，因前述同學覺得我年紀小話題不能相投，因此，下課時間，我多半獨自研讀功課，少做跟同學聊天打屁之類的事。假日、課後忙著補習，也無暇找同學玩什

麼的，因此與班上同學關係談不上好壞，只是跟他們互動時間太少，無所謂好壞區隔。所以，在班上像個獨行俠。」（臺中葉同學）

不過，上述情況往往能隨著發展而逐漸獲得改善。交通大學資科系陳同學說：

「在生活上的適應，國中剛開始很後悔自己跳級，除了在學業方面適應不佳，在生活方面，因年齡（早讀+跳級）的關係，都不知道要與同學說什麼話，現在回想可能是當時還在發育階段，差一年在各方面和同學的發展就相差很多。高中時比國中時好很多，但仍覺得和同學間有些隔閡，直到來臺北參加集訓，接觸各方來的高手，使自己交友圈又擴大了許多，讓我了解人際關係的重要，在這段期間我也慢慢摸索或是學習別人待人處事的方式。我覺得這段期間對自己來說很重要，對我的人際關係幫助很大。進大學後，與同學之間已無什麼隔閡存在，我多半與社團的人在一起，因電機系的人很多，許多同學一學期難得見到一次面，所以好朋友大多是社團中的人。這學期被推選為社團的負責人，可以接觸到更多的人，對自己來說是個更大的挑戰，但至目前為止尚未遇到很大的困難。」（交通大學資科系陳同學）

八、「青春期交友的困擾」

也有同學提到：在青春期，有時異性同學對跳級生的照顧會引起其他同性同學的眼紅，也間接造成人際交往不必要的困擾。如員林高中黃同學所述：

「班上男生很多、女生較少，他們都不把我當女生看，都很疼我，大家相處的很融洽，只是有個女生心態比較早熟，若她喜歡的男生疼我，她會不高興。我會主動告訴她，我們只是像兄妹一樣，但她有時候還是沒辦法調適她自己的心態，我也沒辦法，也不會去介意，她的態度也不會造成我的困擾。」（員林高中黃同學）

另外，由於年齡的差距，致使跳級生在結交異性朋友方面也有一些小小的困擾。如建國中學蔡同學及臺大物理系王同學所提到的：

「……但有時候還是會覺得很奇怪，同學似乎就是會不知不覺把這件事當作區別我的標記，例如，大家常常相約下課到北一女去看女生，當他們想到我時，就會說：他是跳級生比較小不要找他。但是卻會找另外兩位與我同年的早讀生！讓我無法理解。」（建國中學蔡同學）

「比較困難的是交女朋友，這是我目前的難題，因同學的年紀都比自己大，比較難交到女朋友。」（臺大物理系王同學）

伍、為什麼跳級生對於壓力的感受程度不同？

由受訪者在本題的回答中可發現，父母或師長「對孩子的期望」、「教養的態度」、「教養的方式」及「重視的層面」不同，間接影響孩子對來自父母師長方面壓力的認知。以下分別自：認爲「來自父母或師長方面的壓力大」及「來自父母或師長方面的壓力小」兩方面的論述加以分析。

一、認爲「來自父母或師長方面的壓力大」

在「對孩子的期望」方面，認爲父母或師長給予很大壓力的跳級生表示：在跳級前，由於父母對子女的期望很高，所以要其參加跳級；而在跳級之後，也不會因爲其年紀較小而降低標準。如同長庚醫學系蔡同學所提到的：

「至於說老師和父母親方面，態度當然是有很大的不同。老師們不知道我是個跳級生，而且也不會對我有什麼過多的、不一樣的期望，……。至於父母親，他們對我的期望原來就很高，所以才會叫我去跳級，而且事後也不會因為我跳級的緣故就降低了標準。因為以往我在高中時，就是班上的前三名。」

而在「教養的態度及方式」上，認爲父母或師長給予很大壓力的跳級生表示：父母或採「盯孩子寫作業」、積極「爲之復習功課」的方式來輔助孩子學習；甚至也有以「冷戰」的方式，直接要求子女在課業方面的表現不能落後，這些都令孩子感受到來自家長方面的莫大壓力。如師大附中盧同學、清大生命科學系陳同學及高雄醫學系蘇同學所提到的：

「媽媽教育我們的態度較嚴格，尤其在國小的時候，因為班上同學都很優秀，競爭蠻激烈的，因此媽媽一定會陪我們做完功課、替我們檢查功課、連寫參考書也要給她檢查，有錯誤或不會的也一題題教我，那時候壓力真的蠻大的。但是上國中以後，媽媽認為我應該可以自動學習，所以花比較多心思在妹妹身上，也比較沒有管的那麼多，所以現在壓力就小多了。爸爸在這方面則一直不管我們，他認為成績的事不必如此在意，但是有功課的困難通常會請教他，因為爸爸理科比較好。學校老師對我的期望也滿高的，希望我每一科都要考 90 分以上，有些科目甚至要考 95 分以上——這對我而言，是給我一個可以遵循的目標，是可以接受的，而通常我也都可以達成，因此並不會造成壓力。」（師大附中盧同學）

「我覺得有時父母或師長給予很大的壓力。在跳級前，他們會認為既然要跳級就要好好用功唸書，至少不要考得太差。……在跳級後，父母會覺得能夠跳上的話，應該還算聰明，成績不要太難看，要保持一定的水準。平常的時候，我覺得自己只是一個平凡的大學生，但在特殊的情況下，如：父母問起成績如何，或是遇見以前的師長問起跳級的事情時，就會感覺到有壓力。當然這種壓力也並不全然是負面的壓力。些許的壓力是有幫助的。在當初選擇科系時，父母希望我能上醫學系；當沒考上醫學系時，他們就認為如果繼續念高三的話，說不定就能考上醫學系，這時我明顯地感覺到壓力。有時我也會想：如果當初順從父母的建議，去念醫學系的話，父母就不會要求那麼多了。」（清大生命科學系陳同學）

「身為資優生，來自於父母與老師的壓力當然是會有。在家裡，爸爸的要求比較高，所以當我成績不好，比較愛玩的時候，爸爸就會不高興，甚至是跟我冷戰，我比較怕爸爸跟我冷戰，媽媽就還好，頂多就是唸一唸，嘮叨一會兒就過了。

但是這都比不上學校老師給的壓力大，老師會逼我們很嚴！」（高雄醫學系蘇同學）

二、「認爲來自父母或師長的壓力小」

在接受訪談的跳級生中，「不覺得父母師長所給予的壓力過大」者所佔的比例最多；自其回答的內容分析，約有下列幾種類型。

1.「學業成就佳，因應裕如」：這類型的同學多表示，雖然父母及師長對其在課業成就方面，仍有極高的期望，但因自身的表現不差，所以感受到的壓力不大。如敦化國中王同學及嘉義女中柳同學表示的：

「不可避免地，父母與師長對我有極高的期許。因為我自小在學業上的表現一直保持領先的程度，是父母、師長肯定的好孩子；但自己倒是沒有特別感受到來自父母及師長的壓力。也許是由於表現令人沒得挑剔，而且相當有主見並知道自己的實力，所以即使在國一下曾因愛玩致使成績退步，讓父母師長虛驚一場，不停地關心我，我也沒給自己很大的壓力，因為我知道能力不只有如此，是可以表現得更傑出的。」（敦化國中王同學）

「父母常說，如果我能夠再用功一點，成績就會很好了。父母對於跳級並沒有很鼓勵，只是說我跳級上了就去讀。...老師也不會給我很大的壓力，只要我們的成績不要太離譜，他是不會很在意的。」（嘉義女中柳同學）

2.「自我期許的壓力高過父母師長的壓力」：由於自我期許的壓力高過父母師長的壓力，所以不覺得父母師長所給予的壓力過大。如嘉義女中李同學所說的：

「師長和父母並不會給自己太大的壓力，只是覺得盡力就好了；但如果自己的功課表現不好時，父母還是會唸唸的。最大的壓力乃來自於自己，希望自己能表現好一點。自己對自己的要求高，給自己的壓力很大，希望自己是全方位的發展——也就是，在各方面的表現都能夠很出色。」

3.「化壓力爲助力」型：這類的同學多認爲父母師長的要求合理，視來自父母師長的壓力爲促使自己進步的助力。如同臺大化工系黃同學所提到的：

「我覺得老師不會給我壓力。在學校關心我的老師就是導師和理化老師，我在班上擔任幹部，老師知道我是跳級生，他們會覺得我處理事情的方法可能不周全，後來發覺我做得不錯，可能比同學還要好，就會特別來鼓勵我，問我適應的情況。老師並不會特別給壓力，反而還會鼓勵我，所以我跟老師的關係很好。剛上高中，父母還不會給壓力，但發現我表現不錯後，就會開始給一點壓力。父母的壓力並不會給我帶來困擾，反而是一種動力。唸書是為了達成自己的目標，達成後會想告訴爸媽，讓他們分享這喜悅。」

4.「充分支持」型：父母師長尊重子女的決定，順其自然發展，並於環境及心理上給予充分的支持，所以不覺得有來自父母師長方面的壓力。如中山女高溫同學、員林高中黃同學及臺大電機系林同學所提到的：

「而跳級這件事，家長的態度是：給予完全的決定權，也不會因為這件事而給任何壓力，反而告訴我可以重考一年。」（中山女高溫同學）

「我的父母並不是不重視學業，只是不像其他父母一樣很要求小孩。媽媽希望我能均衡發展，各方面都要接觸，所以從小就鼓勵我學其他才藝，例如：鋼琴、書法、繪畫。當我成績不好時，父母會告訴我：「下次補回來就好。成績已經出來，不會因為我們罵一罵，成績就會多幾分。」因為我會自己定目標，所以爸媽不會要求我，不會給我任何壓力。上高三後要準備推薦甄試，爸媽會告訴我哪些學校有什麼科系是做什麼的，像高一要選組的時候，爸媽會跟我分析讀第二類組及第三類組的差別，雖然學校老師都想說服我讀第三類組，但爸媽要我自己做決定，最後我決定試試看讀第三類組，若不行一學期後轉回來。結果一上生物課，就玩出興趣來了。在學校老師對我的成績要求，與一般同學比較，會高出許多。只要一掉下來，老師就找我談話，但還好，成績大部份都表現不錯，老師的要求也不會造成我的壓力。」（員林高中黃同學）

「由於父親是清華大學核工系的教授，從小就提供給我很多資訊。我在功課方面，從小的表現就還不錯，父母也都尊重我自己的意見，像國二時我選擇不唸資優班，父母也都很尊重我的決定。只是從小父母都希望將來我能出國唸書，到國外看看，現在父親常提供我一些關於國外一些學校的資訊,我也想在大學畢業後，到國外去深造，因此也不覺得是父母給的壓力。對於跳級，父母完全是順其自然，並不會給我壓力，讓我覺得有沒有跳級都沒關係。只是當時班上有五個同學一起參加跳級，老師就幫他們上六年級的課程，我覺得大家一起作伴很好，老師也沒有給我什麼特別的壓力。上國中後，老師對同學也都一視同仁，不會因為我跳過級，而對我有不同的要求或是給我更多的壓力。」（臺大電機系林同學）

5.「只重視結果，而不重視過程」型：這類型學生的父母僅重視考試的成績，不過問努力的過程；通常只在成績退步時，略加要求；而跳級生的課業成績通常不會太差，自然父母不會施以壓力，也無從感受來自父母師長的壓力了。如蘭雅國中王同學及清大物理系莊同學說到的：

「父母對我的態度和對平常人差不多，並不會造成特別的壓力，他們對我功課的要求也不會很高，只有在我自己沒有自我要求，有點散漫的時候，才會要求我的功課。老師通常不要求我的成績，但是會幫我定目標，例如他希望我段考成績能在 695 分以上，因為他認為我有實力；但是並不強求一定要達到，因為目標只是一個讓自己努力的方向而已，除非我考出一些奇怪的分數如：60、70 分時，老師才偶爾會罵一罵或處罰我。有時候同學發現我考不好，也會向老師起鬨說要特別處罰我，因為我是跳級生都考不好。但這些都在我可以接受的範圍，所以並不會造成我的壓力。」（蘭雅國中王同學）

「父母親只關心兒子的學習結果，也就是他們注重的是成績的好壞而不是學習過程的努力與否。所以只要讓他們看到成績單上的分數不要太差，他們也不會追究整學期上幾天的課。因此從父母那邊來的壓力應該是沒有；老師所給的壓力也還好，我對師長的壓力並沒有特別的感覺。」（清大物理系莊同學）

6.「置之不理」型：這類型學生的師長或父母雖給予子女某種程度的壓力，但由於子女置之不理，直接影響其對壓力的感受，覺得來自父母或師長的壓力不大。如高雄醫學系蘇同學所述：

「身為資優生，來自於父母與老師的壓力當然是會有。在家裡，爸爸的要求比較高，所以當我成績不好，比較愛玩的時候，爸爸就會不高興，甚至是跟我冷戰，我比較怕爸爸跟我冷戰，媽媽就還好，頂多就是唸一唸，嘮叨一會兒就過了。但是這都比不上學校老師給的壓力大，老師會比較逼我們，但說實在的，我是不太管他們，他們唸他們的，我照樣玩我的，所以我自己並不會覺得有多大的壓力。」（高雄醫學系蘇同學）

綜上所述，父母與師長對孩子的期望、教養態度、教養方式、重視的層面不同，固然造成不同的壓力來源；但因個體生活經驗的不同、因應的方式各異，間接影響其對壓力的認知，而有不同的壓力感受。未來，如何加強跳級生的親職教育，增進家長對子女生涯規劃的輔導，培養跳級生壓力調適的能力，發展適當的壓力調適管道，更爲當務之急。

陸、爲什麼跳級生對於自我的期許程度不同？

從本題的回答中可發現，跳級生普遍都有對自己具高度期許的特質。然而在現實環境中，「自我期許」與「自我實現（理想實踐）」之間往往未能盡如人意，他們便漸漸摸索而發展出一套自我調適之道。以下爲介紹跳級生對自我期許的幾種類型。

一、「完美主義」型

這類的同學多具有「完美主義」的傾向，對自己有極高的期許，期望自己能事事做到最好，凡事「盡善盡美」，並且要求自己達到全方位的發展。如同北安國中許同學、敦化國中王同學、臺大工管系鄭同學所提到的：

「由於天生好強，我在做任何事都會給自己訂下高標準，希望任何事都儘量做到完美；若不可能，也至少也比別人好，在功課上如此，在藝能科方面也會這樣要求自己。例如：畫圖要畫得很漂亮，就連最差的體育也求要盡自己的全力去表現。我在功課上給自己定的標準是，各科在 90 分以上英文在，95 分以上通常在有準備的情況下，都可以達到自己的標準。」（北安國中許同學）

「身為跳級生，對自己的表現常有著極高的期許。不只是學科方面，包括音樂、美術、工藝、棒球、籃球…等等，都要求自己能做得更好，絕不能只是半調子。我對自己在數理資源班中的表現滿意度只有百分之六十，還要再多努力才行。自己的成就動力主要來自同伴間的競爭壓力，我認為「別人能，我一定也可以」，我不讓別人專美於前，所以目前全校成績排名不令自己滿意，還要繼續往前進。」（敦化國中王同學）

「成績好的人，一向都會對自己有很高的期許，我也不例外。一個人從小到大表現都非常傑出，久而久之也會要求自己；就算不一定要做得更好，至少也要保持一定的水準。而且一直有良好的表現，自信心也會越來越高，對自己的要求也會相對提高。對自己有很高的期許已是一種習慣，對自己想做的事能做到 100 分，就絕對不會只做到 90 分，除非有所取捨，大部份的情況是能做多好就做多好。大致來說，我她對自己的期許很高，也認為有這樣的要求才會讓自己成功。」（臺大工管系鄭同學）

二、「全力以赴」型

有同學在現實環境中發現，事事要求完美的境界，並不容易達成，反而造成自己過多的壓力，徒增困擾；所以多會調整心態，轉爲要求自己凡事「全力以赴」即可。正如高雄女中張同學所說的：

「老實說，在高中以前，我是一個完美主義者，在做任何事情之前我都會給自己一個極高的標準，督促著自己去完成；上了高中之後才發現，其實並沒有完美的事情，凡事只要盡自己的能力，並全力去做就好了。」

三、「課業爲重」型

有部分同學對於課業學習方面的自我要求高，但在其他方面便要求普通即可。如清大工業工程學系博士班侯同學所提及的：

「我對自己有很高的期許。會要求自己花多一點時間在課業上。對自己的課業要求非常高，但在其他方面就馬馬虎虎，如：在人際或音樂上，就不怎麼要求自己。別人給的壓力是在課業上，自己也有一個想法就是不要讓別人失望。……若是成績沒有達到自己的標準，就會覺得很丟臉。」

四、「全人發展」型

但也有部分同學覺得自己在課業學習方面的表現不錯，便轉而要求自己在其他方面的表現。如嘉義女中許同學表示：

「對於課業的表現，只要普通就好。但相當注重其他方面的能力，像：人際、外交、應變力、辦事能力要好，因為對這些方面有興趣，且對將來幫助較大。目前只要有比賽就參加，還希望自己能得獎。希望自己是全方位的發展。有相當的事業心，希望事情儘量是完美完成。」（嘉義女中許同學）

五、「隨時調整」型

有些同學對於自己的表現也有極高的期許，但多半會視情況而調整對自己的要求。正如師大附中盧同學、員林高中黃同學及臺大醫學系黃同學所提到的：

「而我對自己的要求就還好。對於我可以掌握的科目，我會為自己訂下目標去達成，但是都只希望保持現狀，不要退步就好；在藝能科及其他才藝方面，多少也要顧及，但就不必強求自己一定要樣樣比別人強。」（師大附中盧同學）

「我不會有很高的期許，在心理有時候會定一個目標。看事情輕重，若覺得蠻有挑戰性的就會定高一點的目標，我訂的目標幾乎都能達到，因為這樣才不會太失望。」（員林高中黃同學）

「身為跳級生，往往要求自己做什麼像什麼，盡心盡力為要，對自己到目前的表現相當有信心。不過在完成一件事情之前，不會先預設很高遠的目標，強迫自己非得多完美不可，但求在能力所及的範圍內，可以做得令自己滿意。自己的個性相當看得開，所以即使事情因不能掌握的外在因素而失敗，也並不會為此苛責自己或沉溺於懊悔中。」（臺大醫學系黃同學）

六、「目標取向」型

另外，有些同學仍然會自我期許、自我要求，但是標準並不過高，並且只期望自己朝標準邁進。如同蘭雅國中王同學及曉明女中趙同學所述：

「基本上我算是還會自我要求，但是標準並不高的人，就希望保持現狀而已。但有時候會比較散漫，自己沒有複習或作答時不小心，小考也會考差，但是大考都不會。我在功課上會為自己訂下目標，如：希望自己段考在 680 分以上，因為並不會太高，比較有希望達成，但是對於真正是否達成也不是那麼介意。」（蘭雅國中王同學）

「我會給自己定目標，但不會很高，因為我覺得目標訂得太高有點不切實際，我都是訂一些可以在近期完成的目標。當然，比較遠程的目標還是會有一個，但不會很嚴苛的要求自己一定要達到，就只是朝那個目標去努力而已。」（曉明女中趙同學）

七、「依賴」型

也有同學表示自己受惰性的影響頗大，所以與父母的期許相較之下反而顯得小，效果反而不顯著。如建國中學蘇同學提到的：

「自己覺得對自己的期許很高，可是偶爾會懶惰，但比起父母的期許，對自己的期許反而顯得很小。用自己的期許去督促自己會受到惰性的影響，其成果遠不如父母的期許（要求）。」

八、「只求平安過關」型

這類同學多半對自己沒有很高的期許，只希望能保持中上的程度、順順利利的升學即可。如港明中學蔡同學及新營高中陳同學所表示的：

「對自己的表現不會有很高的期許，只希望自己的成績能在全校中上的程度即可。」（港明中學蔡同學）

「對自己的表現不會有很高的期許，只希望自己能順利地考上大學。」（新營高中陳同學）

九、「期望不高」型

也有跳級生因爲跳級後學業成就的表現未盡理想，間接造成自我概念不佳，而影響其自我期許的程度，使得對自我的期許降低。如海洋大學張同學所述：

「對本身的期許方面，並不會因為跳級，而對自己有特別高的期許。原因也可能是從國中唸資優班成績老是倒數幾名，高中成績不突出，以致對自己多少產生了信心的動搖；且唸書習慣是屬於臨時抱佛腳型，如此惡性循環，以致未因為跳級身份而促使自己有較高期許。」

柒、結論

本研究訪談了五十八位臺灣地區77～84學年度跳級的學生，探討在跳級經驗量表及人格測驗中反應出適應程度不同的學生對於學習適應、生活適應、人際適應、壓力感受及自我期許的的感受。整體而言發現影響學生適應感受的原因包括：1.學習適應期的長短，2.能力與成就的表現，3.主動學習的態度，4.課程與教學銜接的狀況，5.適應新環境的能力，6.自我定位與調整的能力，7.壓力調適的方式，8.人格特質的類型，9.同儕對待的態度，10.是否有相似跳級背景的夥伴，11.跳級的時間及型態，12.父母及師長的期望與教養態度，13.自我期許的程度。

因此，比較適合跳級的學生，在學習能力上應是具有高度潛能，應付課業自如的同學；在環境適應能力上，應是自我調適能力優異、能夠快速適應新環境的同學；在壓力調適能力上，應是能夠運用策略克服高壓的同學；在學習動機上，應是具有高度自我期許的同學；在個性上，應是成熟、開放、活潑、自在，能夠主動與人打成一片的同學。當然，父母與師長的期望、教養方式與教學方法也間接影響加速學生之學習與心理適應。

針對上述分析，可知影響跳級生生活適應的因素頗多，學校及教師可由下述方向協助學生有更佳的適應：1.加強對於家長與學生正確觀念的宣導，並提供前人的經驗,以協助學生對於是否跳級正確的選擇，2.在學生跳級前後應依據其能力狀況提供有效且適性化的學習輔導模式，3.教師可配合學生的人格特質提供適切的心理輔導，4.提供跳級生家長親職教育的機會，以協助其對子女建立適當的期望及正確的教養方式。（郭靜姿爲國立臺灣師範大學特殊教育學系教授，蔡尚芳爲臺灣大學物理系教授，王曼娜爲臺北市大橋國小教師）

參考文獻

郭靜姿、蔡尚芳、王曼娜（民 86）：**跳級資優生之追蹤研究－訪談暨輔導紀錄**。國科會八十六年度專題研究計劃報告，NSC86-2511-S-003-042。

環境對科學資優生的影響—我國參與國際理化奧林匹亞競賽學生的追蹤研究*

吳武典

壹、緣起

我國因為文化傳統特質及社會快速變遷的緣故，在最近二十年中，資優教育成為教育領域中一個漸受重視的課題。在眾多的資優教育計畫中，國際數理奧林匹亞競賽是一個發掘數理資優學生的重要方式。

國際數學奧林匹亞（International Mathematics Olympiad; IMO）於 1956 年首度於羅馬尼亞舉辦競賽，與賽者只有來自東

*本論文為國科會補助專題研究報告（計畫編號 NSC86-2511-S-003-043）之節本。協同主持人為陳昭地教授。本研究承吳道愉先生整理資料及統計、簡明建先生整理訪談稿，特此致謝。又承臺灣師大特殊教育學系博士班蔡淑桂與張世慧同學（皆已獲博士學位）及碩士班于曉平、王曼娜、邱金滿、曾瓊霞、陳冠杏、鄭聖敏等同學(皆已獲碩士學位)參與訪談作業，併此致謝。

歐及蘇聯的六個國家代表。此後，每年舉行，參加者日眾，到了1990年的北京大會，共有50個國家參與（陳俊生，民82）。1993年在土耳其伊斯坦堡舉行的第34屆大會，則有73個國家，412位選手參賽。至於亞太地區數學奧林匹亞競試（AMPO）則始於1989年，最初只有澳洲、加拿大、香港及新加坡代表參加，到1991年第三屆大會已有12國參加（陳昭地，民82）。至於我國則遲至1991年始代表參加AMPO，作爲暖身活動；於1992年參加IMO。從此，每年選派十名優秀高中生參加AMPO，六名參加IMO。參與IMO的成績相當不錯，1993年大賽，曾獲得團體第五名，爲成績最好的一次（個人方面，獲得一金、四銀、一銅）。1998年我國並首度舉辦此項大賽。我國歷年來參加IMO成績如下（表一）：

表一　我國學生歷年參加「國際數學奧林匹亞競賽」成績一覽表

時間	屆次	地　　點	我國成績
1992	33	俄羅斯莫斯科大學	共獲三銀、二銅，在與賽68國中名列團體第17名。
1993	34	土耳其伊斯坦堡	共獲一金（吳宏五）、四銀、一銅，在與賽73國中名列團體第5名。
1994	35	香港	共獲四銀、一銅和一面榮譽獎，在與賽69國中名列團體第13名。
1995	36	加拿大多倫多	共獲四銀、一銅和一面榮譽獎，在與賽73國中名列團體第12名
1996	37	印度	共獲二銀、三銅和一面榮譽獎，團體排名第20。
1997	38	阿根廷瑪普拉塔	共獲四銀、二銅，團體排名第14。

國際化學奧林匹亞（International Chemistry Olympiad; ICO）則已舉辦了 26 屆，我國於 1992 年開始參加，第二年（1993 年）的大賽，在 43 個國家中，與美國、中國大陸並列團體第一名，令各國刮目相看（中國時報，民 83.7.25），1994 至 1997 年繼續參與競賽，也迭有佳績。物理方面，1994 年我國首度選派五名代表參加國際物理奧林匹亞（International Physics Olympiad; IPO）競賽，表現並不理想，和大陸及歐美等訓練有素的國家尚有一段差距（中國時報，民 83.7.25）。而在 1995 年的表現，則有相當進步；1996 年更在 55 個參賽國家中，團體成績排名第六。

回顧我國自 1991 年開始選派學生參加亞太地區數學奧林匹亞競賽，1992 年參加國際數學奧林匹亞競賽以來，迄 1995 年共已有 46 人與賽；國際物理與化學競試之參與則爲時較晚，1992 年首度參加國際化學奧林匹亞競賽，1994 年參加國際物理奧林匹亞競賽。雖然參加時間很短，表現尚屬不惡。迄 1995 年本研究著手之時，在數學方面，五度參加亞太競賽（每次 10 名選手），共獲金牌 6 面、銀牌 9 面、銅牌 21 面；四度參加國際競賽（每次 6 名選手），共獲金牌 1 面、銀牌 15 面、銅牌 5 面；在化學方面，四度與賽（每次 4 名選手），共獲 2 金 8 銀 2 銅；在物理方面，1994 年首度與賽（五名選手），則僅獲得 1 面銅牌，2 度（1995 年）與賽，則獲得 1 銀 1 銅。此類國際競賽活動，對於數理資優學生是很好的觀摩機會，也提供極大的挑戰；獲得優勝，更是個人與國家的榮譽。

爲獎勵在國際競賽中優勝的學生，教育部特於八十三年訂頒「高級中學學生參加國際數理奧林匹亞競賽保送升學實施要點」，並曾於民國八十六年修訂，最近再次修訂爲「中等學校學生參加國際數理學科奧林匹亞競賽保送升學實施要點」（教育部，民 88），重點如下：

－獲得國際數學、物理、化學、資訊奧林匹亞競賽金牌獎、銀牌獎者，得依其志願申請保送大學任一學系就讀。

－獲得國際數學、物理、化學、資訊奧林匹亞競賽銅牌、榮譽獎者及亞太奧林匹亞數學競賽 O'Halloran 獎、金牌獎、銀牌獎者，得依其志願申請保送大學數、理、工程各相關學系。

－獲得國際數理學科奧林匹亞選訓決賽代表結訓成績合格者或獲得亞太數學、物理奧林匹亞競賽銅牌獎、榮譽獎者，得申請保送各本科學系。

－國民中學學生獲選我國參加國際數理學科奧林匹亞競賽決賽選訓營結訓成績合格或獲得亞太數學奧林匹亞競賽榮譽獎以上，且其年齡符合入學規定者，得依其志願保送高級中等學校就讀。

獲選參加國際數理競賽之高中學生，均為頂尖之數理資優學生；這些數理資優學生誠然值得珍視與獎勵，但是其現在就學或工作狀況如何？其生涯發展有何特殊之處？其家庭經驗、學校經驗及「奧林匹亞」經驗對其才能發展之影響為何？其對數理之學習態度（包括自信與歸因等）如何？更重要的則是：他們未來的發展如何？這些問題均有賴持續的追蹤及研究。

貳、文獻探討

資優學生的追蹤研究，向來爲我國資優教育研究中最弱的一環。本節將針對「我國數理資優教育的現況」、「影響數理資優生才能發展的因素」及「數理資優學生的追蹤研究」三方面的文獻，做一概括性的介紹。

一、我國數理資優教育的現況

爲加強高中數理資優學生教育，教育部於民國七十一年公佈實施「中學數學及自然學科資優學生輔導升學計畫」，並於民國七十二年指定數所高中設置數學及自然學科資優班（臺灣師大科教中心，民 82）。國科會也於民國七十一年起主動規畫推動「高中數理科學習成就優異學生輔導實施計畫」，藉以發掘和鼓勵科學資優學生進修基礎科學（郭允文、楊芳玲，民79）。迄 1997 年，我國共有 26 所高中設有數理資優班，共有 57 班，學生數 1,971 人（教育部，民 86）。

自八十三學年起，教育部訂頒「高中學生參加數理奧林匹亞競賽保送升學實施要點」（民 86 修訂），對於高中代表我國參加國際數理奧林匹亞競賽者，予以保送大學就讀的優待。可見各界對於高中數理教育的重視。至於我國高中數理教育的成效，研究報告顯示積極的效果，但因升學主義的影響，亦有甚多尚待突破的困難（方泰山，魏明通，民 80；林幸台，張蓓莉，民 83；郭靜姿，民 83；謝建全，民 83）。

二、影響數理資優學生才能發展的因素

㈠學習環境

依 Passow（1992）的看法，教師們的責任在於「創造一個能幫助學生確認自己潛能的學習環境，以促使學生能全心投入此一學習歷程，而在學習過程中自然地發揮其潛能。這樣的學習環境，需要許多不同的教學策略及教學硬體來建構，而且必須兼顧學生的獨立思考及同儕間的關係。」

在 Pressey（1955）的研究報告中可以發現：所有的「天才」（geniuses）幾乎都有如下的特徵：⑴有非常優渥的機會，使這一些「天才」在早期便已顯露其才能，而且受到家人及朋友的鼓勵；⑵這一些「天才」和其能力相當的同儕，形成持續的、良性競爭的關係；⑶源源不絕的成功機會，是促使「天才」們邁向成功的原動力。

Bloom（1985）以 125 名在音樂、藝術、體育、數學、科學等領域有傑出表現的未滿三十五歲青年為對象，進行回溯研究，其研究報告中亦認為：不論個人的能力如何，如果環境無法持續的提供教育、訓練、培育及激勵，個人將無法在特定的領域中完全地發揮其能力。因此，特殊才能的發展，必須依賴在每一個發展階段中，某一特定環境的支援、優秀的教師及適當的激勵，方可達成。

Walberg（1984）根據後設分析（meta-analysis）所提出的學習成就因素生產模式（Productivity Model），已被廣泛用以解釋或預測學生的學習成就。他認為：除了個體的性向（包括能力、發展及動機）及教學（質與量）這二個因素外，尚有四個環境因素

（即家庭、班級、同儕及電視）會直接或間接地影響學習的成果。圖示如下（圖一）：

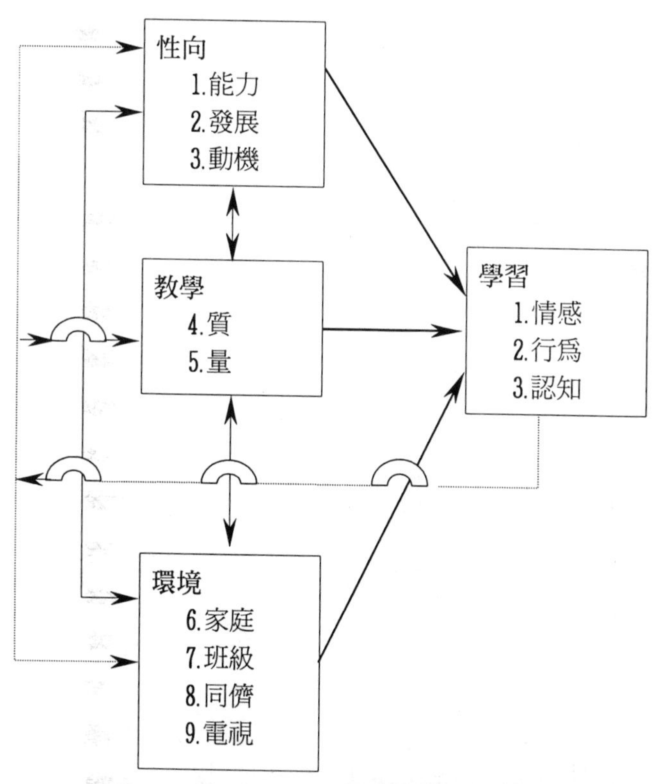

圖一　Walberg（1984）學習成就因素生產模式

上述模式曾由 James R. Campbell（Cambell, 1994a, 1994b；Cambell & Wu, 1996）加以修正。他基於跨文化比較的考量，以 Walberg 的學習成就因素生產模式爲藍本，提出了「區分性社會化模式」(Differential Socialization Model)。他認爲：在家庭環境中，有四項因素（即家庭中的壓力、家庭的支援、家人的協助及家庭的激勵）會影響學習的成就。圖示如下（圖二）：

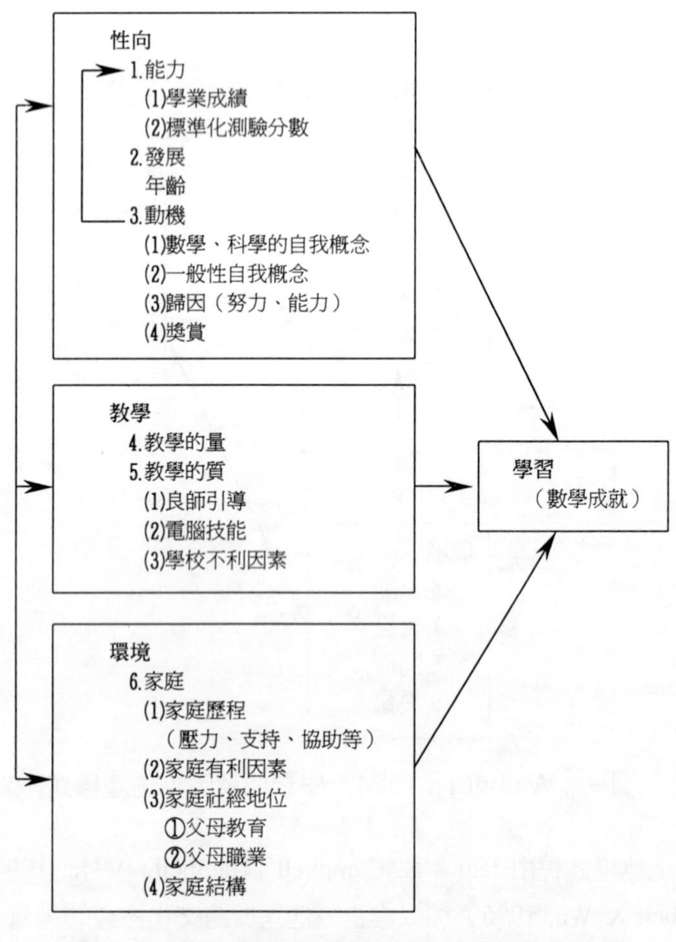

圖二　Campbell（1994a）區分性社會化模式

陳昭地（民 84）的研究報告中也發現：數學競試得獎學生的成功因素有四，而前兩項分別是：⑴民主化的家庭管教方式，家庭生活氣氛和諧；⑵創造良好的數學教學環境，引導個人作獨立研究及正確的數學學習態度及方法。

綜合上述文獻，可以確定：學習環境的優劣，應當是影響數理資優學生在數理成就上的重要因素。

㈡學習態度

態度包括了認知（信念或知識）、情感（情緒、動機）及行爲三個成分。在數學這一個課題上，情感成分意指個體「喜歡」或「不喜歡」這一個學科；認知的成分則是對數理學科的價值（實用性），作出個人性的評價；個體所表現出的行爲（即數理學科成績），則可反映他對數理學科的態度。

在 Aiken（1985）的報告中，可以發現：在數學成就上表現較差的人，對於數學這一學科有較差的觀感；而且此種負向的態度，會妨礙個體嘗試改善其成績。

許多研究指出，教師對數學的熱忱及盡力會使數學變得有趣，有助於學生喜歡數學及認真學習數學（Armstrong, 1980）。Green（1993）研究以招收高中學科優異學生爲主的印州資優學園（State Academies for Academically Gifted High School Students），系統分析影響其成效的因素，也有同樣的發現。

三、數理資優生的追蹤研究

Lewis M. Terman 長期追蹤 1,528 名天才兒童，發現「小時了了，大多亦佳」，其社會適應、情緒穩定及上進心影響其事業成就極大（Terman, 1954；Terman & Oden, 1947; Holahan, 1995）。Bloom（1985）以回溯法調查 125 名在各行各業有傑出成就的青年，發現持久的努力與良好的環境是其成功的主要因素。美國約翰霍布金斯大學 Julian C. Stanley 教授主持的數學早熟青少年培育與追蹤研究（SMPY）計畫，至今已邁入二十個年頭，他的激進加速教育計畫配合夏令營等輔導措施，証明相當有效（楊維哲，民 83；Stanley , 1976；Stanley & Benbow, 1986）。

我國資優教育的追蹤研究一直非常薄弱（吳武典，民 82），即使有之，也都爲期甚短（如方泰山，魏明道，民 80；臺灣師大科教中心，民 82；陳昭地，民 84），或僅採用回溯法（如陳長益，民 82）。長期的追蹤研究，亟待加強，尤其對於特殊優異的學生（如本研究之研究對象）爲然。

吳武典、陳昭地（民 85）以 1991 至 1994 年間參與國際數學奧林匹亞競賽的三十六名學生（男 34，女 2）爲對象，以修改自 James R. Campbell（1994，1996）之泛文化研究問卷及深度訪談探討：參與國際數學奧林匹亞競賽學生的現況如何？那些家庭與學校因素影響受訪學生數學能力的發展？數學奧林匹亞競賽方案對數學資優生有何影響？主要發現如下：⑴所有參賽學生在接受訪問時（迄 1996 年 5 月）均在大學就讀，大多主修數學（20 名，占 55%），次爲醫學（7 名，占 19%）、電機（6 名，占 17%）、物理（2 名，占 6%）與機械（1 名，占 3%）；⑵大部份參賽學生是小家庭中的長子（女），且很早便已顯露其卓越數學能力；學生在班上的成績多半是「名列前茅」；雖然參賽學生的家庭之社經地位（SES）各不相同，但大多數仍屬高社經地位的家庭；參賽學生的家庭支持度高，學習環境良好；一般說來，數學奧林匹亞經驗對參與之學生有良好的影響，特別是在數學及科學的學習態度、自尊、自發性學習及獨立思考上爲然；受訪者進入大學後，幾乎沒有任何針對他們的需要設計的特殊方案；各受訪者對電腦的熟練程度很不相同，這與其個人興趣及接觸電腦的方便程度有關；因爲受訪者都仍是學生的身份，因此除數學外，並未顯現其他方面的特殊成就；受訪的數學資優學生在認知方面顯示較多共同特質（如喜歡做數學、好奇心強、喜歡思考等），在情意和社會方面則有較大個別差異（在表達能力、人際關係、興趣、生涯習慣、運動、儀容等方面）。

在國科會支持下，本研究則以同樣模式對我國參與國際物理及化學奧林匹亞學生進行探討。本研究希望達成的目的如下：

1. 了解我國參加國際物理與化學奧林匹亞競賽學生目前之就學或工作狀況。

2. 探討我國參加國際物理與化學奧林匹亞競賽學生之才能發展受到那些家庭因素與學校因素的影響。

3. 探討「奧林匹亞經驗」對參加國際物理與化學學科競賽學生才能發展的影響。

參、研究方法

本研究兼採問卷調查與深度訪談兩種方法。茲就研究對象、研究工具、研究程序分別說明如下：

一、研究對象

本研究係針對 1992～1996 及 1994～1996 年國際物理與化學奧林匹亞競賽之三十二名學生（物理 14，化學 18；男 29，女 3）及其家長進行調查，其中化奧學生一名因私人原因不願接受調查及訪談，故有效學生問卷及訪談數爲 31（有效回收率 97%）；家長部分除前述一名學生家長不作調查訪談外，有二名未塡回卷，故實際有效回收爲 29(91%)。如表二所示。

表二　本研究對象分配

類別	方法	人數	回數（受訪）率
1.物理／化學「奧林匹亞」選手	問卷	32（回數 31）	97%
	訪談	32（實訪 31）	97%
2.其家長	問卷	32（回收 29；其中父 18，母 11）	91%

全部三十二名資優學生來自 14 所高中，分別是建國高中（13 名）、臺中一中（4 名）、北一女中（2 名）、新竹科學園區高中（2 名）、武陵高中（2 名）、臺南一中、嘉義高中、臺灣師大附中，松山高中、羅東高中、臺中女中、彰化高中、新竹高中、港明高中（以上均各 1 名）。其中絕大部分是教育部輔導有案之高中數理資優教育實驗學校。

三十二名資優學生受訪時的年齡最小者爲 18 歲 1 個月，最大者爲 24 歲整，中數爲 20 歲 11 個月。

二、研究工具

根據美國聖約翰大學（St John's University）James R. Campbell（1996）教授設計之泛文化研究問卷（用以探討不同國家數學奧林匹亞學生之家庭與學校影響）加以修訂，包括下列問卷與量表：

1.「奧林匹亞競賽學生」調查問卷（學生用）－包括(1)基本資料，(2)生涯發展（學習、工作、電腦運用等方面），(3)影響因素（包括有利與不利的學校因素及大學經驗），(4)「奧林匹亞」經驗，(5)社會態度（是否遭受敵意）。

2.「奧林匹亞競賽學生」調查問卷（家長用）－包括(1)基本資料，(2)影響因素（包括有利與不利的家庭因素及大學經驗），(3)「奧林匹亞」經驗。

3.父母影響量表（家長填）－包括五個分量表：壓力（13題）、心理上的支持（13題）、課業上的幫助（10題）、智能發展的啓發（8題）、督導與時間管理（8題）。前兩種屬於家庭歷程（family process），後三者屬於家庭實務（family practice），均採五等量表方式設計。五等分量表之內部一致性分別爲：.76，.71，.85，.83與.76（Campbell, 1996）。

4.自信與歸因態度量表（學生填）－包括兩大類：自我概念（數學自我概念，11題；科學自我概念，11題，及一般自我概念，6題）。成就歸因（歸因努力，12題；歸因能力，6題）。均採五等分量表方式設計。其中歸因量表係依Weiner（1980）歸因理論編製並經因素分析而得（Campbell, 1996）。

此外，研究者另自編深度訪談之半結構問卷－「我與資優教育」（學生用），題目如下：

一、我的家庭

1. 父母親的職業。
2. 兄弟姐妹數，本人排行。
3. 家裡有的特殊設備。（電視、汽車、機車、科學圖書、電腦等）
4. 父母親或親戚是否有某方面的卓越成就？
5. 家裡圖書多不多？主要是那一類？
6. 家庭經濟狀況?
7. 家中還有那些人同住？

二、我的成就

1. 過去在學校中有那些優異表現？（包括得獎、研究報告等。）
2. 你覺得你的創造力如何？
3. 你會使用電腦嗎？那一類型？使用在那一方面？（文書處理、程式語言、排版系統、資料處理、WINDOWS、電腦工具軟體、統計、網路系統、電玩、……）

三、家庭影響／學校影響／同儕影響

1. 家裡那些方面對你的成就（或數理學科）有幫助？那些地方有妨害？（如教育程度、關心程度、家庭氣氛、圖書設備等）
2. 學校裡那些方面對你的成就（或數理學科）有幫助？那些地方有妨害？（如教師素質、鼓勵程度、班級氣氛、

圖書設備等）

3. 你同班同學對你的學習影響如何？其他班的學生對你的學習影響如何？校外的朋友對你的學習影響如何？（如同儕交往方式、同儕態度、同儕文化等）

四、自我了解／生涯目標

1. 你對自己了解多少？（優點、缺點、特點）
2. 你有沒有人生奮鬥的目標？你是怎麼決定的？
3. 你對數理的學習有信心嗎？說說看對數理的感覺？

五、其他

1. 你還有什麼要告訴老師的嗎？
2. 你有什麼問題要問的嗎？
3. 你有什麼建議嗎？（對數理資優教育方面）

我喜歡別人稱我為：＿＿＿＿＿＿＿＿＿＿＿＿

三、研究程序

本研究進行步驟如下：

1. 請教育部中教司提供所有參與物理與化學奧林匹亞競賽學生的名單及就讀學校。

2. 透過各參賽學生原就讀學校，請輔導室或教務處提供詳細住址及電話。

3. 將四式問卷、回郵信封及一份說明函一併寄給各參賽學生或其家長。

4. 絕大部分問卷皆於二週內即寄回，其中兩份轉寄至美國，一個月後回卷，研究者於收到問卷後，寄贈二份小禮物（一份對筆及一本書）給受訪者。

5.問卷回收後，由研究生 10 人（先經過短期的訓練）至各參賽學生家中，進行半結構式深度訪談並記錄過程。最後以每一受訪者彙整一份報告，交研究者整理。

6.問卷資料以次數、百分比與平均數、標準差，並作必要之 t 考驗與卡方考驗。

肆、問卷調查結果與討論

一、目前狀況

迄 1997 年 10 月，所有參與物理與化學奧林匹亞競賽學生均在大學或研究所就讀，且大多透過甄試保送或推薦甄選入學（前者 26 名，後者 2 名，共 28 名，占 88%）。物奧學生大多主修物理（10 名，占 71%），其餘為醫學(1)與電機(3)。化奧學生亦大多主修化學（13 名，占 76%），其餘為原子分子、生化、心理、電機、醫學（均各一名），其中兩名在美國大學（哈佛與加州理工），一主修生化，一主修化學。

二、家庭背景

結果顯示：

1.大多數（77%）的物奧與化奧學生，是小家庭（平均約 2.45 個小孩）中的長子。

2.以父母親的職業地位及教育程度（以父母中較高者為準）

所算出的平均社經地位指數爲 7.03（全距爲 1～10），比一般家庭高。家庭每月平均收入之中數爲六至十萬元，高於臺北市一般家庭的每月平均所得（約五萬多元）。然亦有二人（6%）是來自於低社經地位的家庭（指數在 4 以下）；家庭每月平均收入低於一般家庭者亦有 8 人（25.8%），顯示學生家庭社經地位的變異性甚大。

3. 根據學生的塡答：所有家庭均擁有自己的房子（公寓或獨棟家屋），77%的受訪者有自用轎車；所有的受訪者皆擁有電視、收錄音機及參考書，65%的受訪者家中有百科全書；77%的受訪者擁有個人電腦。而在參賽學生的成長過程中，家中大多有 100～300 本藏書。雖然參賽學生和家長的回答，有少許的出入；但整體來說，在這一些參與「物理/化學奧林匹亞競賽」學生的家庭，很明顯的比一般家庭富裕，且更容易接受到較多的資訊。然而値得注意的是：部份學生的父母親所受到的教育程度並不高，甚至有只完成小學學業者（父 2 人，占 7%；母 3 人，占 10%）；來自低社經地位的二名學生，其成長過程中家中擁有的圖書還不到 10 冊。

由此可知：家庭之社經地位和學生的學業成就之間確有關連。然而，這可能是因爲在高社經地位的家庭中，比較能提供較多的、高水準的資訊所致（Bloom, 1985），而非僅靠「高社經地位」即可達成。在本研究中即可發現：低社經地位的家庭，仍然可培養出參與科學奧林匹亞競賽的學生。

三、學校教育

結果顯示：

1. 有 31% 的家長回答：在學前階段即發現自己的孩子是資優兒童。

2. 幾乎所有的參賽學生皆就讀於公立學校，然而只有 7% 的學生在小學階段曾就讀於資優班。進入資優班就讀的比率隨著學生的成長而增加；在國中階段有 14% 的學生曾就讀資優班，高中階段則增加至 86%。

3. 在 31 名學生中，約有一半比同齡的學生提早一至二年畢業。大部份參賽學生在資優班上的成績優於平均的水準，在普通班則都名列前茅。

由此看來，參賽學生覺得學校中並無特別的「障礙」。在發展自己的才能上，學校經驗似乎是相當正向的經驗，「遇到好老師」是使自己才能獲得發展的最重要因素（父母之看法亦然），同儕的激勵也扮演著重要的角色。

很明顯地，參賽學生的學習經驗和他們的同儕是相當不同的；他們的才能在很小時即已被發掘。然而，在此同時，學校卻沒有為他們提供合適的「特殊教育機會」。大部份的家長認為：學校的責任應在資優學生年紀尚輕時，滿足他們的需求。在高中階段，學生被選拔參與奧林匹亞競賽時，資優學生確實有機會獲得更有結構性的、充實的學習環境，而這樣的學習經驗對他們的才能發展，有很大的助益。

四、家庭歷程

結果顯示：

1.父母對學生科學才能的肯定、良好的家庭氣氛、豐富圖書的提供，皆是對學生科學才能發展的重要且有利因素。

2.父母所填答的心理支援（對孩子的肯定）、家庭氣氛及家庭圖書之重要性皆高於學生所填者；此外，「親人的激勵」與「家人都好學」這兩個因素，學生不認爲重要，父母卻認爲有些重要。由此看來，家長對自己的功勞之評價似高於學生。

顯然，家庭對學生科學才能的發展也有重要影響。家庭提供了高度的心理支援、適度的壓力、智能的激發及其他方面的幫助。凡此種種，結合成爲一個既能激發潛力，又可提供支援的環境，促使學生發展自己的潛能。父母對家庭影響的高度肯定，也間接表示父母對子女教育的盡力與高度期待。

五、「物理／化學奧林匹亞競賽」經驗的影響

結果顯示：

1.有四分之一的學生認爲：如果未參加「物理/化學奧林匹亞競賽」，他們將不會有和現在一樣的成就；所有的學生認爲這對他們是一個良好的教育機會，94%的學生認爲這對科學資優學生是一項激勵性方案。

2.物理／化學奧林匹亞競賽活動對參賽學生的學習態度之影響大多爲正向，尤以對自然科學的學習爲然（87%）。

3. 71%的參賽學生認爲，因爲參與此一競賽，使得其他人對自己的態度有較好的轉變；90%的參賽學生認爲，參賽讓他更能

肯定自己的能力。

4. 有 42% 的參賽者回答曾遭遇過不友善的態度；58% 認為這種競賽活動有負向效果；64% 曾為之感到「精疲力盡」。

5. 學生在參與「奧林匹亞競賽」後的態度變化，主要表現在對科學的態度上，有 92% 的學生有正向的改變；其次為對一般學習及對大學教育的態度，自認有正向改變者分別為 65% 與 61%；對數學的態度之正向改變，亦有 55%。至於負向改變者，則為數極少。家長的看法與學生無顯著差異。

很明顯地，「物理／化學奧林匹亞」經驗對參賽學生是一個特殊的經歷，它對學生自我才能的肯定，科學態度的增進，特別有助益。它不僅僅是一次競賽，也提供了許多挑戰性的學習機會，包括獨立研究、創造性的問題解決、同儕的討論及互相競賽等。這樣的機會幫助參賽學生了解到不同的教育機會、他人對自己觀感的改變以及認清自己的能力等。對少數的參賽學生，它也帶來一些負面的影響。然而，就整體來看，「物理／化學奧林匹亞」經驗對參賽學生仍以正向的效果較多，特別是對自然科學的學習態度及自我肯定為然。

值得注意的是，有過半數的學生認為這種活動也有負向效果。似乎此一活動效應利弊兼具，不少與賽學生有「愛恨交加」的感受。雖然任何競賽活動，不可能完全沒有副作用，如何使副作用減到最低，應是輔導上的重要課題。

六、大學生活

結果顯示：參賽學生在進入一流大學時，並沒有太大困難。事實上，有 88%的參賽學生都是經由教育部所訂頒的「高級中學學生參加國際數理奧林匹亞競賽保送升學實施要點」，而進入各大學就讀。

可惜的是，在回卷中我們發現：很少有大學爲這些學生提供特別的教學課程或機會，也很少提供專人指導。這是非常可惜的事。然而多數的學生亦表示：他們在進入此一環境後，便能很快的找出自己的興趣及研究方向；這都應歸功於過去的「奧林匹亞經驗」,使他們在爲自己的前途定位上能及早進入情況。資料亦顯示，繼續的特殊方案之重要性隨個人之需求而有所不同，約有半數覺得有此需求，半數則否，顯然對此問題的看法，見仁見智。

七、電腦能力

結果顯示：參賽學生的電腦能力，會因個人的興趣及週遭環境的不同，而有相當大的差別。在 29 名使用個人電腦的學生中（有兩名未曾使用電腦），平均每週約花費 11 個小時接觸電腦。在所有使用電腦的學生當中，有 72% 的學生使用 PC/MS 軟體；59% 使用 window 95；有 100% 的學生作文書處理；69% 的學生玩電腦遊戲；66% 的學生上了全球資訊網（WWW)；使用 E-mail 的人數亦達 72%。然而，大多數的參賽學生，認爲自己的電腦能力只在中等（在十點量表中的自評平均爲 4.77 分）。由此看來，物奧與化奧學生使用電腦的情形似遠勝過一年前的數奧學生（吳武典、陳昭地，民 85；Wu, 1996）。隨著資訊教育的推展與個人電腦的普及，學生的電腦能力，有日益增進之勢。

八、學業成就

結果顯示：由於參賽學生仍在大學或研究所就讀。因此，我們很難發現他們有什麼其他的特殊成就。至調查時（1996 年 5 月），曾發表文章者有 9 人（占 29%），大多爲一篇或兩篇；曾發表研究報告者有 6 人（占 19%），自一至四篇不等；曾出版過專書（一本）者有一人（占 3%）；尚未有人獲得專利或寫過專欄。很顯然的，他們現階段主要仍是知識的吸收者，而非知識的生產者；其間且有甚大的個別差異。若干學生已顯示頗爲不凡的企圖心，且已有初步研究成果，如果獲得名師指導，可望成爲學術界的「明日之星」。

我們期待他們成爲未來學術界的生產者，另一方面也要檢討造成此一情況的可能原因：欠缺適當的鼓勵措施與發表的環境。這似乎是亟待改善的。

九、自我概念及歸因

結果顯示：參賽學生在科學自我概念（3.44）上相當高，數學自我概念（2.98）及整體的自我概念（3.34）的得分高於中值（五點量表爲準，中值爲 2.5）。這表示參賽學生不僅在科學能力上有資優生的表現，他們的自信心亦相當高。比較之下，科學的自我概念顯著高於數學自我概念，這應與其專長與成就領域有關，亦與物理/化學「奧林匹亞」經驗的激勵有關。

從另一方面看，參賽學生似乎將自己的成就，歸納出兩個重要的因素：後天的努力（3.35）及先天的能力（2.95），而努力似乎比能力更重要。

伍、訪談資料分析

本研究以 1992 至 1996 年及 1994-1996 年間參與國際物理與化學奧林匹亞競賽的三十二名學生爲訪談對象，因其中有兩名學生分別就讀於哈佛大學及加州理工，一名拒絕訪問，因此，共成功的訪問了二十九位物理及化學奧林匹亞競試學生（化學 15，物理 14；男 26，女 3）。訪談者爲經過短期訓練的研究生 12 人，以「我與資優教育」半結構問卷進行深度訪談，每位受訪者的訪談過程皆加以記錄並彙整成報告，最後，由研究者對此寶貴的第一手資料進行編碼，並綜合分析整理之。

茲將參賽學生的訪談結果，就其重要共同點及相異點分別依個人因素與環境因素分別詮釋如下：（每段後之代碼代表受訪者之編號；引述語之「他」或「她」指受訪之學生，「我」指訪問者。）

一、重要共同點

㈠ 個人因素

1. 自信

不論自深度訪談或是問卷分析的內容，皆可發現參賽學生大多充滿自信。這種自信不只表現在自然科學的學習上，更是對自己各方面的肯定與滿意。這些資優學生往往在求學階段有優異的表現，特別是在科學的學習上，成功的經驗帶給他（她）信心，而信心也促成其學習上成就，形成一種良性循環。

2. 獨立自主

參賽學生大多非常獨立、自主，懂得安排自己的時間，不需大人的操心。

3. 專注

參賽學生不論是讀書或作實驗，大多具有專注的特質。

4. 喜歡思考，並具思考能力

參加物奧或化奧的學生，幾乎都喜歡思考，並有不錯的思考能力，也因物理、化學是需要思考並理解的學科，埋首於自然科學領域中，正有相得益彰之效。

5. 對自然科學有強烈興趣與好奇心

對於自己未知的事物表現出強烈的好奇心及高度的興趣，幾乎是這些受訪學生共同的特性。

6. 主動學習自然科學，並樂此不疲

這些對自然科學有強烈興趣與好奇心的受訪學生，往往在小時候就對自然科學有強烈的主動學習意願，例如喜歡閱讀書籍、向父母、老師、學長請益，並且願意花相當多的時間在學習上，並樂此不疲。這種強烈、持久的求知慾，是讓這些參賽學生在科學領域上能夠出類拔萃的重要原因。

即使在家庭經濟不寬裕、藏書不多的參賽學生，也會向同學或圖書館借書，並從小養成了喜好看書的習慣。

7. 對學術研究的執著

對未來的生涯規劃，多數的受訪者想從事學術研究的工作，在臺灣這種醫師掛帥、名利至上的價值觀下，誠屬難能可貴，這除了興趣、能力外，更需要的是一份執著。

㈡ 環境因素

1. 家庭因素

⑴父母提供良好的教養

父母就是最好的老師

受訪者的父母以高學歷、高社經地位居多，其中還有不少受訪者的父母是教師（教授），其中雙親皆是教師的就有五位，而只有母親是教師的也有四位，只有父親是教師的則有一位。
受訪者的父母這種高學歷及高社經地位的現象，除了在遺傳上較易產生資優兒外，亦較能提供多且高水準的資訊（Bloom, 1985）。特別是父母本身就是教師的，更知如何教導孩子，幫助孩子學習。不少父母也會藉由自己的專長，引發孩子對科學的興趣與能力。

此外，這些參賽學生幾乎都是雙親家庭，其中母親是教師的就有九位（約 32%），母親是標準家庭主婦的則有七位（約 24%），因此，這些受訪者的母親，除了能提供高品質的教育外，亦有充分的時間關心孩子、教育孩子。

父母親均相當重視孩子的教育

受訪者的父母均相當重視孩子的學習，在孩子教育上的投資一點也不吝惜，除了家中購買豐富的圖書、新穎的電腦設備外，也選擇好學校讓孩子就讀，並儘可能讓孩子接受多方面的學習，包括才藝班、校外補習等。

自由、民主、開明的管教態度

受訪者的父母大多以自由、民主、開明的管教態度教育子女，尊重孩子的意見及決定，也會給予適切的建議。這種管教態度，讓孩子有充分發展潛能的機會，並能讓孩子學會尊重自己、尊重他人。

受訪者大多認爲家庭氣氛是溫馨、美滿、和樂的，家人對他的學習活動會表示高度興趣，並也給予鼓勵、支持和期許。這也是孩子積極向上很重要的原動力。

⑵兄弟姊妹的影響

出生序大多排行第一

根據 Silverman（1981）在丹佛資優兒童發展中心的報告：「第一個出生的孩子是家庭中最有才華的孩子」。本研究也發現這些受訪者大多排行老大（19 人，66%），並且其兄弟姊妹只有弟弟的比例也相當高（12 人，63%），只有妹妹的則只有三人（16%）。可能係因長子父母寄予較多的關愛與期許，在「比馬龍效應」下產生力爭上游的結果，而兄弟姊妹中有弟弟，也較能對科學學習產生良性互動，並且符合參加物理及化學奧林匹亞競試的學生大多是男生的現象。

此外，受訪者無一人是獨子，可能係因獨子的家庭原本比例就較低，也可能係因家中無兄弟姊妹，減低許多互動學習的機會，較不易產生資優學生之故。

兄弟姊妹的成就亦不凡

這些受訪者兄弟姊妹的表現，整體而言，雖比不上這些化奧或物奧學生，卻也是可圈可點，並且就讀的學校也大多是明星高中或大學，如建國中學、交通大學電機系。除因父母遺傳及教養的因素外，見賢思齊所產生的良性互動亦可能是一重要因素。

2. 學校因素

(1)良師之引導

多數參賽學生表示，遇到好老師對其未來發展有重大影響，特別是遇到好的自然科或理化老師，是啓發其對自然學科興趣的重要因素，並且這些良師也是奠定其理化基礎的關鍵人物，這種影響甚至包括後來科系的選擇或研究的領域。因此，良師引導對資優學生的發展，有其重要地位。

(2)資優班之學習

設備之提供

參賽學生在進入資優班後，往往較能自由出入實驗室或電腦室，增加實驗操作的機會，能享受到很好的學習資源。

多數參賽學生認爲目前高中資優班的教育，是以升學、考試爲導向，一味鼓勵學生念醫科，這是數理資優教育比較大的缺點，應該是以培養基礎科學人才爲其目的。

(3)物理及化學奧林匹亞競賽經驗

大多數的學生認爲參賽物理及化學奧林匹亞競賽是美好的經歷，此參賽經驗能提供較佳的教育環境，培養自己思考的方式，也更能肯定自己的能力、增加自己的信心，對自然科學能力優異的學生是一個很好的激勵性方案。

3. 社會因素

(1)基礎科學不受重視

受訪的學生多數認爲，國人並不重視基礎科學，而基礎科學的工作，也較無保障，這種社會壓力，往往對他們的生涯決定，產生重大影響，對國家基礎科學的培育，不啻是一重大致命傷。

(2)選擇醫師，眾所依歸

基礎科學不受重視的這種現象，也反應在學校老師和父母的價值觀念上，他們渴望孩子能考取醫學院醫學系，努力地往醫生的方向邁進，如此才能光耀門楣、提高升學率，而基礎科學研究這種神聖、尖端的工作，相形之下，似乎是朝不保夕、微不足道。

二、重要相異點

(一) 個人因素

1. 人際關係

受訪者有些善於建立人際關係，人緣佳，並具有領導特質，可說是領導人物；有些則靜靜的，不愛與人交往，社會性不高，人際關係疏離。

2. 興趣和能力的多寡

許多參賽者除了對數理有高度的興趣和能力外，也對音樂、文學、政治、宗教、繪畫、體育等有高度的興趣，並有傑出的表現。有些則興趣狹窄，並且缺乏能力。

3. 對社團的投入

參賽學生有些熱衷於社團活動，一個人就參加過許多社團，並有優異表現，有些則只對科學實驗有興趣，鮮少參與社團或班上活動。

4. 運動

從訪談中可以發現，有些參賽學生喜歡運動、打球，並有不錯的表現，有些則不常運動，只將自己埋首在書堆中。

5. 電腦程度和喜好

受訪的參賽學生電腦程度差異頗大，有些電腦是其不可缺少的生活伙伴，每週花十小時以上的時間在電腦的學習上，不論是文書處理、數學或統計、試算表、Internet、硬體認識、程式設計等，皆操作自如，甚至被稱爲「電腦通」。

有些受訪者雖學過電腦，但程度低落，也有些不喜歡電腦，能不用就儘量不用。

6. 楷模學習

影響這些參賽學生選擇未來從事研究工作的重要因素之一，是因爲他們心中有楷模、有憧憬，學習的標的或許不同，但一樣激發出不可言喻的精神支柱。他們有些盼望自己能像父親般有研發、開創的能力；也有些希冀自己能如費曼般，是一個又偉大又可愛的科學家。

7. 學業成就表現

受訪的這些參賽者，其學業成就表現，從頂尖到中下皆有，有的從小到大都是名列前茅，並且以考試爲樂、靠保送進入理想學校；也有些在班上成績殿後，甚至家人還擔心他能不能考取聯考，有沒有學校就讀。

這些受訪者的學業表現，也隨不同學習階段、不同科目而有相當大的差異。其中有些是屬於晚開竅型的，小時功課平平，長大後才逐漸展露鋒芒；也有些在某些科目的學習上，有重大挫折，難以克服。

此外，對學校課業的重視程度，也各有不同，有些會全力以赴，有些則對拿高分興致缺缺，只對有興趣的科目努力學習。

8.創造力

這些受訪學生的創造力，表現出迴異的現象，有的創造力豐富，常有新點子產生，且不侷限於科學領域；有些則是偶有創造力，並且以科學領域爲主；也有些則認爲自己鮮有創造力。

9.表達能力

受訪學生有些表達能力不錯，有些則無法將意思表達清楚。

㈡環境因素

1.家庭因素

⑴社經地位

受訪者的父母以受過高等教育者居多，且不少擁有大學以上的學歷，並且是社會上的菁英，如醫生、教授、法官、研究員、公司主管、工程師、教師等。

不過，也有不少參賽學生其父母學歷不高，從事勞力工作，家庭經濟不寬裕，甚至也有參賽學生需要打零工、在補習班兼課，爲維持日常生活的支出。

……求學過程中，為了賺取零用錢，他和妹妹、弟弟們常常要打零工，發發宣傳海報。

⑵書籍資源

受訪者的父母大多擁有高社經地位，因此，更能提供子女良好的學習環境。藉由豐富的書籍資源，滿足孩子的求知慾，拓展孩子的視野，也藉由科學叢書、期刊孕育出對科學的濃厚興趣與紮實的基礎。

不過，也有少數受訪者的家庭並不富裕，因此，在書籍資源的供應上，則無法滿足孩子的需要，往往需要向圖書館或他人借用才得以閱覽。

⑶特殊設備

除書籍資源外，交通工具，如汽機車；接收資訊的工具，如收錄音機、電視機；以及科技產物電腦、實驗器材等，也因人而異。在社經濟富裕的家庭，大多不予匱乏，特別是電腦，往往隨時代潮流不斷更新。這些設備對資優生的學習提供了許多的助益。

而在經濟不寬裕的家庭，一些特殊設備就較為缺乏，不過，電視、收錄音機、電腦大多有，只是電腦的配備無法與時並進。

2. 學校因素

⑴對老師的評價

這些參賽學生對老師的評價，也因人而異，有些認為在學習過程中，一直都遇到好老師，這些老師不嫌他煩，盡心盡力，認真負責，讓他在求學過程，快樂的成長；也有些認為老師的教學態度和專業能力不足，是阻礙他學習的重要因素。

⑵同儕之切磋

有些參賽者受科學資優好友的鼓勵切磋，共同悠遊探索自然科學的奧妙。有些則是獨來獨往，鮮與同儕交往。

三、綜合分析

將物理及化學資優生的受訪結果，就其重要共同點及相異點分別就個人因素與環境因素加以歸納比較分析後，可以發現這些受訪的參賽學生，存有相當多的同質性，卻也有著非常大的個別差異。而這些重要異同特質，如果從個人與環境因素加以綜合分析，似乎也存在著某些脈絡可尋，這些脈絡對增進理化資優生的了解與輔導，有其不可抹滅的價值。

就個人因素而言，物理及化學資優生在認知的特質上有較多的共同性，一般而言，這些資優生從小就表現出對自然科學的強烈興趣與好奇心，喜歡思考，願意主動學習並樂此不疲，並對學術研究有一份熱愛和執著；不過，這些資優生的學業成就、創造力和電腦能力卻有相當大的分歧。而在社會人際關係上，則很難找出共同點，有些人際關係好，興趣多且能力強，能言善道並熱衷社團活動，有些則獨來獨往，社會參與性不高，並且不善言詞；在運動表現和人文素養方面，亦是因人而異。

從環境因素來看，這些資優生從小到大可說是得天獨厚，有相當多的有利因素促成其發展理化資優，包括父母身兼師職並提供良好教養，以開明的管教態度和溫馨的家庭氣氛讓孩子能健全的成長，而身爲長子以及手足間不凡的成就，也是大多數受訪者所共有的家庭環境；至於父母的社經地位、家中書籍資源和設備，則存在若干差異，雖以中上居多，但亦不乏低社經地位的家庭。

良師之引導，資優班設備之提供，物理及化學奧林匹亞競賽的學習經驗，對大多數參賽學生而言，是影響其科學學習生涯的有利因素，至於升學、考試爲導向的教育，則是抹煞其科學發展的不利因素。此外，對老師的評價，同儕的影響力，則因人而異。

至於社會這項環境因素，在大多數受訪者身上研究者發現，基礎科學不受重視是普遍存在的現象，在學校老師和父母的價值觀念上，讓孩子考取醫學院醫學系，才是光耀門楣、提高升學率的不二途徑，而研究基礎科學相行之下似乎是顯得微不足道。

陸、結論與建議

一、結論

本研究以 1992 至 1996 及 1994～1996 年間參與國際物理與化學奧林匹亞競賽的三十二名學生（化學 18，物理 14；男 29，女 3）及其家長爲對象，以修改自 James R. Campbell 之泛文化研究問卷及深度訪談探討下列問題：⑴參與國際物理與化學奧林匹亞競賽學生的現況如何？⑵那些家庭與學校因素影響受訪學生科學能力的發展？⑶物理及化學奧林匹亞競賽方案對資優生有何影響？迄 1997 年 10 月，所有參與奧林匹亞競賽學生均在大學或研究所就讀，且大多透過甄試保送或推薦甄選入學（28 名，占 88%）。化奧學生大多主修化學（13 名，占 76%），其餘爲原子分子、生化、心理、電機、醫學（均各一名），其中兩名在美國大學研究所就讀。物奧學生亦大多主修物理（10 名，占 71%），其餘爲醫學⑴與電機⑶。根據有效問卷及訪談 31 名學生及 29 名家長問卷之資料（迄 1997 年 6 月）分析，主要發現如下：⑴參與奧林匹亞競賽的學生大部份都是家中的長子（女）（占 77%），且很早便已顯露其卓越科學能力，86%讀過資優班；⑵參與奧林匹亞競賽的學生，在班上的成績大多相當優秀；⑶雖然參與奧林匹亞競賽學生的家庭，其社經地位（SES）各不相同，但大多數仍屬高社經地位的家庭，家庭支持度高，學習環境良好；⑷無論學生或家長，均普遍認爲科學才能發展的最重要因素是「遇到好老師」；⑸一般說來，奧林匹亞經驗對參與者之學習生涯有激勵作用，特別是在科學及數學的學習態度、自信、自發性學習及創造性問題解決上爲然；惟也有超過半數的受訪者感到精疲力盡，在情感上，似乎「愛恨交加」；⑹受訪者進入大學後，約有三成繼續接受專人指導，惟大多沒有針對他們的需要設計的特殊方案，至於是否有此必要，則見仁見智；⑺受訪者對個人電腦的使用程度甚高（平均每週使用個人電腦時數爲 11 小時，有六、七成已經上網際網路）；⑻雖然已有六人（19%）曾發表研究報告，惟因爲受訪者都仍是學生的身份，因此除科學外，尚未顯現其他方面的特殊成就或創造；⑼受訪者雖然個別差異甚大，但對自然科學皆情有獨鍾，喜歡思考，樂於學習，其家庭氣氛良好，惟社經地位差異大，良師引導令其感念，升學主義令其困擾。

二、建議

針對研究結果，茲做如下建議：

1.繼續參與國際物理／化學奧林匹亞競賽活動：藉研習活動提供數理資優學生課外充實經驗；藉競賽活動以激勵其學習動機、提供觀摩比較機會，從而激發其潛能。

2.追蹤輔導參與奧林匹亞競賽的學生：一方面藉以表示繼續的關懷，一方面提供必要的生涯輔導，使其才華繼續在數理領域有所發揮，乃至成爲一生職志，國家也因此而擁有有一些卓越的基礎科學人才。

3.大學提供物理/化學資優學生特殊教育方案：例如良師典範或「師傅制」（mentorship）的提供，使其早日跟著名師（例如當年楊振寧、李振道之師從吳大猷），在學術上有所進展與突破。

4.組織數學奧林匹亞學生聯誼會：藉以聯絡感情並互相砥勵。透過這種組織，既便於保持聯繫，也可舉辦學術研討會或成果發表會，延續過去的學術薪火。對其中需要特別協助的同學，也可安排特別的諮商或諮詢。

5.維持並加強支持性的學習環境：家庭與學校的正向支持，對資優學生的潛能發展關係重大。學校應多提供學生充份的自學環境，避免不當的課業壓力；家長亦應多持鼓勵與尊重學生的學習興趣和努力。

6.擴大提供數理資優學生保送甄試升學管道：本研究資料顯示絕大多數參與數學奧林匹亞競賽的學生透過保送甄試升學，且大多繼續攻讀基礎科學。這對他們的爲學與生涯發展均極有助益，對國家基礎科學人才的培養也很有幫助，值得繼續並擴大實施。

7.注意疏導可能的個人負向情緒或環境壓力：少數數學的資優學生或對競賽的緊張生活不太適應，或對旁人異樣的眼光感到不舒服，應加以了解並疏導。如確實面對壓力的抗力不足，應容許退出此一活動，也許他種非競賽的充實活動更適合他（她）。

8.改變升學主義下功利的價值觀：學生熱愛科學、喜歡思考，是難得的現象，然而他們也深受社會功利價值觀的困擾，在奧林匹亞競賽的一陣炫燦之後，他們往往被要求回到功利的現實社會，選讀足以「光耀門楣」或很有「錢」途的實用學系，而非衷心喜愛的基礎科學。欲發展學生的科學才能，教師與家長的價值觀必須有所改變，僅靠政府的倡導是不足夠的。

參考文獻

一、中文部份

方泰山、魏明通（民 80）：由高一數理資優生的追蹤輔導看我國數理資優生的特質與教育。**臺灣教育**，486 期，1-5 頁。

吳武典（民 82）：**資優兒童研究與教育的省思**。北京「超常兒童研究與教育十五週年學術研討會」主講論文，1993 年 10 月 11-13 日，中國科學院心理研究所。

吳武典、陳昭地（民 85）：**我國參與數理奧林匹亞競賽學生的追蹤研究㈠－環境對數學奧林匹亞學生的影響之探討**。行政院國科會補助專題研究報告（計畫編號：NSC 85-2511-S-003-042）。

臺灣師大科教教中心（民 82）：**八十二學年度高級中學科學追蹤調查研究報告**。

林幸台、張蓓莉（民 83）：**八十二學年度全國高中數理資優教育評鑑報告**。臺灣師大特殊教育中心。

教育部（民 83）：高級中學學生參加國際數理奧林匹亞競賽保送升學實施要點。

教育部（民 86，民 88）：中等學校學生參加國際數理學科奧林匹亞競賽保送升學實施要點。

教育部（民86）：**中華民國教育統計**。

陳昭地（民 82）：**亞太數學奧林匹亞競試簡介**。臺灣師大科教中心編印：數理科奧林匹亞競賽專輯㈢。
陳昭地（民 84）：**參加國際數學競試學生學業成就之研究**。國科會補助專案研究報告（未發表）。
陳俊生（民 82）：國際數學奧林匹亞簡介。臺灣師大科教中心編印：**數理科奧林匹亞競賽專輯㈡**，1-8 頁。
陳長益（民 79）：**中學資優學生生涯發展及其影響因素之探討**。臺灣師大特殊教育研究所碩士論文。
郭允文、楊芳玲（民 77）：高中數理科學習成就優異學生輔導實施計畫簡介。**臺灣教育**，454 期，26-27 頁。
郭靜姿（民 83）：八十二學年度全國高中數理資優教育評鑑報告。**資優教育季刊**，51 期，1-8 頁。
楊維哲編譯（民73）：**數理資賦優異少年研究**。臺北，正中書局。
謝建全（民 83）：**高中數理資優教育成效評估之研究**。國立彰化師大特殊教育研究所博士論文（未發表）。

二、英文部份

Aiken, L. R. (1985). Mathematics attitude towards. In T. Husen and T. N. Postlethwaite (Eds.). ***International Encyclopedia of Education*** (pp.3233-36). Oxford: Pergamon Press.
Armstrong, J. M. (1980). ***Achievement and participation of women in mathematics***. Report of a two-year study funded by the National Institute of Education (Rep. 10-Moo). Education Commission of States, Denvor, Colorado.
Bloom, B. S. (Ed.), (1985). ***Developing talent in young people***. New York: Ballantine Books.

Campbell, J. R. (1994a). Educational productivity and differential socialization. ***International Journal of Educational Research***, ***21***(7), 669-674.

Campbell, J. R. (1994b). Developing cross-cultural cross-national instruments: using cross-national methods and procedures. ***International Journal of Educational Research***, ***21***(7), 675-684.

Campbell, J. R. (l996). Developing cross-national instruments: Using cross-national methods and procedures. ***International Journal of Educational Research***, ***25***(6), 485-496.

Campbell, J. R., & Wu, W. T. (1996). Development of exceptional academic talent: International research studies. ***International Journal of Educational Research***. ***25***(6), 479-484.

Holahan, C. K. (1995). ***Patterns of achievement in Terman's gifted sample: A life-span developmental perspective***. Paper presented in the symposium, Longitudinal Studies of the Intellectually Gifted, American Educational Research Association, San Francisco, April 18-22, 1995.

Nam, C. B., & Powers, N. G. (1983). ***The socioeconomic approach to status measurement*** (with a guide to occupational and socioeconomic status score). Houston: Cap and Gown Press.

Passow, A. H. (1992). ***Growing up gifted and talented: schools, families and communities***. Keynote paper presented at the 2nd Asian Conference on Giftedness, Taipei, Taiwan, R.O.C., July, 24-27, 1992.

Pressey, S. L. (1955). Concerning the nature and nurture of genius. ***Scientific Monthly***, ***81***, 113-129.

Silverman, L. K. (1983). Personality development: The pursuit of excellence. ***Journal for the Education of the Gifted***, ***6***(1), 5-19.

Stanley, J. C., (1976). Study of mathematically precious youth. ***Gifted Child Quarterly***, ***20***, 246-283.

Stanley, J. C., & Benbow, C. P. (1986). Youths who reason exceptionally well mathematically. In R. J. Sternberg and J. E. Avidson (Eds.). ***Conceptions of giftedness*** (pp. 361-387). Cambridge: Cambridge University Press.

Terman, L. M. (1954). The discovery and encouragement of exceptional talent. ***American Psychologist***, ***9***(6), 221-230.

Terman, L. M., & Oden, M. H. (1947). ***The gifted child grows up***. (Vol.IV, Genetic studied of genius). Stanford, CA: Stanford University Press.

Walberg, H. L. (1984). Improving the productivity of American's schools. ***Educational Leadership***, ***41***(8), 19-30.

Weiner, B. (1980). The role of affect in rational (attributional) approaches to human motivation. ***Educational Researcher***, ***9***, 4-11.

Wu, W. T. (1992). ***Growing up gifted and talented in Taiwan, R.O.C***. Paper presented at the 2nd Asian Conference on Giftedness, Taipei, Taiwan, R.O.C., July, 24-27, 1992.

Wu, Wu-Tien (1996). Growing up in Taiwan: the impact of environmental influences on the Math Olympians. ***International Journal of Educational Research***, ***25***(6), 523-534.

高中資優學生的生涯定位與生涯抉擇*

林幸台

壹、緒言

資優學生具有異於一般學生的特性，固然使其有較大發展空間，但也可能因而造成若干困擾，以致其生涯發展受到負面的影響，因此需要更多的支持與接納，並給予適當的協助。但在提供任何生涯輔導措施之前，應徹底了解影響其生涯發展的重要因素，並進行生涯需求的評估，以確切掌握其所需協助之重點與方法，否則僅憑輔導人員自行認定的輔導方案遽行加諸於學生身上，仍可能導致不良的後果，即使研究文獻上所提供之資料亦可能因時空之不同而必須做若干之調整或增刪，換言之，在實施資優學生生涯輔導之前，影響因素及需求評估之探討實有其必要性。

*本文摘自國科會專題研究成果報告（NSC86-2511-S-003-045、NSC87-2511-S-003-036）。

Schein 提出生涯之錨（career anchor）的概念，主要指個人將自己的生涯發展目標與方向定位於何處之意。生涯定位是由個人能力、興趣、性格、價值觀等特質所構成的綜合體，生涯有所定位，生涯發展歷程自然較爲穩定有序，但要有所定位，卻非短時間所能完成，因此 Schein 原先係將之用於成人研究，唯資優學生思考較一般學生成熟，其對自己的生涯是否較有定見，值得探究。

本研究之目的即在編製適用於高中學生的生涯定位量表，探究我國高中資優生生涯定位的情況，以及其生涯發展之需求，再依據前項分析結果，設計適合資優學生的生涯輔導方案，進行實驗研究，以爲改進資優生生涯輔導之參考。

貳、生涯定位量表

研究者參考相關文獻，依據我國高中學生所撰述之文件及訪談資料編擬題目，經兩次預試，修改題目後，編成正式量表，計有 68 題，均以四點量表方式設計（1 表示非常符合、4 表示非常不符合）。量表經初步考驗，具良好之建構效度，同時效度考驗及內部一致性與重測信度尚稱良好，所建立之高一學生常模可作爲高中生涯輔導評量工具之用。

一、信度考驗

㈠內部一致信度

本研究根據常模樣本及研究樣本（包括高一至高三資優班及普通班）之資料，以 Cronbach α係數分析本量表八個分量表之內部一致性，結果顯示本量表之內部一致性介於.584～.904 之間，中數約爲.71。其中自主及地位聲望兩分量表之係數稍低，一則可能因題數較少，二則可能係其概念較複雜，題目性質稍有差異所致。

㈡重測信度

量表重測係於研究樣本正式施測三週後，於五所高中各抽取一班，共 187 人進行再測，所得重測信度係數界於.565～.865 之間，中數約爲.75，除「自主」因題數較少較不穩定外，顯示測驗結果之穩定程度尚稱良好。

二、效度考驗

㈠建構效度

本研究以最大變異法及斜交轉軸、分別以研究樣本及常模樣本進行試探式因素分析，兩次分析所得結果十分接近，抽取八個因素後，可解釋 43.5% 變異量。除少數題項外（包括#13、#17、#23、#32、#40 等依其題意歸於適當之組群內），各題所屬之因素大致相近，乃分別依其題意命名爲；專業、安穩、領導管理、自主、人際關係、地位聲望、挑戰、自我實現：

1.專業（九題）：此項得分低者，喜歡從事專業性的工作，對所從事的專業具有認同感及使命感。完善的專業資源及專業工作環境，使他們感到如魚得水，得以發揮所長，從專業工作成就中獲得價值感。他們會不斷精進自己的專業知識，樂於探索新的知識、獲取新的經驗，在工作中設定一個追求的目標。希望自己在專業領域中的地位提昇至更高的層次，且喜歡將他們的專業知識應用出來。

2.安穩（八題）：此項得分低者，對自己之生涯會以安定、穩當爲前提。爲避免衝突或困境，他們願意犧牲自己的想法，願意妥協，接受別人的安排。他們希望未來的路是明確的、可預見的。較沒有企圖心，所以願意依循前人所走的路，且不喜歡做改變。他們不喜歡在群體中太突出，而對所屬的團體也較不具認同感。

3.領導管理（十二題）：此項得分低者，堅持要成爲領導的角色。他們希望在組織中站在核心的位置，有決策權以掌控整個組織的運作。他們會提昇自己的能力，並努力取得高階層地位，使自己對組織具有影響力。他們將整個組織的成敗看作是個人的成敗，願意擔負起整合及領導組織的責任。

4.自主（五題）：此項得分低者，堅持擁有工作中的自主權。他們喜歡照自己安排的方式工作，自由支配工作時間及工作方式，不喜歡受限於工作規則，不能忍受工作限制，也不希望工作受他人影響或感受到太大的壓力。他們希望工作中有彈性，並容許他們有較多的休閒時間。

5. 人際關係（九題）：此項得分低者，追求人際間的和諧互動。他們重視人際間溫暖融洽的氣氛與彼此的關懷。他們喜歡多數人共同參與一項工作，能夠彼此交流，顧及共同的發展，產生良性互動。他們樂於與別人分享經驗，樂於幫助別人。

6. 地位聲望（八題）：此項得分低者，重視職位的報酬及聲望。他們比較喜歡高收入、高社會地位、高成功率的工作。他們很在意與人競爭、比較的結果，但也不希望工作影響到家庭生活。

7. 挑戰（九題）：此項得分低者，喜歡具有挑戰性的工作及生活環境。他們不喜歡固定規律的生活。他們樂於接觸各式各樣的人、事、物，充實生活內容，讓生活有變化、多元化，以啓發自己激發創造力。他們很重視每個人各自不同的思考方式，藉此不同的思考方式激發並提昇自己，而較不喜歡想法一致的團體。

8. 自我實現（八題）：此項得分低者，會積極投入於自我的發展。他們盡力將自己的能力發揮出來、提昇自己、不斷地追求卓越。他們對工作相當投入，並且樂於從工作中發掘趣味，並積極地使工作臻於完美。

根據因素分析結果所擬之八項生涯定位與 Schein 之理論比較，可發現其相似性頗高，除「企業創造」可能非學生所能體悟而未出現於高中資料外，餘皆有相對應者，惟其內涵可能有所不同，例如高中學生之「安穩」，所強調者較偏向於在父母或社會期望的期待下接受妥適的定位，與成人所認定的安穩可能有所不同；再如 Schein 所舉之「服務與貢獻」，在高中樣本中可能部分隱藏於「人際關係」中；而高中生之自我實現與 Schein 的生活型態亦頗接近。總之，由上述量表之因素分析結果，生涯定位的概念可適用於了解高中學生之生涯發展的狀態。

㈡同時效度

本研究以建國中學高一 75 名學生爲對象，以大學考試中心興趣量表爲效標，分析生涯定位量表與其之相關，結果發現生涯定位量表各分量表與興趣組型呈現有意義的關係：專業定位得分高者，其代表學術研究興趣的研究型分數亦高；安穩與代表謹慎規律的事務型興趣有顯著相關；領導管理則分別與企業、社會、藝術興趣有關，尤與具有冒險野心的企業型興趣之相關係數最高，而與事務型興趣則無關；自主定位得分高者與藝術型興趣有正相關，而與注重規律的事務型興趣爲負相關；人際關係及地位聲望則與社會及企業興趣均有顯著相關；挑戰與藝術、研究及企業有正相關，而與事務興趣呈負相關；自我實現則與企業、研究、藝術與社會均有顯著相關。

由上述可知：生涯定位與相對應的興趣組型有某種程度的關連，說明生涯定位概念含有興趣的成分，惟其相關數值最高者爲 .628，可知二者仍各有其獨特之處，而生涯定位可能尙有動機、能力及價值觀等成份，則待進一步探討。

三、常模及量表之應用

本量表爲提供高中輔導人員使用，乃先建立高一學生常模。常模樣本取樣係以班級爲單位，抽取全省十六所高中一個年級學生爲樣本：包括建國高中、北一女中、師大附中、新莊高中、桃園高中、新竹女中、竹南高中、台中一中、台中女中、南投高中、嘉義高中、嘉義女中、台南一中、高雄女中、左營高中，有效樣本計男生 448 人、女生 402，共 850 人。依此樣本，建立百分等級常模乙種。高二及高三學生常模則待進一步建立。

量表分數除可對照常模、解釋其得分與他人的相對關係外，尙應考慮個人之內在差異，即個人在八個分量表上之高低情形，進一步瞭解其定位狀況（見下節分析說明）。

參、資優班學生與普通班學生生涯定位之比較

一、研究設計

本研究爲比較資優班學生與普通班學生生涯定位之差異情形，乃自全省高中抽取資優班學生 531 人、普通班學生 682 人爲樣本。經與該校輔導人員聯繫，獲其同意，並協助施測工作。調查一個月內完成後，經整理，比較其在生涯定位量表上的得分。

二、調查結果

統計結果發現：

1. 我國高中學生主要係以自主定位其生涯，在四點量表上平均得分爲 1.485，相當接近非常符合的程度；其次爲自我實現、人際關係，換言之，前三種定位皆與個人及人文發展有密切關係。

領導管理、專業與地位聲望之平均得分在 2.0 左右，顯示我國高中學生對專業技術及團體領導、乃至地位聲望方面尚屬重視；至於安穩之定位則居最末，其平均得分為 2.51，在四點量表上傾向於不太符合的情況，可見高中學生並未特別考慮追求安定穩當的生涯，亦即較不在意他人的安排或依循既有的方向。

2. 由三因子變異數分析考驗班別、性別、及年級之間的差異情形，發現性別之差異最為突顯，在八個分量表中，有五個達顯著差異程度，且均為女生之平均數低於男生，顯示女生較男生更傾向於專業、領導管理、人際關係、挑戰與自我實現方面的定位。在班別之間，則有四項定位有顯著差異，且均為普通班學生之平均分數低於資優班，包括領導管理、自主、人際關係、及地位聲望。至於年級間的差異並不特別顯著，僅在安穩定位上呈現高二學生低於高一及高三學生的現象；但進一步考慮變項間的交互關係，發現自主定位在三年級中，普通班學生顯著低於資優班，而一年級女生亦低於男生，三年級男生則低於一年級男生。人際關係定位方面，一年級及三年級女生均之得分較男生為低，而一年級女生又低於二年級女生。此外，地位聲望方面，一年級女生低於一年級男生，一年級女生又低於二年級女生。此等單純主要效果分析除年級因素稍有差異外，亦呈現女生較為特殊的一面。

3. 上述分析係以各分量表進行統計，雖有若干數據之差異達顯著程度，但其平均數之差距極小，差異顯著性之實值意義並不大。而就每一個別樣本而言，尚可再從其整體面加以了解，有必要從個人在八個分量表上整體的表現加以分析。故再以 1.50 為界線（接近「非常符合」的程度，代表傾向於該生涯定位），計算所有樣本在八個分量表上低於此一標準之人次。總計有 2467 人次之得分低於 1.50 之標準，亦即平均每一學生會選取兩種以上的定位，其中又以選取自主與自我實現兩種定位者最多，佔樣本之半數，顯見高中學生對此二種生涯之嚮往情況，至於安穩與挑戰則僅少數學生選擇。

4. 上述結果再以班別區分，可發現普通班學生各分量尺得分在 1.50 以下之次數皆多於資優班學生，亦即資優學生從八種定位中選擇符合其個人狀況的人數較少，但此是否意味資優班學生較普通班學生已有其定見、進而縮減其生涯發展的選擇方向，則尚待進一步澄清。此外，女生低於 1.50 的人次亦多於男生，是否表示有較多女生尚未能在多樣化的生涯中選定其方向，亦值得注意。

5. 若在八個分量表中，僅一項得分低於 1.50、餘皆在此標準以上，可暫時視為已有明顯定位者。本研究發現僅約兩成之樣本已有一個單向的定位，且半數係定位於生涯自主；而其中女生的比例均在兩成以下，普遍低於男生。以班別區分，高一資優班男生之比例少於普通班男生，但高二、高三資優班男生單一定位之比例則稍多於普通班男生；至於女生則相反：資優班女生單一定位者卻不及普通班女生多。總之，無論資優班或普通班，我國高中學生除少數已有定見外，普遍仍處於探索當中，並未有明確的生涯定位，其中尤以資優班女生的情況最值得注意。

肆、生涯輔導實驗研究

一、研究方法

㈠實驗設計

本研究採有控制組前後測之準實驗設計，實驗組與控制組先實施前測，實驗組再進行生涯輔導團體，兩組經後測後，再給予控制組學生同樣之輔導措施，以符合倫理之原則。實驗之進行則由具有生涯輔導經驗之輔導人員帶領，共九個單元，每一單元的時間二至三小時不等。實驗性團體中亦包含團體領導者與學生之個別晤談，配合量表的結果，彙整各項量與質的資料，深入探討個人生涯發展相關之課題，俾對學生有更進一步的幫助。

團體領導者係輔導本科系畢業，擔任國中、高中輔導教師多年，並曾參加多次團體輔導與諮商之研習及實際帶領團體工作，經驗頗為豐富。

㈡研究對象

實驗研究係以省立新竹女中一年級資優生為對象，學生均係國中畢業、高中聯招入學者，年齡在十五、十六歲之間。該校推行之資優教育，係採分散式方式辦理，一年級資優生分散於各班，而以每週數小時的時間集合各班資優生進行特殊教育活動及課程，故本研究樣本之選取亦來自各班。

實驗對象之選取，先由輔導室貼出公告，歡迎有興趣探所生涯課題的學生自由報名，其後即以隨機方式分派為實驗組與控制組，惟因考慮學生課餘時間之安排，稍加調整，即有實驗組 11 人，控制組 12 人。實驗組學生參加團體方案均需取得家長同意。

㈢團體設計

團體內容係參酌相關文獻資料及其他生涯輔導團體方案、生涯輔導手冊設計，目的在引導學生增加生涯概念的認識，釐清自己的生涯方向，發覺自己潛在的性向，並依 Schein 所建議需配合晤談資料之概念，於團體結束後進行個談，以誘發成員對自我生涯定位的省思，同時便於研究者深入探討成員個別生涯發展所帶來的啓發。輔導活動內容經團體領導者與研究者共同討論，增刪修改後確定。

二、研究結果與討論

㈠團體效果分析

爲了解生涯輔導實驗對個別成員的生涯定位是否有影響，針對個別成員各分量表前後測分數，進行比較分析。此外，實驗團體之效果亦可能發生在其他變項上，再以成員回饋問卷的反應，進一步了解團體的效果。

1. 生涯定位量表前後測之差異分析

兩組受試者在各分量表後測分數均較前測高，高分表示定位較不明顯，換言之，該項資料顯示兩組受試經前後數個月的經歷（實驗組參與團體活動），整體而言，似已較當初不那麼明顯將自己定位下來。以重複量數統計考驗結果顯示：組別與測別之間均無交互作用，但兩組受試在「人際關係」及「自我實現」兩個分量表上，前後測之間的差異達顯著水準，反應出無論實驗組或控制組學生在此二種定位上前後確實有所差異。至於組別方面，則僅在「自主」定位上有顯著差異，顯示控制組整體上較實驗組更傾向自主的定位，然此現象在團體實驗之前即已存在，似未能即據此定論實驗組較無自主定位的傾向；另一方面，亦可能與生涯定位量表之本質有關，該量表主要在了解個人在八種生涯定位上的定錨之處，因此可能較適合從個人角度分析其在八個生涯定位向度上的變化情形，若以團體方式統計處理，可能會模糊團體方案的焦點，無法確定實驗前後所產生的影響；換言之，生涯團體之實驗效果可能發生在某些個案上，以組別為單位進行比較時，不易顯示其真實狀況。

2. 實驗組學生主觀反應

實驗組受試者在自我參與、團體領導者行為、團體氣氛、團體目標、自我收獲等五方面的整體主觀感受普遍良好〈平均數都在 3.5 以上）。其中，符合程度較高者〈平均在 4.5 以上〉，主要在於團體領導者行為、團體氣氛、自我收獲三方面，由此可見在團體領導者有效的帶領下，成員普遍有充實愉悅且成長豐碩的感受。

至於符合程度稍低者（平均在 3.9 以下），主要為自我參與、團體目標二方面。自我參與方面，有三項均為 3.64：「初入團體，我能充分表達心中的感受」。可能由於團體初期，成員對團體的信任感尚未建立，自我開放度較低，此為初入團體之自然現象，或可在第一次團體可加入更多放鬆及降低自我防衛的活動，增進團體氣氛，使成員較早融入團體，充分表達心中感受。「我能給予團體成員適當的回饋」，可能由於成員對自己所給予回饋之適當與否，有較高的標準，牽涉到自信心與自我評價的部分。「在團體中，我能保持理智客觀的態度，不會有情緒化的表現」，可能在團體過程中常同時包含情緒表達與理性思考，情緒化的表現偶而出現，尚屬自然現象。

團體目標方面，「整體而言，團體能滿足我當初參加團體的動機」符合程度稍低（3.82），顯示團體滿足成員當初參加團體的動機之程度不高。爲詳細了解此項滿意度較低之原因，宜於問卷中調查成員參加的動機及目標爲何，再與其感受之收穫比對；或於團體進行之初，即調查成員之動機與對團體的期待，尤其成員中有特殊需要者，當可設計有助於達成其目標的單元活動，使輔導方案更符合實際情況。

在參加團體的收穫方面，根據成員在問卷開放性問題上所作之反應整理如下：

①抒發心中感覺

－把內心中的「想要」激發出來，感覺真好。

②了解自己的人格特質

－發現自己美麗的地方，也看見了自己心靈的缺陷，有種找到方向的感覺，不只是課業，還包括了人格、情緒、個人的特色等，非常感謝有這美好的機會。

③認識自己的價值觀、決策類型、性向等，認清志向及未來的方向

－更深入了解自我是屬於哪一類型，性向方向。

－從毫無頭緒中，至少試著理出一些想法，增加了對自

己的了解。

－真正明瞭自己的志願方向。

－能較清楚自己所需的東西和方向。

－我能客觀的從各方面來認識我自己，像是從價值觀，怎樣作決定……原來認識自己有這麼多方法，真是好玩。

－在幾次互相的討論中，我較能瞭解自我的思考方式，也較能分出對於自己所重視的東西，一些本來，自己認爲是很必須的東西、態度，也較能退一步思考自我的需要。對我有很大的改變。

④澄清不合理生涯信念

－澄清一切對志向的不正確想法。

－調整一些自己想法。

－得到許多寶貴的經驗，觀念偏差時能適時被澄清。

⑤職業概念精緻化

－自小時候所立下志向僅僅到了找到職業，往後和其中細節未曾真正去想。

⑥體會「取捨」的智慧，做決定

－開發出另一個「我」。讓我開始會認真的思考，我到底真的想要什麼？在這麼多的選擇下，我是否該有些取捨，取心中的最愛，爲未來的理想努力。

－終於見到了自己的最愛，也敢抬起頭勇敢面對它了（藝術），心甘情願不走這條路，不是因像以前一樣沒信心，害怕沒能力，而是認清了自己最適合的路。

⑦確認生涯選擇的正確性

－原本一頭混亂、茫然不知的我，現在終於有個目標。嗯，我的選擇是對的。

⑧建立自信

－我雖然還不知道自己今後要如何走，但已不會驚慌失措。

－對於自己有更深了解且自信。

⑨認識協助解惑的資源

－找到了可以幫我解決問題的人。

⑩由同儕楷模產生經驗學習

－見識到各種類型的人，而得到許多寶貴的經驗。

－認識很多的朋友之不同性格、經驗，而作爲將來的借鏡。

⑪學習溝通

－藉交談機會，學著表達自己，聆聽他人。

－我是第一次有這種經驗：跟一群第一次見面的人講出自己的話，但大家都是一樣在分享，所以感覺不錯。

3.成員對各活動單元反應

團體成員對活動單元之反應，依收穫程度高低排序爲：個別談話、科系採排、生涯之錨排序、工作價值標購活動、我的決定類型、彩繪成功圖、我像哪種植物（人格特質、心理需求檢核）、影響環、生涯彩虹圖。

「個別談話」係綜合個人團體各活動單元之經驗，協助個案整理團體中的學習成果，甚至作成決定；換言之，團體後的個別談話不但能整合個案在團體中探索的經驗及自領導者或其他成員身上觀摩學得之經驗，且一對一的交談方式較團體方式更容易深入了解成員個別之能力與需求，可使個案在團體的收穫更切合個人需要。人是生涯的主動塑造者，生涯為個人創造之產物，每個人的生涯發展是獨一無二的，因此團體後的個別談話更顯得必要。「科系彩排」活動中要求成員將喜歡與不喜歡的科系列出，使成員除了興趣與自我需求的探索外，更實際地將職業選擇具體化，並藉喜好程度不同的科系間之比較，瞭解科系選擇背後的原因及動機，有助於澄清自我的生涯定位，而非僅是選擇職業而已。「生涯之錨排序」則在了解量表測試結果後，在綜合各項活動的學習心得與相關資料，重新檢視自我的定位，對成員的幫助相當大。總之，此三項單元較其他單元更能明確點出適於個人的職業選擇，及個人在生涯發展方面應努力的方向，故成員感覺收穫程度較高。

「生涯彩虹圖」收穫程度較低的原因可能為：此活動內容為個人一生過去、現在、未來之角色的呈現，對高中生而言，可能因為過去所扮演的生涯角色較少，大多僅有孩童與學生兩種角色。就生活經歷而言，乏善可陳，且因受教育年齡的限制，此兩角色出現時間或重要程度在不同個體間的差異不大，並無特殊之處。至於未來的生涯遠景，在公民、工作者、夫妻父母等角色的分配份量上，可能亦在高中生所能掌握的範圍之外，非個人行動或努力後就能即刻實現。從生涯發展階段的角度而言，高中生面臨的生涯課題大致在自我了解至職業選擇之間，至於生命角色的規劃或分配，尚非此時期發展任務之重點，以致此成員反應「生涯彩虹圖」單元的收穫程度較低。

㈡個案分析

實驗組十一名學生的生涯發展與定位各有不同，團體經驗對其之影響雖可由上述團體效果之分析可看出若干端倪，然輔導的重點在於個人的成長，因此有必要針對個案量與質的資料，進行深入的分析。本節即以某一個案爲例，將所蒐集之資料，以個性、目標、定位三項主題，分別整理，最後再加以綜合，以反應個別成員的發展與成長情形。（下述資料中以〔 〕表示資料出處或活動項目；爲配合主題分析，同一資料可能重複使用之。）

1. 個性

①愛玩、率真

- 她有點愛玩。
- 〔朋友對她的影響〕：好玩。
- 〔妹妹對她的影響〕：率真，不看人臉色。

②執著、認真、努力以赴

- 〔成功的經驗〕：炙熱的陽光高掛天空，她正賣力地使出渾身解數，向那美妙的終點邁進。
- 〔成功的經驗〕：前一天，從第一頁到最後一頁，整本參考書看完，好高興，信心大增。
- 〔成功的定義〕：把某件事做好，而能滿足自己的要求
- 〔妹妹對她的影響〕：對事情的執著。
- 〔老師對她的影響〕：認真態度。

③自信、成就需求

- 〔成功的經驗〕：對完所有考卷的那一剎那，發現自己還是不錯的，同時信心也滿滿，也找尋回來。YA！
- 〔成功的經驗〕：考前一天，從第一頁到最後一頁，整本參考書看完，好高興，信心大增。
- 〔心理需求〕(前三)：成就（9）
- 〔工作價值標購〕(第二次出價)：成就性（50）

④責任感、熱心公益

- 〔爸爸對她的影響〕：責任感重。
- 〔自我介紹〕：她富責任感。
- 〔老師對她的影響〕：熱心公益。

⑤樂觀、自在、無壓力

- 〔媽對她的影響〕：隨和樂天的個性。
- 〔朋友對她的影響〕：樂觀。凡事不計較、無壓力。
- 〔這一生最想過的生活〕：舒服、有喘息、自在的生活。
- 〔真正想要的是〕：舒適浪漫的生活。

⑥可愛

- 〔老師對她的影響〕：可愛。
- 〔這一生最想要成爲的人〕：外表可愛、氣質高的女企業家。

⑦溝通協調能力

- 〔個談摘要〕：她希望自己在領導管理上能更有成就，EQ能更高。

- 〔個談摘要〕：聽別人說自己碰到的困難問題，透過交談及一些建議協助人解決問題時，她好有成就感。
- 〔個談摘要〕：她的父親是一個主管，負責解決公司裡的人事問題，協調屬下的問題，做些溝通的工作，她覺得很有意思。她想加強自己這方面的能力，能在一個組織裡做溝通協調的工作，要能做得好，是她很期待的。

2. 目標

①國中時想學醫

- 〔個談摘要〕：國中時，她想學醫。大約國小六年級時，她因身體差，需常就醫，覺得醫生很了不起。有一回那位醫生非常和藹的問她病況，之後便興起當醫生之念頭。
- 〔個談摘要〕：父母曾談過醫生之辛苦，無法照顧好家，要她考慮，她都未動搖。

②高中時，她想學服裝設計、室內設計

- 〔自我介紹〕：高中時，她想學服裝設計、室內設計。
- 〔這一生最想過的生活〕：漂亮的房子、好的設計。

③她發現自己不具作醫生的能力，也不想長期作研究工作

- 〔個談摘要〕：直到團體後發現對醫生好像是一種崇拜，自己並不具當醫生的能力，如耐心、細心、研究病情。

- 〔個談摘要〕：父母建議她考慮當心理醫生，以免醫不好病人或誤傷而吃上官司。她覺得只有一點點興趣，並不想深入個人的心理問題。
- 〔個談摘要〕：她以前曾跟老師做科展，覺得某些現象很奧秘，但也只是一點點，不想長期一直做研究。

④她希望成爲重視工作的女企業家

- 〔生涯彩虹圖〕：26 歲左右，工作者凸顯。
- 〔真正想要的是〕：女企業家。
- 〔這一生如果不做會遺憾的事〕：工作、當個領導人。
- 〔墓誌銘〕：○○○，繼續我的事業。
- 〔這一生最想過的生活〕：中至老年，事業有成、家庭兼顧的生活。

⑤透過團體，她發現企業是自己的興趣，擬選第一類組。

- 〔興趣量表第二碼〕：企業。
- 〔興趣量表、抓週第一碼〕：企業。
- 〔人格特質檢核表〕第一碼：企業。
- 〔心理需求〕(前三)：成就、表現、支配；最低：順從。
- 〔工作價值標購〕(第一)：聲望。
- 〔生涯定位量表〕：定位於領導管理、地位聲望。
- 〔個談摘要〕：透過團體，她看見自己的企圖心。她原本計畫讀醫學院，透過團體歷程發現企業才是自己真正想要與能力所在，擬選讀第一類組。

⑥她希望擁有美滿的婚姻生活

- 〔真正想要的是〕：有好老公
- 〔這一生如果不做會遺憾的事〕：戀愛、結婚。
- 〔墓誌銘〕：Husband, I love you.
- 〔這一生最想要成爲的人〕：好老婆。

⑦她重視家庭生活

- 〔生涯彩虹圖〕：29 歲及以後，夫妻、家長、父母等角色凸顯。
- 〔這一生如果不做會遺憾的事〕：看到孩子各有成就。
- 〔墓誌銘〕：孩子們，別讓我失望。
- 〔這一生最想要成爲的人〕：好媽媽。
- 〔這一生最想過的生活〕：中至老年，事業有成、家庭兼顧的生活。

3. 定位

①領導管理

- 〔心理需求〕（前三）：支配 9；最低：順從 2。
- 她原本計畫讀醫學院，透過團體歷程發現企業才是自己真正想要與能力所在，擬選讀第一類組。
- 〔個談摘要〕：透過團體，她看見自己的企圖心。
- 〔個談摘要〕：由於小學以來便常擔任班長等重要幹部職務。她希望自己在領導管理上能更有成就，EQ 能更高。
- 〔墓誌銘〕：○○○，繼續我的事業。

- 〔這一生如果不做會遺憾的事〕：工作、當個領導人
- 〔真正想要的是〕：女企業家。
- 〔生涯定位量表〕：定位於領導管理、地位聲望。

②人際關係

- 個性主題中之「溝通協調能力」、「責任感」。
- 〔生涯定位量表〕：定位於人際關係。

③聲望地位

- 〔成功的經驗〕：當我跨出那成功的一小步時，觀看者不惜鼓掌爲我喝采，好感動！
- 〔成功圖畫〕的含意：站在台上聽見掌聲一層層不斷的擴張開去，自己變大了。
- 〔心理需求〕（前三之一）：表現。
- 〔工作價值標購〕配分最高：聲望。
- 〔這一生最想要成爲的人〕：耀眼的人。
- 〔生涯定位量表〕：地位聲望突顯。

④挑戰

- 〔自我介紹〕：她是一個喜歡冒險、喜歡挑戰的人，不喜歡過於平淡，所以決定要當企業家這個角色。
- 〔生涯定位量表〕（後測）：挑戰稍爲明顯。

⑤專業

- 〔真正想要的是〕：知識豐富。
- 〔這一生最想過的生活〕：少年時，知識充足的生活。
- 〔老師對她的影響〕：數學的興趣。

4.綜合分析

該生在生涯定位量表上領導管理與地位聲望兩個向度上特別突出，前者更已接近非常符合的程度，在其他單元活動資料亦顯示該生定位於此兩項之傾向，量與質的資料分析均獲致相同結果。

該生原本在當醫生的夢想與自己的興趣間徘徊；在各單元活動中，多次出現成爲女企業家的夢想，及領導與溝通協調的人格；在團體中，逐漸釐清這兩方面選擇的動機，並確定自己的興趣與選組。該生在回饋問卷中表示，「現在終於有個目標。我的選擇是對的！」。此亦可由生涯定位量表中多數向度得分低（包括專業、自主、人際關係、挑戰、自我實現等）、顯示其定位趨於明顯的狀況反應出來。

伍、結論與建議

一、結論

1.本研究所編製之生涯定位量表，已建有高一常模，在信度與效度方面均在可接受範圍，雖尚待進一步之考驗，然已可適用於高中一般學生及資優學生，惟其結果之解釋仍以個別方式較爲妥適，亦即以個人在八個定位向度上之資料分析，對其生涯發展的助益較大，團體間的比較僅能大略了解某一趨勢，提供規劃輔導方案之參考。

2. 一般高中學生對自我的生涯定位並不明確，資優學生更是如此，此雖顯示其發展的空間頗大，但現行教育制度要求學生在高一下學期在自然組與社會組之間作一抉擇，可能對其形成困擾，尤其以資優女生的情況最值得注意。如何協助其在離開國中教育一年後，即能深入了解自我以及與大學科系之間的關連，從而作出明智的選擇（至少在大方向上能有所決定），需要更多的思量。

3. 本研究所設計之生涯實驗方案，在量化資料上並未顯示其預期的效果，然從成員的反應中仍可發現資優學生對生涯資訊、乃至生涯理念與自我了解的需求頗為殷切。此外，實驗組成員對團體經驗普遍持正向反應，亦可說明此類活動的必要，其效果可增進資優學生在專業學科上的學習動機，從而加強其繼續探究高深知識的基礎。

4. 一般學生的個別差異大，而資優學生更可能因其思考敏銳、興趣廣泛，以致其發展的空間更為多樣性，但同時亦可能帶給資優學生抉擇的難題而無法輕易地定位自我。由成員的個別晤談的反應中，可知進行團體輔導時，針對成員間的互動所帶來的豐富資訊與衝擊，仍宜以個別晤談（諮商）方式協助其統整各項資料，以免產生二度的迷失。

5. 由個案資料的分析可知，每一學生在考慮相關生涯因素時均不相同，所表示最有收穫的活動單元也不一樣，此反應「生涯因人的尋求而存在」的事實，也提醒從事資優生生涯輔導者生涯輔導應針對個人需要而實施。部分個案有多項興趣、具備多方面能力，以致面對生涯選擇時難以抉擇；另有部分個案思考較同年齡者成熟，思維深入，考慮多種因素間之相互關係，亦因而難做決定，造成生涯的阻礙。這些狀況均反應出面對資優學生個案應特別注意的現象。

二、建議

㈠生涯輔導方面

1. 可使用生涯定位量表以提供學生自我覺察與探索機會。

2. 資優學生的生涯輔導工作有及早實施的必要。

3. 資優學生有異於一般學生之處，有必要針對資優學生設計適切之輔導方案。

4. 資優學生具廣泛能力與興趣，其生涯發展有多元可能，宜增加資優學生生涯試探機會，以增進其適切選擇的可能性。

5. 生涯輔導之實施可同時採用團體與個別方式，資料之分析亦宜質與量並重。

㈡學校教育方面

1. 導正資優教育理念、落實資優教育精神，以確實協助資優學生的生涯發展。

2. 推展智能多元理念，重視各方面潛能的發展，增進資優學生的生涯發展空間。

3. 建立教師正確生涯理念，提供資優學生適切角色模範。

4. 妥善規劃輔導設施，安排輔導時間，以確實發揮輔導資優學生之功效。

㈢未來研究方面

1. 生涯定位量表雖已有初步信、效度資料，然爲確定其穩定有效，仍宜再進行其他信、效度之考驗。高二、高三學生常模方面亦有待進一步建立。

2. 生涯輔導的效果是否亦可擴及資優男生、乃至一般高中學生，尚有待實驗證明。

3. 生涯定位的概念對大學生及一般成人具有何種意義，與其生涯發展與成功之關係如何，均值得進一步探究。

資優教育中的弱勢族群
—原住民學生的學習特質與潛能研究

郭靜姿
張蘭畹
王曼娜

壹、前言

近幾年來，文化殊異學生的鑑定與教育問題頗受教育界重視，而其中尤以少數民族學生的教育問題更備受注目。在國內，雖然政府對於原住民兒童的照顧不虞餘力，給予諸多經費設備的補助，然其教育成效仍舊不彰。根據教育部（民 85）之報告，國內原住民學生之就學率及升學率普遍未臻理想。究其原因乃社會文化特質不同於主流社會，家庭社經多居於劣勢之故。是以，若欲提高其教育成效，當注重文化殊異本身及其所造成的不利環境對於教育品質及機會均等的影響。同時，筆者認爲，國內應對於具有優異學習潛能的原住民兒童透過公平的鑑定方式加以鑑別，提供充實或補救教學的機會，使其潛能得以發展。在國外，多位從事資優教育的學者（Frasier, 1993; Gallagher, 1985; Passow,

1982）也指出資優學生的鑑定必須重視到文化差異的影響，以給予文化殊異兒童公平的競爭機會。

欲提供原住民學生教育充實的機會，筆者認爲我們應對於個體之學習特質加以認識、評估，據以掌握適切的教育方向。而欲了解學童之學習特質不外乎由個體的智力狀況、學習潛能及學習成果加以研究。

貳、原住民學生之智力研究

國內最早研究原住民兒童能力特質的學者爲宗亮東與韓幼賢（民 42），他們以三種智力測驗及二種學科測驗比較了臺灣原住民兒童與平地兒童智力與學習結果的差異，並探討了原住民各族兒童智力差異的原因，期望能就研究所得，編製一套合適的智力測驗，爲各原住民國民學校運用。所使用的測驗工具爲：1. 非語言的團體智力測驗，2. 賓特勒兒童智力測驗，3. 庫赫斯拼圖測驗，4. 國語默讀測驗，及 5. 算術測驗。其研究結果發現：

1. 原住民各族兒童各種測驗的成績均較平地兒童爲低。原因係原住民兒童所處的社會環境與教育條件較平地爲差，換言之，平地兒童因環境較好，所得成績較高。

2. 非語文的團體測驗結果發現原住民兒童年級越低，與平地兒童智力的差異較少，年級愈高，智力差異較大。

3. 原住民兒童與平地兒童在賓特勒語文智力測驗成績之比較，其差異情形至爲顯著。

4. 原住民兒童與平地兒童在庫赫斯拼圖測驗成績的比較，亦顯示原住民兒童的成績，不及平地兒童的成績。

5. 原住民兒童國語默讀測驗的成績亦落後平地兒童甚多。

6. 原住民兒童算術成績雖亦落後，但與語文成績上的落後相較，算術成績落後的差距較小，可見原住民兒童在語言因素較少的算術學習能力表現較好些。

7. 在各族群智力的比較上，阿美族智商最高，其下依次爲布農族、泰雅族、排彎族。原住民各族，較近平地者，其成績較高，較遠者則低，社會環境對於兒童智力表現頗有影響。

8. 艾偉氏修訂非語文團體智力測驗第一類，爲評量原住民兒童智力較爲合適的工具。

紀文祥（民 66）亦曾以阿美族青少年爲研究對象，葛氏非文字智力測驗爲研究工具，比較原住民生與平地生在測驗得分上的相差。結果發現：

1. 阿美族青少年的智力隨年齡的增長而緩慢生長，年齡組間智力的相差多很顯著。

2. 阿美族男女青少年各年齡組間的智力比較，男生較女生爲高。

3. 原住民生與平地生智力的比較，平地生皆高於原住民生，其差異達到顯著水準。

任秀媚（民 75）以非語文符號圖形測驗及三項語文測驗（國音 字形 字詞義辨別）比較居住在文化不利山區之平地籍與原住民籍兒童，以及習用國語與習用泰雅語的原住民兒童其語言能力及智力之差異，並考驗語言能力對智力之影響。結果顯示：

1. 語文能力的確爲智力之重要影響因素。

2. 平地籍兒童之智力測驗得分高於原住民籍兒童，但兩組之語言能力則無顯著差異。

3.習用國語的原住民兒童語文能力優於習用泰雅語的原住民兒童，但智力測驗得分無顯著差異。

4.單語組兒童（平地籍使用國語的原住民兒童）的語文能力優於原住民雙語組（習用泰雅語的原住民兒童），但智力測驗得分無顯著差異。

中央研究院民族學研究所（85）編譯有關泰雅族之文獻中，親自擔任撫番和番童教育者之實際經驗指出泰雅族的智力，在感覺、知覺、記憶、想像等諸能力尙並不低劣，但是概念推理能力則顯著低下。

洪麗晴（民 85）運用「瑞文氏圖形推理測驗」比較桃園縣國小」原住民與非原住民學童在推理表現上的差異情形。結果發現：原住民學童的推理策略，多半屬於統觀的賦予意義分析，非原住民學童多屬於結構式邏輯推理分析。在非文字普通能力測驗的表現上，非原住民學童的分數比原住民學童高。

由上述文獻探討可知國內研究原住民兒童的智力特質，研究對象包括了泰雅、賽夏、排灣、布農、阿美等族。研究者使用改編自國外的語文或非語文智力測驗對於原住民兒童和平地兒童進行智力的比較。結果是：雖然已往使用的智力測驗以非語文智力測驗居多，大多數爲圖形推理測驗，然原住民兒童之智力表現仍舊比平地兒童爲低，可見原住民兒童不只是因語文的因素影響學習及智力成績，他們在非語文作業中的推理能力表現亦較普通兒童爲弱，究其原因可能是文化差異因素的影響，因此，筆者認爲以非語文測驗評量原住民學童的智力，仍舊有文化差異的偏差存在！

參、原住民學生之認知概念發展研究

不過，受文化背景影響的，不僅是智力，原住民學童認知概念的發展也如此。蔡春美（民71）以皮亞傑的認知發展理論爲基礎，探討台東原住民兒童面積保留測量概念的發展。結果發現：台東原住民兒童之面積保留與面積測量概念的發展年齡，比平地兒童落後。

陳世輝（民84）以花蓮地區三十六名原住民學童爲對象，進行生物概念的研究，亦有幾項發現：

1.原住民兒童對生物、活的與生命等概念之理解不同，語言文化與學習經驗可能是重要的影響因素。

2.原住民兒童使用之生物屬性與國小自然科學課程的設計並不一致。

3.原住民兒童之生物思考有以下特質：無類含概念、以自我爲中心、仰賴經驗、環境依附。

4.原住民兒童錯誤概念的來源：來自學習的誤解、來自認知發展的落後、來自實物經驗的缺乏。

潘宏明（民84）以三百名花蓮地區阿美、泰雅、太魯閣、布農學童爲對象，探討他們的數學與幾何概念，結果發現：

1.原住民各族只有語言沒有文字，使他們無法運用文字以進行邏輯推理，當（數學）問題比較複雜時，他們就會感到難以處理。

2.由於生活方式（比較簡單），他們語言中所使用的語彙比國語少，對他們的推理能力有影響。

3. 大部份的學童似不具有面積的保留概念，不具有立體的概念。

由上述研究報告中，可發現原住民兒童的認知發展亦較一般兒童遲緩。在保留概念、科學概念、邏輯推理能力上，其發展或能力表現均較一般平地兒童落後。

肆、文化殊異因素影響原住民學生之學習成果

在一九七〇年代之前，國外學者亦認爲少數民族（如黑人、印地安人等有色人種）的遺傳基因較差，智能比白人低，因此學習能力較差，學業成就比白人遜色（Jensen, 1969）。然而，批評 Jensen 觀點的人指出，遺傳基因說不折不扣正是白人歧視少數民族的證據，所以智力測驗所呈現的差距，與其說是遺傳基因的差別，毋寧說是不同社會環境所造成的結果。換言之，智力是文化經驗的產物，而非純粹來自基因的差別。因此，由基因判斷智能之高低並解釋學業成就的差別，是徹底錯誤的（Alland, 1973; Ito, 1967; Sowell, 1973）。

國內學者余光弘認爲，如果排除智力測驗中社會文化的偏差因素，原住民的智商和其他各種族無分軒輊（轉引自：陳依玫，民 76）。馬信行（民 74）探討社經背景對學業成績之影響，結果發現國中二、三年級學生，其學業成績優者，家庭社經背景也高。瞿海源（民 72）、李亦園（民 81）也認爲智力測驗的結果具有文化偏見，並不能表示智力之真正的差異。一般的智力測驗工具雖

有其信度，但對於文化背景殊異的原住民而言，一般智力測驗實難充分評量其潛能。但由於教育研究的結果發現智力、認知發展和學業成就有關，一般人士往往把原住民的低教育成就歸因爲智力和認知上的缺陷。

伍、教師眼中的原住民學生

以上有關原住民學生之智力與認知特質研究均採測驗的方式加以評量。不過，因爲所使用的測驗工具未能完全排除文化差異因素的影響，完全仰賴測驗方式做爲評估原住民學生學習能力的方法，似乎未臻理想。筆者認爲在評量原住民學生的學習能力及學習特質時，學界應思考及採用其他非紙筆的與非客觀化的評量方式以輔助運用上述測驗工具的不足。

郭靜姿、張蘭畹、林秋妹、王曼娜、盧冠每（民 87）曾以訪問教師的方式分析原住民學生之學習特質。受訪教師共計二十位，其所任教班級之原住民學生族群分布以阿美族學童爲最多，其後依次爲布農族、雅美族、卑南族、排灣族、鄒族。訪問題目如下：1.在您任教的班級中，原住民來自的國家有那些？2.在您班上原住民所慣常使用的語言？3.原住民在正常施測情境下接受測驗，可能遭遇的困難有那些？4.您所接觸過的原住民家庭文化背景如何？5.原住民課餘時間的運用情形如何？（約多少時間？）6.原住民的一般思考特質如何？7.原住民在各個學習領域之表現有何優點？8.原住民在各個學習領域之表現有何弱點？9.原住民之人際適應能力如何？10.原住民之一般生活適應能力如何？

一、教師訪談結果摘要

＊原住民學生慣用之語言

原住民學生在與家人、老師、及同學溝通，所慣常使用的語言，還是以國語爲主，除了九成的學童與家人溝通用國語外，和老師及學生都是使用國語。也有將近一半的學童使用母語與家人交談，並有近三成的學童會使用母語與同族的同學溝通。

＊原住民學生在一般施測情境下，可能遭遇的困難

在正常施測情境下接受測驗，原住民學生可能遭遇困難以讀題能力不足、書寫能力不足、和語言理解能力不足爲最大困擾。無遭遇任何困難的學童只佔總人數的二成。

＊原住民學生的家庭文化背景資料

根據原住民教師所提供的各項學生資料，發現原住民學生的家庭社經情形，以介於清寒及小康爲最大比例。在文化刺激方面，原住民學生普遍不足，佔了總數的六成以上。有四成的學生沒有得到良好的家庭教養。父母婚姻狀況，則有超過一半以上的家庭爲單親家庭或不美滿家庭。家中主要照顧者，除由父或母照顧各佔三成外，祖父母及親戚照顧者也佔了三成比例。

＊原住民學生課餘時間的運用情形

溫習課業時間以 30 分鐘至 1 小時最多。課外閱讀時間偏低，能自動閱讀的僅 1 人。特定技能學習時間，以花 1～2 小時學習的學生最多。在遊戲時間方面，以大部份時間都在玩的學生佔多數。在作家事時間方面，大部分學生都會幫忙做家事。此外，很多學

生花大量的時間在球類運動上。

＊原住民學生的思考特質

依教師的意見，原住民學生的一般思考特質，以思想單純者佔最多數，有二位教師認為原住民比較不會有較深遠的見解和思考能力之特質。也有幾位教師認為原住民學生新知識無法與舊經驗連結；缺乏廣泛性及整體性的思考；國語能力差，以致思考能力差；因為練習不足，不知如何思考。不過另外也有老師認為原住民學生學習能力強；觀察敏銳，好勝心強；經過師生的互動，會展現強烈的求知慾；此外，對事物的好惡較直接；豪放達觀、不受拘束；自尊心強。

＊原住民學生的學習優點

在各學習領域表現之優點方面，有九位教師認為原住民學生音樂歌唱節拍等方面表現最佳，有八位教師認為原住民學生體育表現良好，有六位教師認為原住民學生舞蹈動作表現優異。有五位教師認為原住民學生美勞藝能科表現活潑生動。

＊原住民學生的學習弱點

在各學習領域表現之弱點方面，有六位教師認為原住民學生語言能力及理解力不足，有五位教師認為原住民學生數理能力較弱。

＊原住民之人際適應能力

在人際能力上，有半數以上（七位）教師認為原住民學生人際能力良好，有三位教師認為原住民學生個性活潑開朗。

＊原住民之一般生活適應能力

原住民學生之一般生活適應能力大致良好。有四位教師認為原住民學生能快速適應新環境，有二位教師認為原住民學生自生能力強。

以下進一步將原住民學生在學習特質上之優弱點加以陳述。

二、原住民學生在各學習領域上之優點

在一般的學習能力方面，有受訪教師表示：原住民的視覺能力很強；在原住民的生活世界中，其視覺的經驗常是多姿多彩的，故其思考的角度常為多元化的。原住民的豪放、未受拘束，導致其藝術作品的美感度很好，作品的內涵寬闊、不死板，所以當老師述說一個概念時，原住民學童的腦海便很快連結相關的、豐富的視覺經驗，所以在動手創作時，便很好發揮。

而在各個學習領域方面，原住民的音樂、體育能力受到對自然環境的認識及體會所影響，通常在音樂、體育領域能力的表現較優秀。在音樂方面原住民很有天賦，不管在唱歌、節拍、音色等方面，都比一般漢民族學生優秀，原住民對於旋律的記憶能力極佳，任何新的曲子常常只要聽過一遍，便能將其旋律記熟，他們的作品也不會流於呆板，而且較有創意，並能針對自己所喜愛的興趣，自我要求。在體育方面，反應非常快，而且體能很好，舞蹈動作等肢體方面也是教什麼動作，馬上可以學會。據受訪教師們表示，很多原住民學童在藝能方面很突出，應該是傳統上有此天賦，而且他們對舞蹈、體育等能力的自我表現欲望往往高於語言、數理方面。

另有一位教師表示，過去原住民的聽覺記憶能力，由於受到「口傳文化」的影響特別優秀。原住民對其文化之傳承沒有任何憑藉、依賴的方式，常是透過不停地傳誦，所以不聽、不記便看不到了，因此聽覺記憶能力應該是不錯的。

三、原住民學生在各學習領域上之弱點

原住民學生在術科方面的表現非常優秀，但是在一般學科的表現就比較不如普通的學生，因為他們對於操作反覆的活動比較缺少耐性。此外，由於人生價值判斷的問題，通常原住民受到語言、文字、文化價值的影響，在語文、數理方面的學習成就不佳，而且如果其語文材料方面，是其生活經驗中未曾接觸、或是其不熟悉的概念，其學習效果便大打折扣。以下是原住民學生在各領域上的弱點：

㈠語文能力方面

多數受訪教師表示，原住民學生的語言能力比較差，也不擅長表達。

一位受訪教師表示，原住民學生由於其母語的說法和國語的邏輯不太相同，而且喜歡雙語並用，因此在作文或說話的表達結構上，就顯得很不順暢。

也有的受訪老師表示，其擔任四年的國語實驗課程，在未參與此課程實驗之前，原住民學童的語言程度很差，語言的學習環境也很不足，在語文寫作上常用許多口頭禪，在寫作及語言的表達上很明顯的夾雜使用來自祖父母輩的語言，受訪老師稱之為原住民國語。但是這些所謂的原住民國語並沒有母語夾雜，而是指

句子表達不順，腔調很怪，且使用很多電報語言。

另一位受訪者表示，由於環境的刺激不夠，雖然與別的學校一樣使用相同的課本和教材，老師的教學方式也相同，但是其班上部分學童的語文能力表現並不好。有些學生在溝通上，只能使用關鍵字，在寫作上，要寫完整的文章也很困難。有些詞句學童會說，但是無法書寫，有的甚至連注音都不太熟悉。老師在作文的批改上，常常得花上很多的時間。老師認爲：由於原住民壯年人口的大量流失，只剩下祖父母輩留在家鄉，有的因父母白天工作不在，留下孩子給祖父母照顧，如果祖父母的語言能力不足，對孩子的語言表達能力自然有很深的影響。老師認爲原住民學童的資質並不差，各項能力也不弱，很多問題源自於文化環境及家庭的刺激太少，父母與子女之間的互動也不足。如果在口語表達方面，老師能多提供訓練機會，學生的進步就會很快。

㈡數理能力方面

在數學教育方面，據一位受訪教師表示，曾利用國語實驗教學法應用在數學教學上，其觀察到大部分的學生可以將一般加減四則運算做的很好，可是在面對應用問題，需要理解思考時，學生常常無法了解題意。因此，常見的情形是語文好，算術就好；算術好，但如果語文基礎不佳，應用題便做得不好。所以算術成就的好壞關鍵有時是來自於語文的基礎上。

另外，也有老師認爲其班上孩子和孩子之間，學生和老師之間的互動太少，很少問問題，也不太回答問題，不太主動，造成老師不明白孩童課業不瞭解的地方在哪。有些學生由於語文能力不佳，對應用題的內容理解不足，如果題目稍微長一些，或複雜一點，學生就放棄作答，解決問題的動機不足，間接造成數學成績的低落。

也有的學童對數字的組合及理解都不好。據有些原住民受訪教師表示，以數學科的學習爲例：原住民對於「數字的概念」，從古自今，均較爲粗略大概。一般數算中，「1、2、3……100」有數算的概念，但 100 以後就用「很多」來表示，至於「萬」則無此概念，一律稱「無限大」；同樣地，也缺乏精密測量的刻度和工具。也就是說，在原住民的文化中，並無精確的數學表示法，間接影響原住民養成「差不多」、「大概」就好了的個性；而這種習慣也間接影響原住民學習的速度。數學是精確的學科，對原住民而言，「要求精確」便覺得有壓力。

一般而言，由於訪談地區學童家庭社經地位較低、經濟不利，學童也缺乏擁有大數目金錢的經驗（很少有超過 100 元的經驗），所以在數學基本運算方面的學習，只要數目超過 100，也連帶有學習方面的困難產生。

另外，原住民文化爲「口傳文化」，沒有文字等抽象符號，所以原住民學童在學習數學時，一開始在「符號」與「具體概念」的結合方面（例如：「1」代表什麼意義？），便發生困難；原住民學童在進入符號世界時就有困難，在數學科抽象概念的學習方面，當然就更爲困難。對於加、減基本運算的學習尚能負荷；但在高年級時，抽象數學概念的學習困難重重。所以，在數學科的教學過程中，如何配合原住民文化特色將抽象符號與概念相互結合，透過具體、半具體的教學經驗，使原住民學童了解抽象符號所傳達的概念，便是協助原住民學童學習成功的關鍵。

㈢一般學習能力方面

據受訪教師表示，原住民學生因為家庭社會經濟地位較差，文化刺激較少，又地處封閉，因此常常覺得自己的設備、生活、資訊不如平地兒童，使得其進取心比較弱，對未來缺乏規畫，且普遍存有自卑感。而且常常對教師教學方法無法適應，無法吸收所學課程，學習意願也逐漸低落；所以，受訪者表示，其實影響原住民孩子學習成就的真正原因，恐怕是「生活環境」因素。如果孩子生活在家長有高知識水準、重視孩子教育的家庭中，往往會有較好的成就表現。

整體而言，受訪教師認為：原住民不能脫離這個大社會而獨自生存，遲早要面臨大社會的競爭；原住民本身及從事原住民教育工作者，應有這一番認知。所以在從事原住民教育時。教育工作者應充分掌握教育的目標，而不應僅為原住民學童的學習成果評分而已；並建議暢通原住民的升學管道，讓原住民至少都有「高中職」的教育水準，而擁有在大社會環境之下競爭的基本能力。

陸、運用動態評量的方式評估原住民學生的潛能

一、動態評量的發展背景

運用動態評量的方式了解原住民學生的潛能是另外一個了解原住民學生學習特質的方式。在國外，動態評量的運用對象也是

由少數民族學生開始，以減少文化不利學生被錯誤分類至特殊教育班級的機率（Campione & Brown, 1987; Feuerstein, Rand, Jensen, Kaniel & Tzuriel, 1987; Haywood & Tzuriel, 1988）。

二、第一個以動態評量方式鳌測原住民學生學習潛能的研究

在國內，第一篇以動態評量方式鳌測原住民學童學習潛能的研究爲王曼娜（民 86）的研究。王曼娜的報告也發現原住民學童在標準化前測中智力商數顯著低於常模，而在內在能力組型上，以語文關係、邏輯推理及數學推理能力較弱，基本心智功能則較佳，尤以視覺記憶能力爲優。王曼娜就其施測觀察，歸納原住民學童在作答過程中之反應：1. 害怕難題，對自己的能力沒有信心，2. 不耐煩，3. 在有時限要求的測驗中，容易緊張，4. 對指導語的要求不明瞭，5. 對測驗內容無法完全理解，缺乏相關概念，6. 識字能力不足，7. 忽略題目的敘述，缺乏讀題的技巧，8. 直覺與反應衝動，9. 口語能力表達不足。上述作答態度及反應，均可能影響到原住民兒童在整體智力測驗中的得分。王曼娜就六位平地原住民兒童及六位原住民原住民兒童實施動態評量的結果，智力商數提高一個標準差以上的學童有五位（平地學童四位，原住民學童一位）；智力商數提高半個標準差以上的學童有四位（平地學童一位，原住民學童三位）；智力商數提高，但未達半個標準差的學童有三位（平地學童一位，原住民學童二位）。王曼娜指出原住民學童的學習潛能空間頗大，若能給予特殊的充實教育，潛能當能有較佳的發展。

三、文化殊異學生學習潛能評估模式的發展

郭靜姿、張蘭畹、王曼娜、盧冠每（民 88）發展了一個文化殊異學生動態評量的模式，並評估了 12 個原住民國小學童在介入教學後所表現之學習潛能。其所運用之評量工具爲新編中華智力量表及其相關例題。該研究發展了動態評量的介入模式、施測手冊及紀錄紙。研究旨在分析受試學生之潛能發展區間（ZPD），以研議未來文化殊異資優學生鑑定運用動態評量之可行性。以下爲模式之介紹。

㈠介入目標

由於原住民學生在一般測驗情境中，多有讀題能力不足、口語表達不足、語言理解能力不足、書寫困難等問題存在，且其家庭文化刺激普遍低於一般非原住民學生（王曼娜，民 86；郭靜姿等，民 87），動態評量重點在以介入的方式協助受試者了解題意、熟悉作答方式、學習解題技巧，使其潛能在測驗過程中充分表現出來。若學生在介入後已能掌握答題方式，介入則終止。介入目標達到後其餘之測驗仍舊採用標準化測驗方式。學習潛能的評估係比較受試者在前後兩次測驗中得分之差距。

㈡介入階段

該模式採用「標準化前測—介入教學—標準化後測」的方式。在標準化前測之後，進行動態評量，各分測驗**介入之起點**爲受試在前測中第一個作答錯誤的題目，**介入之終點**爲受試在介入教學後連續三題能夠在未介入或少量介入的情況即答對，表示受試已習得解題的技巧。**介入歷程**採用半標準化的介入，依受試的

需要及特質決定介入內容，唯介入方式分為三部分：1.作答前介入、2.作答中介入（又分少量介入、中度介入、大量介入）及3.作答後介入，此三部分各有介入的策略及重點。作答中介入依介入層次而有不同的計分方式，介入愈多，得分愈低：原來答對得1分的題目，予以少量介入得0.75分，予以中度介入得0.5分，予以大量介入得0.25分，無法作答得0分。

㈢介入重點

1.作答前介入

✧ 說明解題方式，鼓勵受試者嘗試。

✧ 提示解題應有的變通技巧。

2.作答中介入

少量介入

✧ 提醒受試者檢查答案，協助其自我校正。

✧ 立即回饋以增強受試者之自我校正行為。

中度介入

✧ 提示可用的策略。

✧ 讓受試者自行選擇策略解答相關例題。

大量介入

✧ 直接示範策略，讓受試者學習。

✧ 嘗試運用多種策略，使受試者能找出適合其風格的解題策略。

✧ 若受試者經各種嘗試仍未能自行解題則停止。

作答後介入

✧ 請受試者將解題經過用語言表達出來。

- ✧ 請受試者分析解題成敗的原因。
- ✧ 請受試者說出修正調整的方法。
- ✧ 鼓勵受試者自動探究，提高學習效果。
- ✧ 鼓勵受試者自我增強。增進學習動機。

介入終止

- ✧ 介入教學後受試連續三題在未介入或少量介入的情況下答對，則終止介入。
- ✧ 介入教學後受試連續三題無法作答，則終止介入。
- ✧ 介入終止後，其餘題目以標準化施測方式繼續完成。

㈣介入原則

該模式因運用於資優的鑑定，在評量過程中著重學生讀題能力、答題方式及解題技巧之協助，對於學生在解題時所欠缺之相關概念則不予教導。語文及數學概念之教導需時甚長，若在介入過程中逐題教導學生不足的概念，恐有教導整份測驗之虞存在，較未符合評估潛能的原則。對於文化殊異或不利資優的學童，該介入模式以教導「方法」爲主，讓學生在了解答題方式及策略後自行運用在題目的解答，一旦學生了解答題方式及作答策略後，介入即可停止。

㈤研究發現

研究者發現原住民受試學生在接受介入教學後，在新編中華智力量表之前後測結果，以視覺搜尋、視覺記憶、圖形統合、及圖形推理的發展區間最爲寬廣，平均發展區間有 1.3 以上的標準差；發展區間最窄的則爲語文關係及數學推理。因此推論，原住民學生在視覺的記憶及推理上，只要經過介入，了解題目的要求之後，往往有相當不錯的成績。然而，在語文及數學方面，由於原住民學童的語文基礎並不佳，因此很難在短時間內經過介入而有所改變。至於數學推理方面，原住民學童的數學基礎普遍不足，因此也很難在短時間內有顯著性的效果。但是原住民學生整體的潛能發展區間為 1.5 個標準差，顯示原住民學生若經協助，發展潛能可觀。12 位原住民學生在動態評量後測中，發展區間在 0.5～09 個標準差者有 2 人，在 1.0～1.4 個標準差者有 4 人，在 1.5～1.9 個標準差者有 4 人，在 2.0～2.5 個標準差者有 2 人。此外，在後測中智商達到 120 以上者十二位學生中有四位。四位原住民學生原來在標準化前測中僅有一位智力達到資優的標準。

柒、總結

由上述種種有關原住民學生之智力、認知概念、教師訪談、及學習潛能評估研究中，可知原住民學生或由於文化殊異的因素，或由於文化不利的因素，在一般紙筆式及標準化測驗中能力表現均不及於一般平地學生，但若予以文化刺激或以介入教學方式評估其學習潛能，則發現原住民學生的發展潛能頗高。

原住民學生在其能力組型中，有其學習的優弱點存在，故而在學習表現上，有與一般學生不同之處，此種不同顯現在視覺、聽覺、音樂、動作能力方面特別優秀，而在數理及語文能力方面特別不足。然而一般智力與認知能力測驗與語文及數理能力的相關至為密切，故原住民學生在其中表現至為不利，即連非語文測驗亦難完全排除文化不利的因素，因為原住民學生平日即十分欠缺推理能力的訓練，故在非語文的推理測驗中，表現亦不佳。

欲突破文化殊異及不利的因素以協助原住民學生發展其潛能，筆者認為以動態評量方式發掘原住民學生的學習潛能是一個可行的方式。傳統以標準化的施測結果界定一個孩子的學習潛能有多少或能力有多高，確實容易低估學習的潛能。如果以學生在標準化測驗中的表現做為預測學習能力的指標，將大大低估學生在教育上的可塑性！動態評量是一種重視互動、回饋的施測方式，對於受試學生而言，動態評量提供了他們檢省自己作答方式、作答技巧的機會，無形當中增強了能力與信心，老師也可由施測歷程中發現出形形色色潛藏的才能，對受試者而言，測驗不再只是測驗，而是一種學習與心智的成長。

在資優的鑑定上，由於運用客觀化的評量方式鑑定兒童的智能，往往低估文化殊異或不利兒童的潛能，因此可以發現在資優教育方案中，無論是文化殊異的學生或是身心障礙的學生，均少有機會接受到資優教育的薰陶（郭靜姿，民 84），許多有才能而在智力測驗中無法有最佳表現的孩子，也許就在所謂「公平一致」的原則下喪失了接受資優教育的機會。欲突破上述的限制以協助文化殊異及不利學生發展其潛能，未來資優的鑑定可從幾方面加以調整：1.採用動態評量的方式發現學習潛能空間大的學生，予以充實教育的機會。2.編製適用於文化殊異學生的鑑定工具，以公平鑑定其能力。3.調整鑑定的標準，提供保障名額予文化殊異及不利學生。特殊教育法第二十九條明訂各級學校對於社經地位文化不利之資賦優異學生，應加強鑑定與輔導。此項條文之落實，有待學術研究人員及學校相關人員的共同努力。（郭靜姿為

國立臺灣大學特殊教育學系教授，張蘭畹爲臺中師範學院初教系副教授，王曼娜爲臺北市大橋國小特教組長）

參考文獻

一、中文部份

中央研究院民族學研究所編譯（民85）:〔**番族慣習調查報告書第一卷**〕**泰雅族**，32-35頁。

王曼娜（民86）：**臺灣原住民國小學童學習潛能之釐測－運用動態評量模式**。國立臺灣師範大學特殊教育學系碩士論文。

任秀媚（民75）：原住民單語與原住民雙語兒童語文能力及智力之比教研究。**新竹師專學報**，13期，193-208頁。

李亦園（民81）：比較理論研究報告。載於李亦園、歐用生合著，我國山胞教育方向定位與課程設計內容研究。教育部：**山胞教育研究叢書之二**。8-10頁。

宗亮東，韓幼賢（民42）：臺灣原住民兒童智力的研究。**測驗年刊**，1，26-32頁。

洪麗晴（民85）：**原住民與非原住民國小學童推理表現與其策略使用之差異研究**。國立新竹師範學院國民教育研究所碩士論文。

馬信行（民74）： 家庭文化背景與學業成績的關係。**政治大學學報**，51期，139-165頁。

紀文祥（民66）：台灣省阿美族青少年智力發展之研究。**教育與心理研究**，1，83-96頁。

陳世輝（民 84）：**原住民兒童生物概念及生物分類之研究**。國立花蓮師範學院數理教育學系，國科會委託專案研究報告。NSC84-2511-S-026-002N。

郭靜姿，張蘭畹，王曼娜，林秋妹，盧冠每（民 87）：**文化殊異資優學生資優生鑑定模式與評量之研究㈠**。國立台灣師範大學特殊教育學系。國科會委託專案研究報告。NSC87-2511-S-003-039。

郭靜姿、張蘭畹、林秋妹、王曼娜、盧冠每（民 88）：文化殊異學生之學習特質研究。**國立臺灣師範大學特殊教育研究學刊，17 期**，325-344 頁。

郭靜姿、張蘭畹、王曼娜、盧冠每（民 88）：**文化殊異資優學生鑑定模式與評量之第二年研究成果報告**。國科會八十八年度專題研究計劃報告，NSC88-2511-S-003-065。

郭靜姿、張蘭畹、王曼娜、盧冠每（民 88）：**動態評量介入手冊**。國科會八十八年度專題研究計劃成果，NSC88-2511-S-003-065。

潘宏明（民 84）：**花蓮縣原住民國小學童數學解題後設認知行爲及各族原住民固有文化所具有的幾何概念之調查研究**。國立花蓮師範學院數理教育學系，國科會委託專案研究報告。NSC84-2511-S-026-006。

蔡春美（民 71）：**台東縣原住民兒童面積保留與面積測量概念的發展**。國立台灣師範大學教育研究所碩士論文。

瞿海源（民 72）：原住民教育政策評估。載於李亦園等撰，**原住民政策評估報告書**。南港：中央研究院。

二、英文部份

Campione, J. C. & Brown, A. L. (1987). Linking dynamic assessment with school achievement. In C. S. Lindz (Eds.). ***Dynamic assessment: An interactional approach to evaluation of learning potential*** (pp.82-115). New York: The Guilford.

Feuerstein, R., Rand, Y., Jensen, M. R., Kaniel, S. & Tzuriel, D. (1987). Prerequisites for assessment of learning potential: The LPAD Model. In C. S. Lindz (Eds.). ***Dynamic assessment: An interactional approach to evaluation of learning potential*** (pp.35-51). New York: The Guilford.

Frasier, M. M. (1993). Issues, problems and programs in nurturing the disadvantaged and culturally different talented. In Heller, Monks and Passow (Eds.). ***International Handbook of research and development of gifted and talented*** (pp.685-691). Oxford: Pergamon.

Gallagher, J. J. (1985). ***Teaching the gifted child (3rd. ed.)***. Boston: Allyn and Bacon.

Haywood, H.c. & Tzuriel, D.(Eds.).(1988). ***Interactive assessment***. New York: Springer Verlag.

Kaplan, S. N. (1974). ***Providing programs for the gifted and talented***. A handbook. entura, Calif.: Office of the Ventura County Superintendent of schools.

Passow, A. H. (1982). The gifted disadvantaged: Some reflections. ***In identifying and educating the disadvantaged gifted and talented***. Selected proceedings from the fifth National Conference on Disadvantaged Gifted and Talented. Los Angeles, CA: The National/State Leadership Training Institute on the Gifted and Talented.

身心障礙資優生身心特質之探討*

盧台華

壹、緒論

我國資賦優異教育之發展，自民國六〇年代的教育實驗開始。迄今，資賦優異學生接受特殊教育服務的人數，已從最早的數十人到目前的數千人，而服務的對象也逐漸擴大，從早期一般能力優異、特殊才能，擴及學術性向優異。整體而言，國內資賦優異教育的進展已逐漸邁入制度化。

值此資賦優異教育發展的歷程中，現況的檢視誠屬必要。雖然特殊教育法將資賦優異教育與身心障礙教育均納入法令內容中，但實際發展上，確有涇渭分明之勢。身心障礙學生的分類係依其主要障礙加以歸類，如有聽覺障礙，則屬聽障教育範圍；有視覺障礙，則歸為視障教育對象。換言之，特殊學生接受特殊教育的依據，全然因其主要障礙而定。唯自中外古今歷史中發現的確有許多傑出人士，本身有身心障礙的情形。諸如世界著名的貝多芬在失聰後，仍然可以寫出偉大的田園交響曲；自幼失明且又

*本文摘自國科會專題研究報告（NSC-84-2511-S-003-068）。

聾又啞的海倫凱勒，在良師的指導下，亦成爲社會福利的鼓吹者；美國羅斯福總統雖然肢體，卻不妨礙其成爲縱橫俾闔的政治家；其他如 Albert Einstein，Woodrois Wilson，和 Anguste Rodin 均有關讀、書寫、或拼字方面的障礙，卻均爲相當傑出且著名的人物（Thompson, 1971）。國內肢體障礙者中，亦有傑出的中央研究院院士許倬雲先生、推動社會福利不遺餘力的作家劉俠女士、腦性麻痺但繪畫創作優異的藝術博士黃美廉小姐等（李翠玲，民 79）。然此些有傑出表現的殘障資優者僅爲身心障礙資優者的少數，以資優聽障生爲例，Gamble（1985）的調查研究中指出其出現率約爲 4.2%，且聾父母所生之聾童，資優的出現率更高達 24%，唯其中僅有 15% 左右接受資優教育的教學。由此推估，尚有更多身心障礙資優的學生尚待我們去關心與提供必要的協助。

雖然身心障礙資優者爲早已存在的事實，但社會對這類學生的關懷，不過是晚近之事。即使特殊教育發達如美國，關懷身心障礙資優者的正式組織，仍至一九七六年才在特殊兒童委員會（Council for Exceptional Children）的分會資優兒童協會（Association for the Gifted）中，設立了殘障資優小組。此後，社會與學校掀起對身心障礙資優者的重視與關心，終至一九八〇年代，身心障礙資優漸成一個研究領域，尤其近十年來，資優兼學障者更是一項大眾關心且爭相探討的領域。反觀我國，雖然資優教育與身心障礙教育各自有相當規模的發展，但對於同時具有資優與身心障礙兩類特質的學生，卻未曾有任何的關心與提供必要的教育方案，甚至在目前的甄選方式與過程中，根本沒有被鑑定爲資優的可能。本研究的目的，即在關心我國資優學生中未被重視的身心障礙資優學生，透過對此類學生身心特質的了解，喚起國人對此些學生潛能與教育的重視，以為甄選此類資優學生的參考，且期以本研究結果，作為整體而完善之資賦優異教育方案設計的參考依據。

有關身心障礙資優兒童、一般身心障礙者、與非障礙的資賦優異兒童間的身心特質差異方面，Witmore 與 Maker（1985）曾對含聽、視、肢、學障的資優個案研究中，發現這些在生涯歷程中成為傑出人才的身心障礙資優者共有的特質是充滿自信，能接納自己的障礙，成就動機強，能發展達至目標的創造性問題解決策略。盧台華（民 75）從文獻探討中發現資優學障學生的一般特質，包括：對感興趣的領域會專精的深入研究，較喜愛的學習方式偏向於問題解決或經驗連結的方式，多半具有優異的推理、問題解決及理解能力，在某一學科或多種學科的潛能與實際成就間常有很大的差距，多半不快樂，對自己本身及其學業成就的表現均不滿意。黃瑞珍（民 76）根據其任教啓聰班十餘年的經驗，發現聽障國中生中有不少英才，其特質如超常的記憶力、深入的理解、好奇心、語言能力等，與一般非身心障礙資優生無異。在其個案研究中，發現適應良好或有卓越成就者，均有正向的特質，如對自我的接納與肯定，充分的自信心，以及對自己的缺陷發展出各自的彌補方法。李翠玲（民 79）訪談國內二十位傑出的肢體障礙人士，歸納出影響這些傑出肢體障礙人士生涯歷程的心理因素，包含：對自己的能力充滿信心，學業與職業成就動機強，但其動機來源主要為父母，少數來自教師，多數有內控傾向，極易有補償心理，且最重視「美滿的家庭」之價值。

Yewchuk 與 Lupart（1993）綜合美國近十年來的許多相關研究後指出，身心障礙資優兒童兼具了資優兒童與殘身心障礙障兒童的特質，其正向的特質包括優異的記憶力；超常的分析與問題解決能力；強烈的追求及深入了解知識的動機；良好的語言能力，包含口語及寫作等；優異的理解力；敏銳的幽默感；追求學業與智能活動的毅力；與善用個人的長處。在負向特質方面，則有對自身障礙的接納程度不高；自我觀念薄弱；社交上有害臊、羞愧等不舒服的情緒；具強烈的憤怒與挫折感；有發洩與解脫被鬱積精力的需求；與同儕、老師與家人間，有人際溝通的困難；在某些技能及學科學習上有困難。他們認爲身心障礙資優兒童由於同時具有兩類特殊兒童的特質，在相互作用下，可能產生某些影響。有關其特質與影響的分析如表一。

表一　身心障礙資優兒童具有之資優與障礙特質交互影響情形

資優兒童特質	身心障礙兒童特質	對身心障礙資優兒童的影響
某些方面的優異能力	身心的障礙	能力上有很大的差異
完美主義者	成就低下	產生挫折
很高的抱負	較少被期望有所成就	形成內在衝突
資優同儕較少	身心障礙同儕較少	社交上的困難
動機與決心強	身體上受到限制	精力鬱積無所發洩
冀求獨立	身體缺陷	發展出創造性的問題解決方式
敏感性高	自我貶抑	薄弱的自我觀念
對未來生涯有很大的企圖心	發展的途徑因障礙受到限制	感覺被排斥

（引自 Yewchuk & Lupart, 1993, p712）

綜合以上文獻，身心障礙資優學生在優越能力與障礙條件受限兩種近似相反的特質向度下，可能會導致以下之狀況與衝突：

1. 身心障礙資優兒童的天賦基本上與一般資賦優異兒童應無太大的不同，但由於身體或某方面的認知缺陷，造成其在內在能力上展現極不協調的差異。Steeves（民 81）曾指出，資優學障學生在魏氏智力量表 （WISC-R）上的表現，從側面圖可以看出高低不同的曲線，某些分測驗的百分等級在百分之九十九，某些則爲百分等級二十五以下。換言之，學生的能力有參差不齊的現象。

2. 資賦優異者通常是完美主義者，具有崇高的理想與抱負，帶有此種特質的身心障礙資優兒童，由於身體的缺陷，使得成就表現不如所應達至的水準，或因爲障礙，較少被期望有所成就。

3. 在人際關係方面，資優者通常具有喜與年長者相處，不願和同儕交往的傾向；此外一般而言，喜歡身心障礙者的同儕本來就不多。此二者相加，導致身心障礙資優者社交技巧的缺乏。甚至，會有被周圍人們排斥的感受。

4. 由於本身受到的限制，身心障礙資優者強烈的學習決心與動機，希望自己能夠獨立自主的活動，通常無法達成。其結果雖可能驅使其產生創造性的問題解決方式，以補償或替代的方法，滿足自己的願望；唯也可能沒有積極的調適途徑，使其旺勝的精力與企圖，鬱積在身上，無從發洩。

以筆者近三年來接觸就讀大學之視聽障學生的經驗，即發現其多爲資優生，而在身心特質方面有極大的衝突與需協調之處，值得作更進一步之探討。本研究之主要研究問題爲：

1. 調查目前各類障礙學生中，資優者的就學、生理、家庭現況與背景資料。

2.探討身心障礙資優生智力、資優特質、自我接納、社交人際與人格特質的情況。

由於目前適宜各類身心障礙資優生所施行的智力測驗欠缺，各種測驗均有其限制，造成測驗結果有低估學生智力之虞，是以本研究對各類身心障礙資優生的界定以較從寬的智力爲標準，請各學校參照其團體智商，以 115 以上爲推薦參考，並以教師直接觀察其學習行爲是否具資優特質，而學業成就在一般同年齡水準以上，做爲資優之認定標準，而身心障礙部分則分別依其障礙類別另加界定。因此，本研究所謂之「身心障礙資優者」或「資優身心障礙者」，係指兼具身心障礙與資優兩類特質的人而言，而無論其係屬視覺障礙、聽覺障礙、肢體障礙或學習障礙者均稱之；「視障資優生」係指依萬國式視力表測定其優眼視力在 0.3 以下或視野在 20 度以內之學生，智商中上以上，經由教師推薦具資優特質，同時其學業成就至少在一般同年齡學生的水準之上者；「聽障資優生」指聽覺機能永久性缺損，聽力損失在 25 分貝以上者，經由教師推薦具資優特質、學業成就在一般同年齡學生的水準之上且智商中上以上者；「肢障資優生」指上肢、下肢或軀幹欠缺正常機能，或有腦性麻痺現象，至接受教育有一定困難，經由教師推薦具資優特質、學業成就在一般同年齡學生的水準之上且智商中上以上者；「學障資優生」係指智能佳，但在學科學習上有明顯差異與困難者，如有閱讀、書寫或算數缺陷，經教師推薦具資優特質，且其學業成就在一般同年齡學生的水準以上者。

貳、研究方法

本研究採資料收集、測驗施測、問卷調查、與教師訪談等方式進行研究。筆者於八十三年十月至十二月間，先對臺灣北、中、南區的 1523 所高中（138 校）、國中（364 校）及國小（720 校）進行調查，其中包含 301 所特殊學校與 1222 所一般學校，後者涵蓋設有資優、肢障、聽障、視障、學障類的特殊及資源班，請其依筆者提供之各類身心障礙資優生定義與參照標準，推薦各類身心障礙但具有資優特質學生的資料。之後將 60 所學校所推薦的名單及資料整理，總計有 102 名學生 （聽障 43 人；視障 23 人；肢障 26 人；學障 10 人），再徵求學生家長的同意，共取得 81 名受試者。於民國八十四年一月中旬舉辦施測與訪視訓練，並針對部分視、聽、肢障生受限制的測驗實施方式加以調整，儘量採較適宜其吸取資訊的管道施測。於一月至四月間，由受過訓練之二位研究助理與七位特教系三年級學生進行各項測驗施測、問卷調查及赴學校訪談的工作。所得資料於五月至七月間整理分析，八月至十一月撰寫研究報告。

本研究之對象爲具有身心障礙的資賦優異學生，包含 17 名視障資優生、33 名聽障資優生、26 名肢障資優生與 5 名學障資優生。採用之研究工具包括以下各項：

一、簡式（甲式）中華智力量表

此為一個別智力測驗，適用於資優學生的鑑定。由國立臺灣師範大學特教系（民 83）編製，有常識、方塊組合、算術、連環圖系、類同五項分測驗，先由原始分數換算為標準分數（由 1 至 25 分），再由分測驗標準分數總和轉換為智力商數。測一學生約需 40 分鐘。

二、賴氏人格測驗

由賴保禎（民 83）根據基氏人格測驗編製而成,適用於國中以上程度之學生，有十三個分量表（每一分量表含十題），分屬內外向性格（50 題）、社會適應（30 題）、情緒穩定（40 題）與誠實性（10 題）四個因素，每題最高得分為二分，最低為 0 分，越高分表示性格越外向、社會適應不佳、情緒不穩定。先由原始分數轉換為百分位數或人格等級常模，為一團體測驗，測驗時間約四十分鐘。

三、兒童自我態度問卷

為郭為藩（民 76）所編製，係一自陳式量表，以測量國小學生的自我概念與人格特質。包含對自己身體特質、對自己能力與成就、對自己人格特質、對外界的接納等態度與對自己的價值系統與信念五項領域，共有 80 題，每領域有 16 題，包含正向題與負向題，每題以一分計，分數越高表示自我觀念越積極。測驗時間約為三十分鐘。

四、學習行爲觀察量表

此量表係爲了解資優學生的學習行爲特質而設計的，由吳武典、郭靜姿 、陳美芳、蔡崇建（民 76）編製，爲資優生甄選的參考依據。分爲學習能力、學習精神、創造能力、人際溝通能力、研究報告能力、與成就表現六項分量表，每一量表有十題，採四點量表評定，每題最高爲四分，最低爲一分，由教師填寫，滿分爲 240 分，分數越高表示學習行爲越佳。

五、對「殘障」態度量表

採吳武典、盧台華（民 77）修訂自 Linkowski, D. C.的 Attitude Toward Disability Scale（1969），以了解身心障礙者對自身障礙的接納程度。計有五十個項目，爲一六點量表，每題最高得六分，最低爲一分。有正向題與負向題，滿分爲 300 分，分數越高表示對自身障礙越能接納。

六、自我了解問卷

此爲筆者針對學生的情緒穩定、社交技巧等編製之四十個項目的五點評量表，以了解其對人際社交上的態度與個人因應方法。每題最高得五分，最低爲一分。有正向題與負向題，滿分爲 200 分，分數越高表示社交技巧越佳。

七、訪問調查表

筆者根據不同類別障礙的資優生編製四種訪問調查表，內容包含學生個人基本資料、障礙狀況、資優特質、生育歷調查、求學經歷與家庭狀況等。

至於資料處理與分析部分，筆者將所收集之量化資料以 SPSSPC 套裝軟體程式，採次數、百分比、t 考驗、單因子變異數分析等方式處理，並對部分不宜量化與特殊個案的資料以質的方式進行分析。

參、結果與討論

一、身心障礙資優生的就學、生理與家庭狀況背景分析

本研究針對 81 名身心障礙資優生的各項調查，發現有 7.4% 就讀於各類身心障礙特殊學校，12.3% 就讀於各類資源班，其餘有 80.3%就讀於普通班。在就讀普通班的學生中，有 1.2%（n=1，為腦性麻痺者）課後在住宿式殘障福利機構中生活，顯見目前此類學生，或因學習能力佳並未接受任何特殊教育服務，或仍以其障礙為主要的就學安置依據，而皆未能有機會進入國內資優方案中就讀。未來在轉介、推薦與甄選時似應注意此類學生的資優特質與需要，就其資優部分提供適當的特殊教育服務。由國小推薦人數佔 63%，國中為 34.5%，高中僅 2.5% 的比率觀之，障礙生的資優特質似乎有隨年齡越大，越不易顯現，或其受教機會亦越低之趨勢。此可能與國內國小、國中與高中的分布本呈金

字塔的結構有關外，障礙限制造成的學業成就與資優特質不易顯現等亦是可能因素，值得進一步探究。由分布地區而言（見表二），在北區最多（n=60，佔 74%），南區次之（n=13，佔 16%），中區最少（n=8，佔 10%），除因受人口分配與調查學校數有關外，似亦可能因北部大都會區對此類學生的認識、注意與接受度較高。

筆者對受試之生理狀況與家庭背景亦做了深入調查，發現本研究男女受試者的年齡、出生重量、父母親的年齡與生育受試者時的年齡皆相當，由各平均數與標準差觀之均可謂正常，且變異不大。就各類障礙資優生而言，在年齡上，聽障與肢障生相當，此乃因國高中受試中以肢障與聽障較多，而視障與學障生極少；在出生體重、母親年齡與生育受試時之年齡上，四類身心障礙資優生間的差異均不大，唯在父親年齡與生育受試時之年齡方面，學障生父親的生育齡與年齡較大，且有極大的個別差異（SD=11.88 與 11.29），唯因人數過少，僅供參考，且由整體平均數看來，無論在出生體重、母親年齡與生育受試時之年齡、與父親年齡與生育受試時之年齡方面，四類身心障礙資優生皆算正常。

除因學障組人數過少，不宜作統計考驗外，爲了解各類身心障礙資優生間的差異，筆者乃對其他三種組別在各變項上是否有差異進行單因子變異數分析與事後考驗。結果發現除三類身心障礙資優生在中華智力量表部分分量表上有差異外，其餘並無任何顯著差異存在。

由受試在中華智力量表的表現看來，在全量表上，肢障資優生的平均智商爲 111、視障資優生的平均智商爲 110、聽障資優爲 106、學障資優則僅有 98。由分量表的標準分數觀之，可看出四類身心障礙資優生確有部分內在差異存在。聽障資優生的常識與類同能力較差，視障與肢障資優生的連環圖系能力較差，而學障資優生的算術能力最差。除因學障人數過少不宜作統計考驗外，三組學生經變異數分析與 Scheffé 事後考驗結果發現，聽障學生在常識與類同測驗上，的確顯著低於視障與肢障生；而視障生的連環圖系測驗結果亦顯著低於聽障生。上述結果顯示，智力測驗對具不同障礙的學生確實有其限制，故採用全測驗智商來評量這些身心障礙資優生並不公平且其結果可信度不高，應去除不利於其障礙管道的分量表，或以其他分測驗代替，或直接觀察學生的實際表現方式，才能真正發掘其智能。以本研究而言，受試之智商應不止於所測得之智商數。

就資優特質部分觀之，在學習行爲評量表中顯示，教師普遍對學障資優生的各項資優學習行爲評定爲最低，但因人數不足，不宜考驗與其他組的差異，唯由平均數看來差異頗大。至於其他三組，經變異數分析發現均無顯著差異存在。一般而言，教師認爲此些身心障礙資優生的學習精神較佳，而研究報告能力較差。除學障生的資優特質平均評定在完全不符與偶而相符間外，其餘三類身心障礙資優生的資優特質平均評定在偶而相符與大致相符間，然因標準差距大，顯示個別差異亦大。

此外，在與受試導師、有關教師訪談及筆者對參與本研究身心障礙資優生之資優特質觀察敘述，進一步深入探討其資優特質。由總次數發現聽障資優生的資優特質最易顯現。由敘述特質中，可見此些身心障礙資優生之主要資優特質爲某學科或藝能科表現優 （33%～50%）、主動學習或學習動機強（19%～46%）、領悟力或理解力強（12%～24%）等三項，此與文獻發現（李翠玲，民 76；黃瑞珍，民 76；Yewchuk & Lupart, 1993）尚稱一致。

在對自身障礙的接納態度上，除學障因無顯著生理或外觀障礙不宜施測外，其他類別身心障礙資優生間並無差異存在。而由平均得分觀之，受試對自身障礙均能接納，且能積極向上，與 Witmore 與 Maker（1985）、黃瑞珍（民 75）、李翠玲（民 76）的發現一致。

在筆者自編自我了解問卷上，可看出學障比其他障礙資優生的社交技巧與情緒穩定能力差，其他三類則能力相當，與每題最高 5 分、滿分 200 分比較，這些學生的社交技巧與情緒穩定可謂尙佳，此與 Yewchuk 和 Lupart（1993）的文獻探討結果不甚相同。

有關國小身心障礙資優生的人格測量結果上，在兒童自我態度問卷表現上，男女生在五個分量表與總量表上並無差異存在，但與民 76 年的常模比較，在"能力成就"與"人格特質"兩分量表與總量表上，男、女、及全體身心障礙資優生均比一般學生佳；在"外界接納"上，除男生外，其餘兩組均比常模學生佳；而在"身體特質"與"價值信念"上，則與一般學生相似。此項結果顯示，身心障礙資優生在各項身心特質表現上並不比一般學生差，而在"能力成就"與"人格特質"上，甚至比一般學生佳，可見此些學生已能轉化其阻力爲助力，對自我有相當高的期許與自信，與上述殘障態度量表與自我了解問卷結果頗爲一致。

由各類國小身心障礙資優生與常模間的人格發展的差異分析結果發現，學障生除在外界接納分量表上，與其他三組差異不大，其餘分量表得分均明顯低於其他三組與常模。唯因人數過少，不宜作統計考驗，然由平均數可見其在"能力成就"一項上的得分最低，顯示參與本研究之學障資優生對自我能力與成就的態度不如其他身心障礙資優生，但與常模較接近。肢障生在“身體特質”與“價值信念”的表現與常模相近，然在其他各項分量表的表現上，則與聽障生類似，因其人數僅有十名，故未作統計考驗。至於國小聽障與視障資優生與常模的比較，在自我態度問卷的“能力成就”及總量表上均優於常模學生，聽障與視障資優生的“人格特質”表現高於常模，視障生在“外界接納”的表現高於常模，且聽障資優生在“身體特質”分量表的表現亦優於常模。上述結果顯示，除學障資優生外，能被本研究發掘的各類國小身心障礙資優生，在自我接納、自我概念、人際關係與情緒穩定方面均有較正向與積極的表現，此與前述評量結果一致，與許多研究發現（李翠玲，民 76；黃瑞珍，民 75；Witmore & Maker, 1985）類似。

在國高中身心障礙資優生在賴氏人格測驗的結果分析上，因無論在性別或各類身心障礙學生的人數均有低於 15 人的情形，故並未作統計考驗。唯由男女生之等級平均數及標準差中顯示，在誠實性上的平均數有 3.17，超過平均值 3.00，顯示測驗結果尚稱可信。由各分量表等級觀之，在內外向性格上，無論何種性別的身心障礙資優生似乎偏向內向性格，亦即活動性較弱、服從性略高、較具內在思考傾向，在社會性與憂慮性上則中等；社會適應的良好與否方面的結果顯示男女生的適應性均尚可，稍偏向於客觀、可協調、且攻擊性不高；在情緒穩定性上發現，皆有抑鬱性較高且變異性略高，而自卑感較低，神經質接近中等的情形。

至於各類身心障礙資優生的表現，在顯示測驗結果可信度與受試的誠實性上，平均等級爲 3.0 至 4.0，均達中等程度，且以聽障資優生組與一名學障資優生的誠實度較高。由標準差發現變異不大，可見此測驗結果尚稱可靠。在代表內外向性格的分量表上，看出聽障生的活動性較低，而在服從性、憂慮性上亦有偏高傾向，在社會性與思考性方面則略偏內向；國高中視障資優生僅有二名，在服從性與憂慮性的答題結果一致，看出其服從性偏高，但憂慮情形尚可，其他三項分量表結果與聽障生類似；16 名肢障生的思考較偏外向，其餘特質亦與聽視障生類似；一名學障生的答題結果，顯現其與其他三類身心障礙資優生的特質差異較大，除思考性與社會性亦偏於內向外，其活動性高，而服從與憂慮性則較低。在社會適應方面，聽障生的協調性較低，其他二分量表則中等；視障則較主觀，在協調性與攻擊性特質上則有明顯的個別差異；肢障生較主觀、協調性略高、攻擊性略低；學障生適應情形與肢障生類似。在情緒穩定性上，除一名視障生的抑鬱性較低外，其餘三類身心障礙資優生的抑鬱性均偏高，由標準差觀之，聽障生普遍有抑鬱傾向，肢障與視障生則有較大之個別差異存在。類似現象亦出現於變異性的特質上，顯現其變異性均較高。在自卑感的特質上，則此些身心障礙資優生均較有自信，並不自卑，唯仍有個別差異存在。在神經質上，除該名學障生的神經質強外，其他三類學生均接近中等。由全體受試者的等級觀之，除抑鬱性、變異性、誠實性、神經質較高於平均 3.0 的中等等級外，其餘分量表特質均略低於中等，唯皆有個別內在差異。本研究對國高中生在內外向性格、社會適應、與情緒穩定性等人格特質探討的發現，部分亦與文獻發現（李翠玲，民 76；黃瑞珍，民 75；Witmore & Maker, 1985; Yewchuk & Lupart, 1993）符合。

肆、結論與建議

本研究之主要目的是為探討身心障礙資優學生的身心特質，以為未來鑑定與就學安置與輔導之參考。根據參與本研究的 81 名具資優特質的身心障礙學生的生理、家庭、智力、自我概念、社交技巧與人格特質的各項調查與測量中，可歸納以下幾項：

一、結論

1. 身心障礙資優生大多在普通班或資源教室就讀，而未有接受資優教育方案的機會。且有年齡越大，被發現的機率越低的趨勢，其中又以學障資優生較不易被教師發掘與推薦，其各項能力評量表現亦普遍較低。以其可能受到學校的關心與注意程度而言，北部比中、南部要高。

2. 在出生體重、母親年齡與生育受試時之年齡上，四類身心障礙資優生間的差異均不大，且由整體平均數看來，無論在出生體重、父親年齡與生育受試時之年齡與母親年齡與生育受試時之年齡方面，不同性別與類別的身心障礙資優生皆算正常。

3. 本研究發現之身心障礙資優生的障礙程度多為中重度及全殘者，其成因以後天性居多。聽障資優生家庭成員亦有聽障者佔 21%，且除學障資優生外，其餘三類身心障礙資優生各約有 12% 至 23% 在生長過程中罹患過生理疾病。

4. 肢障資優生的平均智商為 111、視障資優生的平均智商為 110、聽障資優為 106、學障資優則僅有 98。由分量表的標準分數分析，聽障資優生的常識與類同能力較差，視障資優生的連環圖系能力較差，而學障資優生的算術能力最差。除男生的常識能力較女生佳外，其餘分量表與總智商均無性別差異存在。

5. 在資優特質方面，教師認爲身心障礙資優生的學習精神較佳，而研究報告能力較差。除學障生的資優特質平均評定在完全不符與偶而相符間外，其餘三類身心障礙資優生的資優特質平均評定在偶而相符與大致相符間，然有個別差異存在。由訪談及觀察結果顯示，以“學科或藝能科表現優”、“主動學習”、與“理解力強”三項較爲普遍。

6. 在對自身障礙的接納態度上，除學障因無顯著生理或外觀障礙不宜施測外，其他三類身心障礙資優生對自身障礙均能接納，且能積極向上。學障比其他障礙資優生的社交技巧與情緒穩定能力差，其他三類則能力相當，其社交技巧與情緒穩定尙佳。

7. 國小身心障礙資優生在自我態度問卷的表現，男、女生與全體受試在“能力成就”、“人格特質”及總量表上均較常模學生佳，且女生與全體受試在"外界接納"分量表的表現亦較常模學生佳。

8. 國小聽障與視障資優生在自我態度問卷的“能力成就”、“人格特質”及總量表上均優於常模學生，且視障生在“外界接納”的表現高於常模，而聽障資優生在“身體特質”分量表的表現亦優於常模。

9. 國高中身心障礙資優生的人格特質有偏內向性格的傾向，亦即活動性較弱、服從性略高、較具內在思考傾向，在社會性與憂慮性上則接近中等；社會適應性均尙可，稍偏向於客觀、可協調、且攻擊性不高；在情緒穩定性皆有抑鬱性較高且變異性略高，而自卑感較低，神經質接近中等的情形。唯不論男女或不同障礙類別的學生均有個別內在差異存在。

二、建議

根據上述結果，筆者提出以下幾點建議：

㈠鑑定與就學安置、輔導方面

1.本研究結果顯示，智力測驗對具不同障礙的學生確實有其限制，故採用全測驗智商來評量這些身心障礙資優生並不公平且其結果可信度不高。因此，未來鑑定此類身心障礙資優生時，應去除不利其障礙管道的分量表，或以其他分測驗代替，或直接觀察學生的實際表現，採多元評量方式，才能真正發掘其智能。

2.本研究結果發現，身心障礙資優生皆未能進入國內資優方案中就讀。未來在轉介、推薦與甄選時似應注意此類學生的資優特質與需要，就其資優部分提供適當的特殊教育服務。且本研究發現之身心障礙資優生的障礙程度多為中重度及全殘者，未來在教育安置與輔導上，亦應針對其有關障礙影響的身心發展需求，提供必要的特殊教育服務措施。

3.本研究發現障礙成因中以後天性居多，唯有五分之一的聽障生有遺傳現象，且約有五分之一的身心障礙資優在生長過程中罹患過生理疾病。是以未來在親職教育上，除應加強宣導身心障礙的形成原因與預防，以防患未然外，亦應對已有障礙子女的家庭提供適切的輔導。

4.學科或藝能科表現優、主動學習、理解力強、學習精神佳，而研究報告能力較差等本研究在資優特質方面的發現，可提供資優與身心障礙學生之教師做為未來教學與輔導之參考，俾充分發揮其優點並補救其缺點，以達截長補短之功效。

5.研究結果顯示，學障資優生較不易被教師發掘與推薦，其各項能力評量表現亦普遍較低，內在差異亦較大。因此，此類學生的鑑定與輔導亟爲需要，然因國內對學障的定義尚有爭議，且鑑定工具缺乏，對單純學障的學生尚無法提供適當的特殊教育服務，更無法顧及學障兼資優的學生。唯由國外的研究中發現，此類學生應爲數不少，且如能提供適當的資優方案發揮其潛能，對國家而言，應有相當之貢獻，是以未來國內亦應重視此類學生的存在，提供適切的教育與輔導。

6.本研究發現，國高中身心障礙資優生的人格特質有偏內向性格的傾向，在情緒穩定性上有抑鬱性較高且變異性略高的情形，且有相當程度的個別內在差異存在。故而對此些學生的心理輔導相當重要，未來宜提供各種人際社交活動，且學校輔導室宜針對個別需要，安排各項小團體或個別輔導活動，讓其有發抒抑鬱的機會，並可藉各項輔導活動穩定其情緒，拓展其社交人際關係。

㈡ 未來研究方面

本研究是目前國內唯一針對在學身心障礙資優學生所作的較大規模研究，此一領域亟待開發與探究。本研究因爲一全面性初探研究，在對身心障礙資優生的認定上與推薦過程中恐有疏失與遺漏之處，故僅可視爲現況之初探，未來尚可就本研究的各項變項逐一進行更深入之探討，如探究身心障礙、資優、與身心障礙資優三類學生間各項特質之異同，並可由上三類學生與一般學生的比率，全面探討其出現率。此外，可就各類身心障礙資優生的學業成就與智力、自我概念與人格特質等因素進行相關分析，或進行個案研究。長期目標應提供適切的鑑定工具與教育與輔導方案，並實驗其可行性，方能對此些身心障礙資優生提供實質的助益。

伍、結語

本研究係在八十四年間完成並提出成果報告，在近三年間國內資優教育又有進一步的發展，包括民國八十五年五月首度召開了「全國資優教育會議」，會中並將特殊族群資優教育列爲八大探討議題之一。更經一系列的探討，凝聚了一些共識，而造就了在民國八十六年五月經大幅修改公佈的特教法（教育部，民88）第二十九條中，將國外文獻一直沿用的「殘障資優」（gifted handicapped）正式定名爲身心障礙資優，且規定各級學校應加強身心障礙資優學生與社經文化地位不利資優學生之鑑定與輔導，在在顯示出身心障礙等弱勢族群資優生的教育已漸受重視。然因法令所提及者僅爲原則性之規範，未來應如何實施可能更是重點，筆者在此期盼能有更多的研究者參與開發此一領域研究之處女地，俾能建立有實徵性資料佐證之政策、課程、教學與輔導之具體措施，以爲行政與教學人員之參考。

參考文獻

一、中文部份

吳武典（民75）：重視資優的殘障者的教育。**特殊教育季刊**，21期，1頁。

吳武典、盧台華（民77）：對「殘障」態度量表。國立臺灣師範大學特殊教育中心。

吳武典、郭靜姿、陳美芳、蔡崇建（民76）：**學習行為觀察量表**。國立臺灣師範大學特殊教育中心。

李翠玲（民79）：**傑出肢體障礙人士生涯歷程及其影響因素之探討**。國立臺灣師範大學特殊教育研究所碩士論文。

郭為藩（民76）：**兒童自我態度問卷**。臺北：中國行為科學社。

張蓓莉（民75）：殘障資優兒童教育。**特殊教育季刊**，21期，5-9頁。

黃瑞珍（民76）：資優的聽覺障礙學生。**資優教育季刊**，22期，16-19頁。

盧台華（民75）：談資優兼學習障礙學生的教育。**特殊教育季刊**，21期，10-13頁。

賴保禎（民82）：**賴氏人格測驗**。臺北：心理出版社。

國立臺灣師範大學特殊教育系（民83）：**簡式（甲式）中華智力量表**。國立臺灣師範大學特殊教育系。

Steeves, J.（民 81）：資優學障兒童的鑑定與教育方式。**資優教育季刊**，45 期，26-33 頁。

二、英文部份

Barton, J. M., & Starnes, W. T. (1988). Identifying distinguishing characteristics of gifted and talented/learning disabled students, ***Gifted Education Quarterly***, ***12***, 23-28.

Gamble, H. W. (1985). A national survey of programs for intellectually and academically gifted hearing-impaired students. ***American Annals of the Deaf***, ***130***(6), 508-518.

Karnes, M. B., & Johnson, L. J. (1991). Gifted handicapped. In N. Colangelo & G. A. Davis (Eds)., ***Handbook of the gifted education*** (pp428-437). Boston:Allyn & Bacon.

Maker, C. J. (1978). ***Providing programs for the gifted handicapped***. Reston,Virginia: Council for Exceptional Children.

Minner, S., Prater, G., Bloodworth, H., & Walder, S. (1987). Referral and placement recommendations of teachers toward gifted handicapped children. ***Roeper Review***, ***9***(4), 247-249.

Ruth, M. C. (1992). A comparison of how gifted/LD and average /LD boys cope with school. ***Journal for the Education of the Gifted***, ***15***(3), 239-265.

Thompson, L. J. (1971). Language disabilities in men of eminence. ***Journal of Learning Disabilities***, ***4***(1), 4-45.

Witmore, J. R. (1989). Four leading advocates for gifted students with disabilities. ***Roeper Review***, ***12***(1), 5-13.

Witmore, J. R., & Maker C. J. (1985). ***Intellectual gifted in disabled persons***. Rockville, MD: Aspen.

Yewchuk, C. & Lupart J. L. (1993). Gifted handicapped: A desultory Duality. In N. Colangelo & G. A. Davis (Eds)., ***Handbook of the gifted education*** (pp709-725). Boston: Allyn & Bacon.

資優教育課程發展及其相關問題*

王振德

資優教育的實施涉及三個層次：㈠指導的層次，包括政策與法規、行政組織、輔導與研究；㈡支援的層次，諸如家長的參與、社區資源的利用、民間團體的協助；㈢運作的層次，這是資優教育的主體，其內涵包括資優學生與鑑定程序、課程與教材、師資與教學方法。

在資優教育的運作層次中，當資優生被鑑定出來之後，核心的工作將是“課程與教學”的實施，而此重任便落在資優班教師的身上。

壹、資優學生與區分性課程

資賦優異學生由於記憶力強、學習反應快、抽象思考及語文表達力佳、富好奇心與想像力、偏好複雜而具挑戰性的作業，故對於學校所安排的一般課程，往往無法滿足其學習需求，而需要

*本文改寫自國科會專題研究成果報告（NSC84-2511-S-003-057）。

特殊教育。資優學生的特殊教育，其重點在為他們提供區分性的課程（differential curriculum）。因此資優課程與一般課程應有所不同，而表現下列特點：

1. 它必須是有彈性的，允許學生和教師追求自己個別的興趣。
2. 它應該強調抽象原則和概念而非特殊事實。
3. 它應該包含歷程的技能，例如較高層次的思考和問題解決能力。
4. 它應該強調各種複雜結果的發展和內容及歷程的統整。
5. 它不應該限制學生追求加速的內容、歷程和結果。
6. 在輸入階段應包含學者和研究人員在學科領域所認為的原則、概念、技能和價值的重點。
7. 它應該提供機會探索各式各樣的內容、技能和價值。
8. 它應該強調各個學科的重要概念，並統整其目標，而非分開來學習。
9. 它應該建立在普通課程之上，並延伸普通課程，且加以有效地整合，而不是複製普通課程。
10. 它的課程發展應包括各種有經驗的人員和教師（Maker, 1986）。

資優課程的設計最基本的原則是所提供的「學習經驗」必須在「質」的方面，有別於提供給一般學生的課程，也就是所謂的「質的不同」，其另一涵義也指資優課程方案要能顧及資優生的獨特性，假如他們確實在需求、學習型態、認知型態及動機等方面都與眾不同，需要特別的方案，則課程設計即應該考慮到他們的這些特質（毛連塭，民 78）。

Gallagher（1994）建議從三方面修正或改變正規課程以適合資優生的需要：⑴在教材的內容方面，加強複雜和抽象的概念；⑵在提供學習材料的方法方面，應該超越純知識的攝取，而以發展學生的學習風格爲主，裨益學生未來的學習和生活；⑶在學習環境的本質方面，要讓學生能遷移到不同的學習場所或改變現有教學場所的性質。

Maker（1982）則認爲資優課程的改變和修正，應根據學生的學習、動機、創造力、及領導等特質，分別從內容（content）、過程（process）、結果（product）及學習環境（learning environment）四個層面來作修正。其中，內容的修正係指教學的內容可以較複雜化、抽象化、多樣化以及有各種不同的組織。教師也可以考慮學習經驗的經濟性。此外，課程內容的修正還應該要包括對具有創造性或具生產力人物的研究以及學習的方法論等。過程的修正則包括學習方法、思考技能或思考歷程等。在結果的修正方面，基本原則是擴大結果的可能範圍到專業的水準，他們提出一「真正的問題」或焦點，這些結果應針對某一特定目標的「真正觀眾」。結果可以是改變型式或統整而不只是資料摘要而已，也應由教師以外的人評量。學習環境包括學校或班級的物理環境及心理環境。所謂學習環境的修正是指適合資優生的學習環境必須是：以學生爲中心而非教師爲中心，鼓勵獨立而非依賴，開放性而非閉鎖性，接納學生而非批判學生。

貳、資優教育課程的焦點問題

一、課程哲學與目標

哲學理念與目標是課程設計的指針，資優教育課程的設計，亦應把握這個關鍵。有六種課程哲學，影響資優課程設計：1.以認知發展爲導向的課程哲學，強調發展學生的認知過程技能；2.以教學工學爲導向的課程哲學，強調課程的組織及學習結果的精確評量；3.以學生需求爲導向的課程哲學，主張課程設計應以學生的興趣、能力、和需求爲本位；4.以社會重建爲導向的課程哲學，主張教育功能具有改造社會的作用，課程重點偏重社會文化活動的參與；5.以學科知識爲導向的課程哲學，強調學科知識的學習；6.以生涯發展爲導向的課程哲學，以生涯發展作爲資優教育課程的核心（引見 Van Tassel-Baska, 1993）。

資優教育的目標在促進個人潛能的最大發展，以期爲社會有所貢獻。具體的課程目標包括：

1. 精熟基本學科與技能；
2. 發展高層次的思考能力（包括創造、批判及問題解決等能力）；
3. 發展優異的口語及寫作技能；
4. 發展獨立研究的技能；
5. 促進自我了解與人際溝通；
6. 發展良好的人際關係與領導能力；
7. 培養主動積極的學習態度與成就動機；
8. 促進自我發展、自我實現及生涯規劃；

9. 培養個人與社會的責任與服務精神。

（參見 Van Tassel-Baska, 1994；毛連塭，民 84；蔣明珊，民 85）

二、課程架構

基本上，資優教育的課程內涵，需參照普通教育課程，加以調整。我國國民中小學的普通教育課程，訂有課程綱要，而資優教育課程，也需要有一課程架構，以作爲課程設計的依據。

Passow（1987）認爲資優課程應包括四方面：1. 普通教育課程；2. 特殊性課程；3. 課外（校外）課程；4. 潛在課程。

Van Tassel-Baska（1994）提出了綜合性的資優課程架構，她以房子的四面來說明課程的四大領域：1. 認知的領域：包括語文、數學、自然科學、社會科學；2. 情意的領域：包括自我觀念、動機、人生目標、社會技能；3. 社會的領域：包括道德發展、團體動力、領導風格與特質；4. 審美的領域：包括視覺藝術、音樂、舞蹈、戲劇。

筆者亦曾調查國內國民中小學一班能力資優班的課程與教學實施狀況，將資優班的課程內容分爲：1. 學科知識；2. 認知過程技能；3. 社會與情意發展；4. 其他課程四部分。學科知識主要包括語文、數學、自然學科、社會學科電腦。認知過程技能包括創造思考與問題解決、讀書技巧、研究方法、高層次思考。社會與情意發展包括道德與價值、生涯規劃、領導才能、心理衛生、藝術與休閒等。其他課程包括鄉土教學、校外教學及社團活動等（王振德，民 85）。

三、課程充實與課程濃縮

在教導資優學生的型態方面，主要包括充實制、加速制、能力分組制。充實制與加速制和課程設計的關係較爲密切；能力分組則涉及教育安置的問題。充實制主要係在課程方面加廣加深，透過自學輔導、獨立研究、夏令營、校外參觀、良師引導等方式進行。加速制旨在縮短資優學生的修業年限，通常以提早入學及加速、濃縮普通教育課程爲主。

我國目前的資優教育方案主要採取集中式（特殊班）及分散式（資源班）兩種安置模式。在分散式的資優資源班中，學生大多在原班上普通教育課程，而在資優資源班上充實性的課程。充實性課程的規劃與實施，由資優班教師負責。在課程充實方面較有規模者，以臺北市國小資優班所實施的「綜合充實制」資優教育爲代表（毛連塭，民 77）。

至於在集中式資優班中，資優班教師一方面必須加速完成或濃縮普通班的課程，另一方面要加強充實的課程。實際的狀況以參照普通課程略微加廣加深爲多，有部份特殊優異的學生則配合加速制，加速學習普通課程，而較少進行課程的濃縮。普通課程對資優學生而言，通常太簡單了，容易造成學生厭煩，故濃縮課程（curriculum compacting）之用意在調整正規課程，避免教導學生已精熟的教材內容，因而可以節省時間，以從事充實活動（阮汝禮、瑞思，民 85）。課程濃縮涉及三個問題：1.濃縮哪些教材？2.以什麼方法來確定學生已精熟的教材？3.課程濃縮後，應提供什麼充實課程？這三個問題，有待資優教育教師深入研討。

參、資優教育課程發展

Van Tassel-Baska（1994）提出一套課程發展的流程模式，相當具體而詳盡，值得吾人參考，其課程發展流程如下：

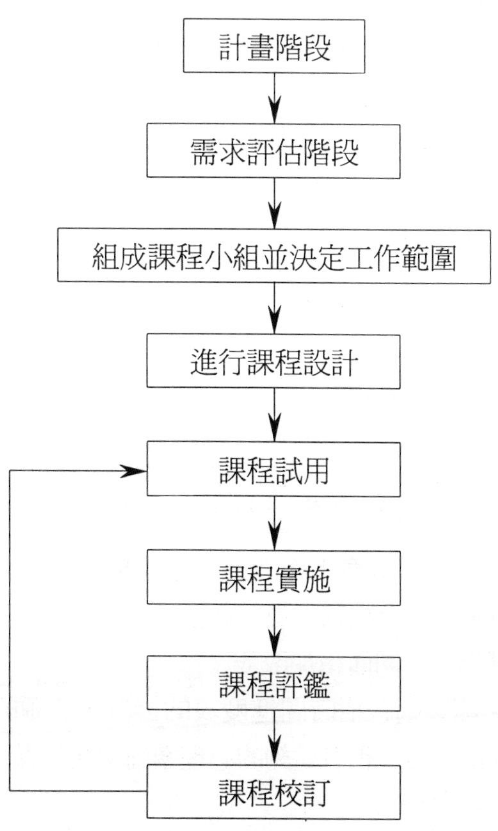

各個階段的重要工作略述如下：

一、計劃階段

1. 探究課程哲學；
2. 確定課程內涵；
3. 檢討普通課程對資優兒童的適用性；
4. 選取適當的資優教育目標；
5. 注意課程領域和內容技能間的銜接。

二、需求評估階段

1. 各行各業高級人力資源的評估；
2. 資優教育現況的評估；
3. 資優生的需求評估；

三、組成課程小組並決定工作範圍

小組成員除資優教育工作者外，應包括學科專家、心理學家、家長、資優生、及相關人員。其組成方式可就所依據的課程哲學和所屬層次之不同而稍加改變。

至於工作範圍則包括時間進度表的擬訂、資源的取得與分配，並考慮部份人員是否有足夠的心理準備來接新課程所帶來的改變。

四、進行課程計

1. 蒐集資料；
2. 現行課程之調整；
3. 編寫課程或教學單元。

五、課程試用階段

課程設計之後必需經過試教和實地試用。試教人員應能徹底了解課程編製之哲學、意圖和方法，以及其欲達成之目標。

六、課程實施階段

1. 召開資優課程說明會；
2. 切實檢討課程實施時的優缺點及應注意事項；
3. 教師應有充分的準備；
4. 列出所需補充教材的資料名稱、來源、選材標準等；
5. 應提供進度表，檢核表和修正本課程之建議。

七、課程評鑑階段

以各種方式評鑑課程之優缺點以供使用參採。

八、課程校訂階段

評鑑後亦不斷保持修訂課程內容，這是一個不斷循環的步驟。

資優課程模式可以提供資優教育課程發展的理論參考架構，如 Guiford 的智力結構模式和 Bruner 的學科基本結構模式，偏重在認知技能的訓練；Williams 的思考與情意發展模式則兼重認知與情意發展；Renulli 的三合充實模式則從興趣試探、能力訓練進而獨立研究，由廣博的面而逐漸專精化。任何學校在規畫資優課程時，可以同時參考兩、三種課程模式，因為這些模式往往是互補的，只參考一種課程模式也可能過於偏狹。我國學者毛連塭（民 77）即提出綜合充實制資優教育，美國學者 Van Tassel-Baska（1997）亦提出了統整的課程模式（The Integrated Curriculum Model），兼重進階的學科內容、過程／成果與論題／主題的三個層面。

課程發展不論是全國性的、縣市的或個別學校的，不同層次需要不同的小組成員參與，皆要以團隊的方式為之較能周延。全國性的資優課程，應邀請資優教育學者與教師、課程專家、學科專家及行政人員參與。個別學校的資優課程則可由學校行政人員、教師、社會資源人士及家長參與。

肆、我國資優教育課程與教學實施況之調查

本節將介紹國科會補助進行的「我國資優教育全方位發展策略之研究整合計畫」中的一項子計畫。其目的在調查我國國民中小學資優教育班，課程與教學的實施現況與問題。研究者以自編「資優班課程與教學實施狀況調查表」進行調查研究。以下是根

據資優班教師樣本 305 人（國中教師 118 人，國小教師 187）的研究結果摘要（王振德，民 85）。

一、課程教學理論依據

由表一可知，國民中小學資優班教師在課程與教材設計上，有 63.4% 考慮到理論依據，36.6% 未考慮理論的依據。經卡方考驗國小資優班與國中資優班之間有顯著差異，即國小資優班教師在課程設計及教材編選時，較能考慮理論依據。究其原因，國中以分科教學爲主，強調學科知識的充實，而國小資優班在課程設計上，較有發揮的空間，可以嘗試各種教學模式或理論。

表一　國民中小學資優班「課程與教學理論依據」分析表

	有	沒有	合計
國中	48	69	117
	41.0%	15.5%	38.6%
國小	144	42	186
	77.4%	7.1%	61.4%
合計	192	111	303
	63.4%	36.6%	100%

二、課程內容

根據表二顯示，國中資優班的課程內容，學科知識最多佔 55%，過程技能（包括思考技能、讀書研究方法等）佔 31%，情意教學最少，只佔 14%，國小資優班的課程內容則較爲均衡，其中學科知識佔 43%，過程技能佔 33%，情意教學佔 24%。

表二　國民中小學資優班課程內容百分比分析表

	學科知識	過程技能	情意教學
國中	55%	31%	14%
國小	43%	33%	24%

三、參與課程規畫人員方面

由表三可知，資優班的課程與教學規畫，以資優班教師「獨自設計」者最多有 79.1%，「和同事討論」者次之，有 67.1%，其次是「參酌家長意見」者 28.2%，「請教專家」者 15%，「校長主任參與規畫」者最少，只有 4.3%，國小資優班教師在「和同事討論」、「請教專家」及「參酌家長意見」方面的百分比較國中爲高。顯示國小資優班教師在課程設計及教學規劃，邀請參與的人員較爲周全。

表三　國民中小學資優班「課程與教學規劃參與人員」分析表

	獨自設計	和同事討論	請教學者專家	參酌家長意見	校長主任參與規劃	其他
國中	92	54	10	14	5	5
	80.7%	47.8%	8.8%	12.3%	4.4%	4.4%
國小	146	148	35	71	8	27
	78.8%	79.6%	18.8%	38.0%	4.3%	14.4%
合計	238	202	45	85	13	32
	79.1%	67.1%	15.0%	28.2%	4.3%	10.6%

四、課程調整方面

資優班的課程與教學，在「品質」方面，與普通的課程與教學不同，因此課程的調整修正，才能顯示資優教育的特色。由表四可知，無論在內容、過程、成果及環境方面，國中資優班在課程的調整與修正上皆顯著地低於國小資優班。換言之，國小資優班的課程在品質上較國中資優班的課程高。

表四　國民中小學資優班教師「課程調適」分析表

		總是	時常	偶爾	環境
國中	M	19.66	21.43	10.52	18.87
	SD	3.99	4.59	2.4	3.49
國小	M	21.43	24.22	11.0	20.05
	SD	2.98	3.18	1.8	2.73
t 值		-4.02**	-1.95***	-1.95***	-4.24***

**p< .01　*** p< .001

五、國民中小學課程與教學實施困難與問題

由表五可知，國民中小學在實施資優教育的課程與教學中，其常遭遇到的十七項困難與問題中，國中資優班教師最感嚴重的是「聯考的壓力」，而國小資優班教師最感嚴重的是「缺乏統整的架構」。國民中小學共同的問題尚包括：教材資料不足、教師缺乏獎勵、未提供教師在職進修、教學設備不足、教學時間不足、缺少對課程的評鑑與檢討，學生個別差異大。

表五　資優班課程與教學實施問題分析表

問卷題號	困難	國中		國小		整體	
		平均數	排序	平均數	排序	平均數	排序
1.	學校行政支持不夠	1.85	13	2.07	9	1.99	13
2.	教學時間不足	2.21	6	2.08	8	2.13	8
3.	課程實施專業能力不足	1.90	12	2.07	9	2.00	12
4.	缺乏統整的課程架構	2.36	3	2.52	1	2.46	1
5.	所需的教材資料不足	2.28	4	2.38	3	2.34	3
6.	學生的個別差異太大	2.14	9	2.23	5	2.19	7
7.	和普通班教師溝通困難	1.44	17	1.61	17	1.55	17
8.	家長的壓力	1.82	14	1.81	14	1.81	14
9.	缺之行政上的督導	1.66	15	1.70	15	1.69	15
10.	教師間團隊合作不足	1.53	16	1.62	16	1.59	16
11.	缺乏社會資源的支持	2.07	11	2.04	11	2.05	11
12.	未訂定周詳的課程實施計劃	2.12	10	2.03	12	2.06	10
13.	缺少課程評鑑與檢討改進的機會	2.18	7	2.09	7	2.12	9
14.	教師缺少獎勵與回饋	2.23	5	2.41	2	2.35	2
15.	未提供教學研討或在職進修的機會	2.43	2	2.20	6	2.28	6
16.	教學設備不足	2.18	7	2.36	4	2.29	5
17.	聯考的壓力	2.97	1	1.85	13	2.30	4

伍、建議

1. 研訂國民中小學資優教育課程參考架構，以供資優班教師參考。我國教育部雖於民國七十五年研訂了「特殊教育課程、教材及教法實施辦法」，其中第二章規定了資賦優異教育課程、教材及教法之實施，有關資優教育的課程僅在第三條概括的規定：「各級主管教育行政機關辦理資優教育者，應以教育部所定各該級學校課程標準爲主，另依據學生之個別差異，採加深、加廣及加速方式，設計適合學生需要之課程實施之。」實際上，資優課程的規劃實施，主要落在資優班教師身上。然課程之研訂，茲事體大，非綜合學者專家、有經驗的教師，成立研訂小組，無法竟其功。故建議教育部應早日成立資優教育課程研訂小組，完成資優課程參考架構或大綱。

2. 成立全國及地區性資優教育資料中心，編輯資優教育補充教材。前述特殊教育課程、教材及教法實施辦法第四條規定：「各級主管教育行政機關應聘請有關學者及教師組成資賦優異教育教材編輯小組，編輯各類資優教育補充教材，以供教師教學之參考。」然這項規定迄未落實。研究者建議國立教育館設立全國性資優教育資料中心，並成立編輯小組，積極蒐集並編輯成套之補充教材，提供充分資訊，以供各縣市在其特殊教育教學資源中心運用，加強教材的推廣與流通。

3. 加強資優班教師在職研習及教學觀摩。調查結果顯示資優班教師缺乏課程設計、教材編選、獨立研究指導、教學模式等方面的專業知能，故建議師大、師院特教中心，定期爲資優教師辦理專業學分班研習及在職研習活動。此外，各級教育行政機構亦應定期舉辦資優教育教學觀摩，推介新的教材教法。

4. 成立資優教育輔導小組，指導及支援學校辦理資優教育。各級教育行政機關應結合師大、師院特殊教育中心，並遴選資優班資深優良教師，成立輔導小組，定期訪視學校，指導協助鑑定資優學生、建立編班模式、規劃課程與教學等事宜，使資優教育能積極正向的發展。

5.加強資優教育理念的推廣，促進教育的革新。我國傳統的教育，偏重學業的記誦，教學方式較爲刻板，資優教育講求啓發思考與創造的教學，若能普遍推廣，可促進教育的革新，提高教學的品質。故資優教育的理念、教學策略應多加推廣，使普通班教師能了解並運用，以廣效益。

6.加強資優學生社會及情意發展之課程與教學。根據研究結果顯示我國國民中小學資優班的課程內容偏重學科知識，而在社會及情意發展方面較爲不足。資優教育是全人的教育，爲使資優人才能多爲國家社會服務，則社會情意方面的教育亦值得加強重視。

參考文獻

一、中文部份

毛連塭（民77）：**綜合充實制資優教育**。臺北市，心理出版社。

毛連塭（民78）：**資優學生課程發展**。臺北市，心理出版社。

毛連塭（民79）：**資優教育－課程與教學**。臺北市，五南出版社。

王振德（民85）：國民中小學資優教育課程與教學實施調查研究。**特殊教育研究學刊**，14，207~227。

阮汝禮，瑞思（Renzulli & Reis）（民85）：全校性充實模式之理論與實務。**資優教育季刊**，6，1-12。

蔣明珊（民 85）：**臺北市國小資優資源班課程實施狀況之調查分析**。國立臺灣師大特教系碩士論文（未出版）。

二、英文部份

Gallagher, J. J. & Gallagher, S. A. (1994). ***Teaching the gifted child (4th Ed)***. Boston: Allyn and Bacon.

Maker, C. J. (1982). ***Curriculum development for the gifted***. Texas: PRO-ED, Inc.

Maker, C. J. (1986). ***Critical issues in gifted education: defensible programs for the gifted***. Massachusetts: Aspen Publishers, Inc.

Passow, A. H. (1987). Issues and trends in curriculum for the gifted. ***Gifted international***, ***4***(2), P3-6.

Van Tassel-Baska. J. (1993). Theory and research on curriculum development for the gifted. In K. A. Heller, F. J. Monks, A. H. Passow (Ed.), ***International handbook of research and development of giftedness and talent***. Oxford: Pergamon.

Van Tassel-Baska. J. (1994). Comprehensive curriculum for gifted learners.Massachusetts: Allyn and Bacon.

Van Tassel-Baska. J. (1997). What matters in curriculum for gifted learner. In N. Colangelo & G. A. Davis (Ed.), ***Handbook of Gifted Education***. Boston: Allyn and Bacon.

國小資優生統整教育教學模式學習環境之建立與應用*

盧台華

壹、緒論

國內資優教育實施已屆二十年，課程與教學的問題一直受到相當的重視，並常介紹與引進國外盛行的各項教學模式，以爲國內資優教育實施之參考。唯針對國內資優教育研究進行的分析與檢討的文獻（吳武典，民83；林幸台，民85；盧台華，民83b，83c）顯示，課程與教學雖是教師認爲相當重要且偏好的研究主題，然此方面的實證性研究卻相當有限。尤其是在引進國外的教學策略與模式時，因國內的教育與文化背景與國外迥異，其對國內的適合性與可行性，似需作審慎的評估與適當的調整。是以，在選擇合適的教學模式後，仍應以國內的生態環境爲首要考量，以普通學生課程爲參考依據，在內容、歷程、產品、環境四部分作調整，才能兼顧資優學生分化性課程（Differentiated Curriculum）

*本文改寫自國科會專題研究成果報告（NSC-87-2511-S-003-037）。

（Maker, 1982）與本土化的需求，而以該教學模式進行試用之實驗研究更有其必要性。

在資優教育中，常用的教學模式超過二十種以上，多數爲資訊處理模式，部分爲個人發展模式，少數爲社會互動模式。其中Clark（1986）的統整教育模式（The Integrative Education Model）是目前美國資優教育乃至部分地區一般教育均極力推展的以資訊處理模式（Information-Processing Models）爲主的模式。此類模式之主要目的爲增進對資訊處理的精熟度，涵蓋增進智力、思考能力、概念認知能力，以及組織資料、處理環境中的刺激、發掘問題、形成概念及解決問題等口語與非口語能力的運用（Joyce & Weil, 1980），與資優教育的認知目標（毛連塭，民83）頗爲符合。唯統整教育教學模式亦重視自我概念與社交情緒的發展，除希望藉教學獲得加速學習、高層次思考與高深的學習內涵的認知成效外，亦盼能增進學生的自尊心、學習興趣、及師生與人際關係，可謂一統整認知、情意、與技能，期使學習能達致最大成效的模式。

統整教育教學模式係根據生理學的能量與整體性、心理學對大腦與心智的探討、與神經學對大腦所做的臨床研究結果，歸納智力並非爲單一且靜態之理性、分析過程，而是多元而動態的統整理性、分析、與空間思考，以及情緒、感覺、與直覺的大腦功能的運作過程（Clark, 1986）。其主要教學目標爲：統整運用認知、情意、直覺、及生理等大腦功能學習，以增進各科學習成效；以及鼓勵學生善用抉擇能力，並主動參與教學。有關此模式實施之七大要素可概述如下：

一、建立能引發學生學習反應的環境

實施時應先建立顧及生理、心理、社會、情緒需求的有感應之學習環境，使其成爲促進學習的助力。包含教師的接納與開放態度、安排聲光顏色、學習角等適宜學習材料與方法的物理實驗室環境。

二、放鬆與減低緊張

需藉由各種肌肉放鬆法放鬆與減低學生的緊張與焦慮，俾利大腦在資訊吸收與儲存時能充分發揮功能，對教師與學生均相當重要與有效。

三、充分運用動作與肢體語言

利用觸覺、味覺、嗅覺等生理感覺學習能增進學生對概念的理解與保留，而身體的運動更可促進概念的發展。此與陸錦英（民81）的發現一致。

四、善用語言與非語言溝通

鼓勵師生與同儕之間運用語言與行爲以鼓舞學習者的士氣，包括建立團體意識、人際溝通技巧與對自我的覺知及了解。

五、給予選擇與自控的機會

此被視爲學生成就持續與成功的重要要素，鼓勵其建立決策能力、安排個人發展與學校學習目標的優先順序、培養變通性思考及自我評鑑的技巧。

六、提供複雜且富挑戰性的認知活動

思考至少有水平式與垂直式兩種，因此學習歷程中應提供運用直線式理性思考與空間式完形思考的機會。藉由提供具新奇性、複雜性、變化性與挑戰性的學習活動與評量標準，能達成與學生腦力發展相符合的教學成效。

七、運用直覺與統整功能

因為直覺、計劃未來及創造等能力均為人類最獨特、也最有權威的腦部功能，所以在教學設計中應提供充分運用此類思考過程的活動。而在運用過程中，必須用及多元感官、多元學科、與統整的教學方式，才能充分達成運用此些綜合功能的效果。

整體而言，統整教學模式的應用，大致有三大實施步驟：先建立顧及生理、心理、社會、情緒需求的有感應之學習環境，使其成為促進學習的助力。其次，需藉由各種肌肉放鬆法放鬆與減低學生的緊張與焦慮，俾利大腦在資訊吸收與儲存時，能充分發揮功能。最後藉由運用聽覺、視覺、觸覺、直覺等多元感官設計課程，進行教學，並充分授予學生選擇的權利，以發展決策能力（盧台華，民84）。

此模式的施行相當有創意且生動活潑，經常需用及視覺意象力，頗適合資優學生的學習特質，而就上述該模式之目標與內涵而言，亦頗符合國內目前之需求與生態環境之調整。Clark 並曾在民國七十七、七十九與八十一年間三次應邀來臺闡揚此一模式之理念與做法，筆者均曾參與，與其建立深厚之友誼。此外，在七十九至八十一年在 Oregon 大學進修博士期間，亦獲知此一模式已受到美國部分地區普通教育的重視。筆者返國後，即常利用國高中資優教師在職進修的機會介紹此模式，根據自身與其他在職進修資優教師之經驗，均認爲其成效較之傳統學習模式爲大，且能增進學生的學習動機與專注力。

筆者認爲相對於國內目前資優教育之蓬勃發展情形，在課程與教學部分所做之實驗研究的確過少（盧台華，民83c），而此模式的理念與架構，在目前升學壓力依然存在的國內教育生態中，頗適合優先於國小資優班應用，以建立良好的學習態度與習慣、自我概念與人際關係，對資優生未來的學習與成長應有所助益，因此在對資優教育發展進行的整合型的研究計畫中提出此研究計畫，更因能獲得 Clark 博士第一手的資料與協助，應能結合國內外的資源，發展出適合本土需求的一套教學模式，以爲資優教學者之參考，俾利未來資優教育之推展。本研究幸能獲八十七與八十八年國科會專題研究計畫獎助，共進行二年。第一年之研究目的在實驗前述模式組成的第一、第二要素，包括先建立有感應之學習環境中聲光顏色等物理環境、實驗各種放鬆與減低學生的緊張與焦慮的方法，以及編製第二年欲進行實驗教學的單元；第二年則欲根據二要素的實驗結果，調整並建立本土化的統整教育教學模式實施的此二基本要素，再配合運用已設計好之統整應用聽覺、視覺、觸覺、直覺等多元感官設計之課程進行整體模式之實驗教學。在此將第一年之部分實驗成果重新整理，以分享讀者。

貳、學習環境之要素與其成效

在建立能引發學生學習反應的環境方面，包含教師的接納與開放態度、安排聲光顏色、學習角等適宜學習材料與方法的物理實驗室環境。Clark（1986）具體指出藍、綠、紫色系有助於訊息吸取，而紅、黃、橙色系則有助於主動思考，此外大自然界的各種聲音皆對學習環境有最佳的貢獻。此一元素與許多研究（林煌耀，民79；Pruitt, 1989; Robertson, 1992; Sanders & McCormick, 1987; Santrock, 1976; Savitx & Anthony, 1984; Zentall, 1986）的結果大致符合。而放鬆與減低緊張則需藉由各種肌肉放鬆法放鬆與減低學生的緊張與焦慮，俾利大腦在資訊吸收與儲存時能充分發揮功能，對教師與學生均相當重要與有效。此一主張與相關研究的發現（林幸台，民71；楊裕仁，民83；胡錦焦，民84）亦相當一致。

茲就第一年分別針對國小四、五、六年級資優生進行的統整教育教學模式之部分生理與心理要素，包括顏色、聲音、肌肉放鬆等一系列對學習影響的實驗研究結果分述於下。

一、顏色系列實驗

筆者針對「建立有感應的學習環境」要素中之顏色對學習專心度與主動思考能力的影響進行三個小實驗，分別以國小四、五、六年級資優生為實驗對象。實驗一與實驗三為針對顏色對訊息吸取的影響，包括對進入大腦之事物作直接反應，亦即輸入與輸出的訊息相同的實驗一，以及對進入大腦之事物理解與統整後再作反應的實驗三；實驗二則在實驗顏色對主動思考的影響，亦即輸入單一訊息，但輸出多種訊息。茲將三項實驗研究之目的、對象、工具與歷程，以及初步結果分述於下。

實驗一、顏色對記憶力的影響

此研究的主要目的在驗證統整教育教學模式中主張教室要有各種學習角落的設計，而在訊息吸收角的顏色應以藍、綠、紫色系爲主，因爲此一色系有助於專心吸取訊息。唯國內亦有部分主張認爲國小教室應有各種生動鮮艷顏色之佈置，以引發學生學習動機與注意力，且目前教師在設計教具時，常喜使用有顏色之海報紙上呈現教材，部分教師在選擇紙張時，並未考慮其顏色，甚至認爲用色彩鮮艷者可能更能引發學生的注意力與專心度，此與此模式之主張部分不符合，因而有必要驗證究竟何者正確，或應如何佈置與顏色有關之學習環境。

臺北市石牌、士林、幸安、民權與關渡五所國小資優班四年級的學生共 72 名參與本研究，其中男生 42 名，女生 30 名。每校皆平分爲藍綠色系組與紅黃色系組，故二組各有 36 名受試者。爲恐智力對訊息吸收或記憶力有影響，故二組受試之 IQ 亦盡量平均，其中藍綠色系組的 IQ 平均數爲 132.92（SD=6.30），而紅黃色系組 IQ 平均爲 132.72（SD=5.90）。筆者以全開之書面色紙二張，一張爲藍色，一張爲紅色，上面分別有 30 個相同的日常常見之事物圖（如動物、衣物、交通工具等），圖案之顏色在藍色紙上者爲綠圖，而在紅色紙上者爲黃圖。以個別施測方式，將有圖案之色紙以隨機抽象方式呈現一分鐘後，將色紙移開，再給學生二分鐘的時間說出剛才看見的圖案有那些。計分方式爲答對一個給一分，以計算二組的平均數、標準差，分別作 t 考驗，分析是否有差異存在。

研究結果顯示藍綠色系組的整體得分平均數爲 11.67（SD=2.69），紅黃色系組資優生的得分平均數爲 11.44（SD=2.70）。由平均數顯示，藍綠色系組的得分雖比紅黃色系組稍高，然幾乎無差異。此一結果顯示藍綠色系並未能幫助國小四年級資優生的在單一訊息吸收的專注力。唯由眾數觀之，藍綠色組爲 12，紅黃色組爲 10；藍綠色組之中數爲 12，紅黃色組爲 11，顯示藍綠色組之受試得分較集中，而紅黃色組則較分散。然因此爲第一項實驗，在設計與實施上恐有部分缺失，諸如呈現時間是否過短（因二組之作答項目均未及 40%，最高答對之項目僅有 19 項，而最低者爲 5 項），且並未詢問學生該顏色對其專注力是否有影響之心得與感想，故此一結果僅供參考，並針對此缺失改進另二項實驗。

實驗二、顏色對創造力的影響

本研究的主要目的在驗證統整教育教學模式中主張教室應有主動思考角的設計，而其顏色應以紅、黃、橙色系爲主。此一主張對強調擴散性思考與創造力培養的資優教育而言更爲重要，因此有必要驗證其理論是否正確，或對國內國小資優生是否適用，以探討顏色對主動思考能力的影響比較。

筆者選取臺北市石牌、士林、幸安、民權、關渡、華江、螢橋、興隆、日新九所國小資優班五年級的學生共 81 名，其中男生 50 名，女生 31 名。每校皆盡量平分爲藍色系組與紅色系組，總計藍組有 40 名，紅組有 41 名受試者。爲去除智力之影響，故二組受試之 IQ 亦盡量平均，其中藍色系組的 IQ 平均數爲 132.68

（SD＝7.46），而紅色系組 IQ 平均爲 132.71（SD＝7.11）。

在研究過程中，筆者呈現一幅簡單形狀組成的圖案，其中一組將圖案背景上色爲紅、黃、橙色，另一組則呈現藍、綠、紫色形成的相同之圖案。針對二組能力相當的學生，以隨機抽樣方式，各呈現其中的一幅，要求學生用二分鐘時間盡量寫出能想到的事物，由流暢、變通、精進與獨創性上評定其創造力的表現，以爲客觀的量的分析資料；另在二分鐘書寫時間結束後要求學生針對圖案的顏色背景是否會影響其聯想力及對此一色彩背景有何心得或感想陳述之，以爲質的分析之參考。

結果發現五年級紅黃橙色系組資優生的整體創造力得分平均數爲 10.80（SD=5.27），而藍綠紫色系組的平均數爲 9.28（SD＝4.69），紅黃橙色系組得分雖比藍綠紫色系組高，然經 t 考驗結果（t=1.37）並未達顯著水準。至於在流暢、變通、精進與獨創性分項的得分上亦有相同的結果，然亦未達至統計上的差異水準。唯由 81 名五年級學生的心得與感想中發現，約有 68% 的學生認爲顏色會影響其主動思考的聯想能力，且有 27% 左右認爲紅黃橙色系會使其等聯想到更多的事物，而只有約 11% 認爲藍綠紫色系有幫助於主動思考，其餘約 30% 則未具體說明特定顏色的影響，且以提供藍綠紫色系圖之控制組未說明者較提供紅黃橙色系圖者多三倍，此一發現與 Clark（1986）的假設符合。同時筆者發現，無論是在紅色系組或藍色系組中認爲該色系能增進其主動思考能力之受試者，其學習效果亦較佳，顯示個別差異可能仍存在，亦顯見配合學習方式（learning style）學習的重要性。在學生心得感想的內容分析上，藍綠紫色系組學生的答案多爲該色系讓其有憂鬱、昏暗、傷感、單調、陰森、死沈、平靜、怪異、無趣、沈悶、很難聯想的感覺；而紅黃橙色系組的回答則多表示會使其等有快樂、陽光、青春、明亮、溫暖、亮麗新奇、炎熱、舒暢、鮮豔、漂亮，溫暖、刺眼、炎熱、熱情，有生氣、充滿活力、奔放、自由的感覺，且能想到較有趣、新奇的事物，與 Clark（1986）的理論亦相符合。

實驗三、顏色對理解力的影響

此研究的主要目的仍在驗證藍、綠、紫色系對訊息吸收的影響。唯此一實驗強調其對訊息理解是否有助益，對重視高層次思考能力培養的資優教育亦有相當之意義。計有臺北市石牌、幸安、民權、關渡、華江、螢橋、興隆、日新八所國小資優班六年級的學生共 91 名參與，其中男生 58 名，女生 33 名。每校盡量均分爲藍紫色系組與黃橙色系組，總計藍紫色組有 45 名，黃橙色組有 46 名受試者。其中藍紫色系組的 IQ 平均數爲 133.91（SD=5.92），而紅色系組 IQ 平均爲 134.37（SD= 5.99），經 t 考驗發現無差異存在。

筆者唯恐以現有書籍或雜誌之資料直接呈現會有部分喜歡閱讀之學生已經閱讀過該文章而造成無法控制的變項，進而影響實驗之結果，故特別從 Armstrong（1994）所著之「教室中的多元智慧」（Multiple Intelligence in the Classroom）一書中摘要其中的精華改寫成國小六年級程度的文章，並設計四題理解性的題目讓其作答，以充分了解其對文章的理解程度。將同一文章分別呈現在黃紙橙字（針對其中一組學生）或藍紙紫字（與上述組別能力相當之組別）的背景上三分鐘的時間，然後移開，並給予白紙黑字之作業單作答，最後一題則要求學生針對顏色背景是否會影響其專注力及對此一色彩背景有何心得或感想陳述之，以爲質的分析之參考。至於給分方式則採五點量表之方式計分。

結果顯示藍紫色系組的整體得分平均數爲 17.40（SD=5.86），黃橙色系組資優生的得分平均數爲 16.17（SD=3.72），唯經 t 考驗結果（t=1.19）並未達顯著水準。然由第一題主要問文章大意之理解題上，藍紫色系組則與黃橙色系組的得分有顯著差異，前者比後者高，至於在其他衍生與引伸性的問題上則無顯著差異。而由 91 名六年級學生的心得與感想中亦發現，約有 53% 的學生認爲顏色會影響其訊息吸收的能力，且有 25% 左右認爲藍紫色系對專心吸取訊息有幫助，而只有約 12% 認爲黃橙色系有幫助於訊息吸收，其餘約 16% 則未特別指出何種顏色有助其訊息吸取。此與 Clark（1986）的假設一致，且與林煌耀（民 79）認爲兒童較喜歡淡色、淺藍色等中間色的主張大致符合。同時筆者亦發現，不論在藍紫色組或黃橙色組中認爲該色系能增進其學習成效之受試者，其學習效果亦較佳。此一結果與實驗二之發現一致。

在學生回答的內容分析上，學生多數認爲藍紫色讓其產生舒服、好看、柔和、自然、輕鬆、溫和，舒服、漂亮、能寧神定智、很神秘、有安定感、使得文章看起來生動許多、較不易分心、能引起閱讀興趣等感覺。但也有部分學生感到寒冷、憂鬱、有點黯淡，而字與紙的顏色相近也讓其稍微有點看不清、且眼睛感覺酸而疲勞。黃橙色組則多有分心、緊張、明亮、刺眼、鮮豔、不舒服、影響情緒、有壓力、不安、較「花」、看起來有點吃力、想睡覺，也很容易分心的感覺。但亦有部分學生偏好黃橙色，認爲看起來很和諧、鮮豔、清楚。不論是藍紫色或黃橙色組中的部分學生亦表示能不受顏色的影響，而只專注於文章的內容。也有許多學生建議字和紙的顏色應爲不同之色系，如採對比色、白底藍字、或淺藍底黑字、但皆認爲底紙宜使用不令人感到太亮或太暗的中等或淺色紙。

由上述三項實驗結果顯示，除藍紫色對學生的閱讀理解力有部分正向之顯著影響外，其他顏色系列雖未顯著影響學習之成效，然仍有部分之影響存在，因此在第二年的實驗教學中，在學習環境的佈置上，確需有各種配合顏色之學習角的設立，藍綠紫色對訊息吸收、而黃橙紅色對主動思考的助益，宜納入教室佈置之考量，而教師使用教材教具之顏色亦需配合教學需求與學生之學習方式。

二、放鬆與減低緊張實驗

本研究的目的是在探討肌肉放鬆訓練是否能減低資優學生對考試的焦慮與緊張，對其考試成績是否有影響。對象包括臺北市國語實小、師院附小、士林國小、士東國小四所國小資優班四年級的學生共 58 名，其中男生 24 名，女生 34 名，按學區配對分爲實驗與控制組，其中國語實小與士林國小爲實驗組共有學生 25 名，其餘二校爲控制組，有 33 名學生。其中實驗組的 IQ 平均數爲 131.12（SD=3.36），而控制組 IQ 平均爲 131.42（SD=3.50）。

筆者唯恐以現有書籍或雜誌之資料直接呈現會有部分喜歡閱讀之學生已經閱讀過該文章而造成無法控制的變項，進而影響實驗之結果，故特別從相關之資料中自編一篇以科技發展爲主旨的文章。實驗組部分，先由研究人員進行五分鐘左右的放鬆訓練，之後再提供考卷進行二十分鐘的作答，控制組則直接作答。測驗題目共有五題，以五點量表計分方式計分，最後一題爲對肌肉放鬆訓練看法的開放性題目。

由於本研究的考試內容涉及語文能力，故二組的國語文成績亦列爲控制變項之考慮。結果發現實驗組的國語成績平均數爲 78.00（SD=13.22），而控制組的國語成績平均數爲 81.76（SD=7.62），因差異較大，故以其爲共變數，進行單因子共變數分析。實驗組的整體得分平均數爲 17.26（SD=2.37），控制組的得分平均數爲 17.17（SD=3.72）。經共變數分析後調整而得之實驗組平均數爲 17.33，控制組的平均數爲 17.10。此結果雖顯示實驗組比控制組的得分略高，唯並未達顯著差異水準。然由開放式問題分析，實驗組中覺得考試前的肌肉放鬆有助於作答的學生有 19 名，佔了76%，歸納其原因包括較不緊張(7)、記得較多(4)、心情輕鬆(2)容易平靜而想出來答案(1)、專心(1)、容易思考(1)、有信心(1)、不害怕(1)、做事比較快(1)、舒服(1)等；認爲放鬆訓練對考試沒有影響的有共 4 位（16%），認爲沒感覺有什麼變化(2)、題目太難(1)、即使放鬆也無法抵抗緊張(1)。沒有意見的學生有 2 位（8%），其等表示未看完文章，也未記起來。控制組中認爲此次考試會緊張的有 24 人（73%），緊張會影響作答的有 14 位（42%），歸納其原因包括怕忘記而想不起來(6)、怕寫錯(4)、怕寫不完(2)、會急躁(1)、會看錯(1)等。

由上述實驗結果顯示，此一項肌肉放鬆訓練研究雖未顯著影響學習之成效，然確有部分之心理影響存在，且對學習成效並無害，因此在第二年的實驗教學中，在學習環境的佈置上，應可將肌肉放鬆的實施納入教學單元中。

三、音樂背景實驗

本研究的目的是在探討優美清柔的音樂背景是否能增進資優學生學習的成效。筆者將參與之 59 名四年級資優學生按學區配對分爲實驗與控制組。其中實驗組包括仁愛國小 22 人，興隆國小 10 人，共 32 人；控制組共 27 人，由 9 名幸安國小、8 名大安國小、5 名木柵國小與 5 名志清國小的學生組成。實驗組的 IQ 平均數爲 136.16（SD=6.62），而控制組 IQ 平均爲 131.11（SD=5.33），經 t 考驗發現有差異存在（t=3.18, p<.01）。

在研究過程中，每校均以 40 分鐘的時間進行此一實驗，其中課程講解佔了 30 分鐘，測驗時間爲 10 分鐘。實驗組教室前後各放置一台錄音機，在課程講解時，以小提琴古典音樂錄音帶爲背景。課程內容爲自編之與「溫室效應」有關的文章。測驗題目共有四題，以五點量表計分方式計分，最後一題爲對音樂背景看法的開放性題目。

由於本研究的考試內容亦涉及語文能力，故二組的國語文成績亦列爲控制變項之考慮。結果發現實驗組的國語成績平均數爲 78.31（SD=12.02），而控制組的國語成績平均數爲 82.22（SD=12.53），因差異較大，又因實驗組與控制組的 IQ 有顯著差異存在，故以 IQ 與國語成績兩者爲共變數，進行單因子共變數分析。實驗組的整體得分平均數爲 15.97（SD=1.98），控制組的得分平均數爲 15.67（SD=2.81），經調整而得之實驗組平均數爲 16.03，控制組的平均數爲 15.95，共變數分析結果顯示並未達顯著差異水準。

然由開放式問題分析，實驗組中覺得上課時有音樂有助於學習的學生有 28 名，佔了 87%，歸納其原因包括較放鬆(8)；能專心(6)；輕鬆(4)；心裡平靜(3)；減輕壓力(2)；好聽(2)；快樂、開心(2)；有興趣學習(2)；訓練左右腦(1)；感到優閒(1)；抒解情緒(1)；不枯燥乏味(1)；身心舒暢(1)等。表示不能幫助其學習的 4 名學生的原因爲不聽(1)；不喜歡(1)；會分心(1)，有一位學生則未說明原因。在覺得哪一種音樂會有助學習的意見上，歸納結果爲：古典的(6)；平靜柔和的(4)；輕鬆的(5)；鋼琴(3)；悅耳、好聽的(3)；抒情的(2)；小聲的(2)；小提琴(2)；活潑的(1)；流行音樂(1)；卡通(1)；芬多精音樂(1)；協奏曲(1)等。控制組中認爲在上課時放音樂可能較容易學習的有 15 人（56%），原因包括：輕鬆(5)；放鬆(4); 抒解壓力(2)；平靜(1)；專心學習(1)；可以同時聽看來學習(1)；較易學習(1)；舒服(1)等。至於覺得哪一種音樂會有助於學習，包括古典的(4)；平靜柔和的(4)；流行的(2)；輕鬆的(3)；快一點的(1)。搖滾(1)；慢一點的(1)；交響曲(1)。認爲音樂不能幫助其學習的有 12 人（44%，原因則爲會分心(6)；耳朵不好(1)；吵(1)；會頭痛(1)；會受影響(1)；聽不到老師講解(1)，有 1 位未說明原因，然因控制組並未提供音樂背景，故上述之意見僅能列入參考之用。

由上述實驗結果顯示，音樂背景雖未顯著影響學習之成效，且確有部分之心理影響存在，尤其是古典、柔和、輕鬆的音樂是多數資優學生能接納的，因此在第二年的實驗教學中，在學習環境的佈置上，應可配合音樂背景來實施教學。

參、整體有感應學習環境建立之研究

上述之五個小實驗係分別針對單一之目的而進行之實驗，其結果顯示無論顏色對記憶、創造與理解力均有部分影響，而肌肉放鬆與音樂背景對學習成效亦無害，且可能有正面之助益。唯如將三者一起呈現可能之成效如何仍讓人質疑，因此筆者乃於師大設計一學習情境，將上述之要素均納入其中，然後徵得仁愛國小之同意，請該校資優班四年級之二十二名學生利用週三下午不上課之時間至師大，第一節先請其在一般教室中接受研究人員提供之一堂課外補充教學，採用之講義爲一般白底黑字之內容，之後並問其一些問題。第二堂課則轉移至已設計好之牆面、地面爲藍綠色，先進行五分鐘之肌肉放鬆訓練，再以輕鬆之古典小提琴音樂背景進行之課外補充教學，提供之講義爲藍底紫字之內容，之後亦問其一些教學之內容。

由學生的意見調查中發現，僅有一人喜歡前一學習環境，選擇喜歡後一種環境的有二十一人，歸納其原因包括：「四面都是綠色，讓人覺得很舒服、清新與輕鬆」(8)；「光線較明亮，牆的顏色也比較美觀」(5)；「最後一種牆壁，燈光都比較好，比較明亮、有精神上課」(5)；「圍成 U 字形，而且四周用綠色的壁紙，很像在大自然之中」(3)；「桌子沒有被亂畫，比較乾淨(4)；「後一種教室看起來較美觀，而且桌子排列很好玩，而且脫鞋比較好（因有附冷氣）」(2)。而寫喜歡前一種之一人原因是「牆壁較特別」，然因一般大學教室牆壁並無特別之處，故不知其所指爲何。進一步問學生對整體學習環境對學習之幫助，雖仍有一人寫前一種，然卻非先前之不喜歡者，其原因爲「與普通教室一樣」，而前一不喜歡者則回答二者皆無幫助，原因為「牆上可貼資料」，此外尚有一人亦覺得二者一樣，認為僅「佈置不同」。其餘十九人則表示後者較有幫助，因「顏色舒服、上課輕鬆」(6)、「音樂能放鬆心情、神清氣爽」(5)、「綠色讓眼睛不吃力、使人有精神」(5)、「乾淨樸素、容易讓心靜、愉快」(4)、「色彩活潑、一致、使頭腦靈活且不易分心」(4)、「桌椅安排成U型，使視線較清楚」(2)、燈光明亮，不易睡覺」(1)。

有關音樂背景對學習之幫助，認為有幫助的有二十人，原因包括：能放鬆心情(9)，旋律讓人很舒暢(6)，不會緊張(5)，很好聽(3)，心會靜下來(2)，很愉快(2)，有藝術的感覺(1)，耳目一新(1)。二人表示無幫助，認為不喜歡聽那種格調的音樂(1)與不想聽(1)。同時有學生提到音樂聲太小了，但亦不宜比老師的講課大聲，並可以長時間播放。此一結果與前述單一音樂背景因素之實驗學生之意見相符合。

在講義顏色的幫助上，認為有幫助與無幫助者各佔一半，均為十一人。有幫助之原因歸納為：會讓眼睛很舒服(4)，色彩好看(2)，換一種顏色可以改變心情(1)，較漂亮(1)，增加想像力(1)，比較喜歡(1)，增加學習興趣(1)。表示無幫助的原因為：顏色每一種都可以(5)，看起來很吃力，且不清楚(5)，內容比較重要，顏色是其次(2)，除了灰、黑、紅色，每一種顏色都喜歡(1)。更有學生提到可在講義旁畫一些插圖，可用深淺綠等漸層色，顏色不要太深，字可以再多變化，或字的顏色和紙的顏色不要太接近，以及盡量用白紙。上述意見與單一實施之顏色對理解力影響之研究結果之意見分析大致類似。

至於放鬆訓練的成效，認爲有幫助十六人，包括可消除緊張(8)，放鬆心情(6)，能專心聽講(3)，沒憂慮(1)，較平靜(1)，比較有精神(1)。六人認爲放鬆時會想睡覺(2)，無法放鬆與不想放鬆(2)，覺得差不多(1)，無趣(1)，已知如何放鬆，再教會使緊張(1)。此些意見與前述單一肌肉放鬆訓練研究之意見亦相類似。

其他對整體學習環境的開放答案建議包括：「希望講義都是白紙黑字，做記號、畫重點比較方便」；「牆上要多一點花樣或裝飾，教室要時常清理，如果真要脫鞋子的話，外面放個鞋櫃」；「請在講義後讓我們做趣味的寫題或畫圖題」；「讓我們玩玩遊戲」；「椅子和桌子可分開」；「可把牆上放花草昆蟲，這樣更像原始森林」；「第一種教室桌子比較整齊、好看，也不用裡面的人先進來，外面再進來」；「後一種教室可以把桌椅換一種擺法」。

由上述意見中顯示學生對統整教育教學模式有感應學習環境之建立元素大致持正向之看法，顯示顏色、聲音與肌肉放鬆對學習的成效有其重要性，且需做整體考量，應對學生之學習成效有所助益。

肆、結語

筆者根據上述六項實驗研究之結果與意見做了一些修正，以爲進行資優生整體統整教育教學實驗時教學環境設計之參考。此項教學實驗係採冬令營之方式以開放臺北市所有國小四年級資優生報名之方式實施，由參與之百餘名學生的背景中，顯示曾參與上述各環境因素實驗學校之學生所佔之人數較多，可見這些學校之師生其對此一學習環境因素學習成效之肯定與接納程度。本文之目的，乃希望藉此宣揚環境中之各因素對學習均有某種程度之影響，任一小環節的忽視、誤用或正視與採用，均可能減低或增進教學者欲達成之目標，盼教學者能引以爲戒或納入參考。

學習環境對學習成效的影響的確不容忽視，過去我們的教育太強調學生自己能力的發展，而忽略了外在環境的加成與相乘效果，而致有「一流的學生、二流的師資、三流的環境與設備」等的批評與無奈，使資優生、一般學生，乃至身心障礙學生的學習都受到了相當的限制。而就資優生而言，學生本身的能力好加上學習的環境佳，相信所產生的學習成效更是無可限量的，也才能達至創造知識、貢獻社會之終極教育目標。

參考文獻

一、中文部份

毛連塭（民83）：資優教育課程設計。載於**開創資優教育的新世紀**（p89-104）。國立臺灣師大特教系所、中華民國特殊教育學會。

方建明（民80）：校園中的色彩。**國教天地**，88期，22-28頁

王振德（民84）：我國資優教育相關問題與教學狀況調查研究。**特殊教育研究學刊**，8，249-264頁。

王振德（民84）：**我國資優教育課程與教學實施現況之調查研究**。國科會專題研究計畫成果報告（NSC84-2511-S-003-057）。行政院國家科學委員會。

余鑑譯（民 71）：放映性教材之視覺設計。**視聽教育雙月刊**，31 卷 2 期，9-12 頁。

吳武典（民 83）：資優教育之研究與課題。載於**開創資優教育的新世紀**（p1-20）。國立臺灣師大特教系所、中華民國特殊教育學會。

吳隆榮（民 77）：學校建築之色彩運用。**國教月刊**，34 卷 11、12 期，13-17 頁。

林幸台（民 71）：大腦半球功能之研究與資優教育。**資優教育季刊**，6，30-33 頁。

林幸台（民 85）：資優教育研究之回顧與檢討。**國立教育資料館資料集刊**，21，111-124。

林煌耀（民 79）：創意的教室布置。**師友月刊**，279，50-60 頁。

胡錦蕉（民 84）：靜坐訓練對國小資優兒童創造力、注意力、自我概念及焦慮反應之影響。**特殊教育研究學刊**，13，241-259 頁。

張世彗（民 85）：我國一般能力資賦優異教育的回顧與前瞻。**國立教育資料館資料集刊**，21，145-154。

楊裕仁（民 83）：初任教師教室經營—其影響因素及一些對策。**國教月刊**，40 卷 9、10 期，48-52 頁。

盧台華主編（民 77）：**中華民國七十七年國際特殊教育研討會會議輯**。中華民國特殊教育學會。

盧台華（民 83a）：資優教育教學模式之選擇與應用。載於**開創資優教育的新世紀**（p105-122）。國立臺灣師大特教系所、中華民國特殊教育學會。

盧台華（民 83b）：資優教育季刊之回顧剖析。**資優教育季刊**，50，

3-5 頁。

盧台華（民83c）：我國近十年來資優教育重要研究成果剖析。**資優教育季刊**，50，15-19 頁。

盧台華（民 84）：統整教育教學模式之介紹與應用實例。**資優教育季刊**，54，1-3 頁。

二、英文部份

Clark, B. (1986). ***Optimizing learning--The Integrative Education Model***. Ohio: Merrill Publishing Company.

Clark, B.(1988). ***Growing up gifted (3th Ed.)***. Columbus, Ohio: Merrill.

Joyce, B., & Weil, M. (1980). ***Models of teaching (2nd ed)***. Englewood Cliffs, NJ: Prentice/ Hall, Inc.

Kantowitz, B. H., & Sorkin, R. D. (1980). ***Human Facyore: Understanding People-System Relationships***. New York: Wiley.

Maker, C. J. (1982). Curriculum development for the gifted. London: An Aspen Publication.Poulton, E. (1978). A New Look at the Effect of Noise: A Rejoinder. ***Psychology Bulletin***, ***85***, 1068-79.

Poulton, E. (1978). A New Look at the Effect of Noise: A Rejoinder. ***Psychology Bulletin***, ***85***, 1068-79.

Pruitt, P. R. (1989). Fostering creativity: The Innovative Classroom. ***Education Horizons***, ***68***(10), 51-54.

Robertson, M. M. (1992). Ergonomic Considerations for the Human Environment: Color Treatment, Lighting, and Furniture Selection. School ***Library Media Quarterly***, ***20***(4), 211-215.

Sanders, M. S., & McCormick, E. J. (1987). ***Human Factors in Engineering and Design***. New York: McGraw-Hill.

Santrock, J. W. (1976). Affective and Facilitative Self-control: Influence of Ecological Setting, Cognition, and Social Agent. ***Journal of Educational Psychology***, ***68***(5), 529-535.

Savitz, F.R., & Anthony, G. (1984). Creativity: A Missing Stimulus to Learning Among the Gifted/Talented. ***Psychology: A Quarterly Journal of Human Behavior***, ***21***(3-4), 15-18.

Zentall, S. S. (1986). Color Stimulation on Performance Activity of Hyperactive and Nonhyperactive Children. ***Journal of Educational Psychology***, ***78***(2), 159-65.

透過獨立研究培養知識的生產者

蔡典謨

資優教育應強調發展學生潛能並培養其服務社會的熱忱，目的在將學生的自我實現與社會貢獻相結合。資優生具有記憶力強、反應快、理解力高，並長於分析、推理、綜合等思考，上列特質使他們不但可以比一般學生學得快，而且可以學得更多、更深。因此，課程之安排，應重視試探、啓發、多樣及高層次的學習。如果僅著重在課內教材的練習，學習內容將缺少挑戰性，不利資賦優異行為特質的發展，資優生對其有興趣的主題，長期努力探索，深入研究，在某一主題上透徹了解，甚至有所創新發現，不但表現專家的特質，而且可以練習生產知識，這正是加深及高層次學習的真諦。因此，培養資優生成爲知識的生產者，應爲資優教育工作者所重視。

壹、知識生產的重要

一、促進文明的發展

人類生活在群居而合作的社會中，不但接受別人的服務，也服務社會，一方面是消費者，但也是生產者，就知識的領域而言，也可以分為知識的消費者（knowledge consumer）及知識的生產者（knowledge producer），人類文明的進步，關鍵在知識的不斷創新累積，疾病的控制，靠的是醫學知識，現代化的建築、交通、資訊、農業、教育、管理及企業發展等，無不與相關領域的豐富知識息息相關。社會大眾經常在接受資訊，運用知識，習慣做一個知識的消費者，但人類文明要繼續進步，知識需不斷創新，因此社會應鼓勵知識的生產，學校要重視知識生產者的培育，尤其資賦優異教育強調資優生高層次學習能力的發揮及其對社會的貢獻，因此資優教育措施應重視知識的生產的培養。

二、幫助資優生成為資優成人

「小時了了，大未必佳」，是教育上不想見到的現象，一個資質聰明的學生，經過學校教育的歷程，其潛能如果未能發揮，長大了沒什麼成就，實在是社會上人才的浪費。教育歷程期待的是「小時了了，大亦佳」，甚至是「小時了了，大更佳」。也就是普通能力的學生，透過學校教育，也能有所成就，而能力優異的學生，在學校中是資優生，長大了也能成為資優成人。資優成人也就是社會或歷史肯定有傑出成就的成人。根據 Renzulli（1982）的研究，資優成人具有三種特質：中等以上的能力（above average ability）；專注努力（high levels of task commitment）以及高創造力（high levels of creativity）。要成爲資優成人，能力要在中等以上，但不一定要絕頂聰明，重要的是持之以恆、專注努力，善用自己的聰明才智。而傑出與否，是經過比較的結果，在某方面比別人好，才能顯示傑出。要比別人傑出，不是靠模仿，而是靠創新生產，擁有別人所沒有的，知道別人所不知道的。一個很會背書的孩子，可能考試成績不錯，但熟讀課本，仍然只是知識的消費者，透過研究方法訓練，鼓勵資優生創作生產，經由其研究發現，知道別人所不知道的，創造了前所未有的，其傑出即表現在其研究創作領域中，就像諾貝爾獎得主，不是因爲他們很會考試，而是創新的發現受到肯定。因此，要幫助資優生成爲資優成人，教育歷程應重視研究方法及創造思考訓練，培養學生成爲創造生產性的資優（creative-productive giftedness）。

貳、學生有能力生產知識嗎？

生產知識要透過研究創新，國內辦理資優教育的學校也常強調獨立或小組研究，但常見題目範圍過大或由老師指定，強調報告的撰寫，缺少嚴謹的科學方法，許多報告僅限於抄抄寫寫、剪剪貼貼，仍然侷限於知識消費者的層次。要提昇至生產知識的層次，題目範圍要小，選定前人未曾做過的題目，透過嚴謹的科學方法，在小的範圍內有了新發現，沒有誰比其更深入透徹了解，在研究發現上，無法從其他地方找到相同的資料，雖然題目範圍小，但在知識生產上仍有其貢獻，例如：小學生以問卷調查研究其就讀國小的小朋友吃早餐的情形，雖然調查對象僅限於該國小的小朋友，但因從來沒有其他任何人做過相同的研究，其發現也就成爲瞭解該國小小朋友吃早餐情形的知識來源。透過研究，學生可以生產小範圍的知識，成爲小問題的小專家，彙集小專家生產小範圍知識的成功經歷，未來可能發展成對生產知識有所貢獻的真正專家。

參、如何培養學生成爲知識的生產者

一、阮儒理的主張

要培養學生成爲知識的生產者，必需鼓勵學生選定有興趣的主題，運用嚴謹的研究方法，深入探索。資優生雖具從事高層次問題研究的潛能，唯研究能力並非天生，因此在充實課程之安排上應強調創造思考及研究方法之訓練。以上主張爲美國資優教育中心主任阮儒理（Renzulli）博士在其資優教育充實三合模式（The Enrichment Triad Model）中所倡導。

Renzulli（1977）充實三合模式主張資優教育的目的在於培養學生資賦優異的行爲，運用適當的探究方法，真正研討實際問題。此充實模式主要在配合不同學習經驗的資優生，爲其不同需要而設計（Baum, 1988），共分爲三種充實的層次或「類型」（Type）。

第一類型活動（Type I ）爲一般試探性活動（General Exploratory Activities），強調試探興趣及加廣性質的充實課程，其目的爲：

1. 擴充學生知識領域與生活經驗；

2. 試探並培養學生從事高層次研究的興趣；

3. 做爲教師安排認知與研究方法訓練的基礎。

第二類型活動（Type Ⅱ）：團體訓練活動（Group Training Activities）強調認知、情意與研究方法的訓練，其目的爲：

1. 發展創造思考、解決問題、感覺、欣賞與評價等能力；

2. 發展如何去學（learning how-to-learn）的技能，如筆記、晤談、分類與分析資料、歸納結論等；

3. 發展使用工具書的技能如索引、文摘、百科全書等；

4. 發展文字、語言的溝通能力及使用視聽媒體的能力，以便學生能有效的發表作品。

第三類型活動（Type Ⅲ）是個別或小組探討實際問題（Individual and Small Group Investigations of Real Problems），強調高層次問題的研究。其目的爲：

1. 使學生有機會將其興趣、知識、創見及毅力應用到自選的問題或研究上；

2. 學會研究方法及高深的知識；

3. 發展能發揮影響的作品；

4. 發展獨立研究的技能如計畫、組織、資源利用及自評；

5. 發展毅力、自信、欣賞創作及溝通與表達的能力（Renzulli & Reis, 1985）。

Renzulli 的充實模式雖分爲三種類型的活動，但彼此是關聯的，例如第一類型本身固有加廣的目的，但其價值會因試探結果促成了第二類型及第三類型的活動而更加發揮，第一類型及第二類型的充實活動亦具有促進最高層次也就是第三類型充實活動而準備的意義，學生完成了高層次研究，成果報告亦可作爲第一類型的充實活動，三種類型的充實活動積極的交互作用，形成了資優教育有系統的充實模式（Renzulli, 1994）。

二、高師大附中的實驗

運用 Renzulli 的充實三合模式，筆者曾在國立高雄師範大學附屬中學進行充實課程之實驗，發展以獨立（或小組）研究爲主的方案（蔡典謨，民 86），獨立研究方案（Independent Study Program），以 Renzulli 充實模式的團體訓練活動（Type Ⅱ）爲核心，是以適合資優生的學習方式並滿足其學習需求，引導學生自我學習，培養積極的研究態度和強調高層次思考與發揮創造力的統整性教學方案（Burns, 1987），從準備、計畫、執行到評鑑的過程中，提供一個嶄新的教與學的經驗，可培養資優學生思考及作爲能像專家學者，並引導他們的興趣以產生具有創造性的研究成果，同時在探究的過程中培養其研究技能與發揮創造力。

「團體訓練活動」課程內容包含認知和情意的訓練，以及學習如何學習的技巧；如何運用參考資料；研究技巧並發展寫作、口述及視覺溝通技能等四大活動項目。

附中的獨立研究方案，共分成三個階段設計實施：第一個階段爲興趣探索階段，目標是使學生明瞭興趣的領域與種類，並爲提出獨立研究執行計畫做準備，學校方面則加強宣導獨立研究實施辦法；第二個階段是實施「團體訓練活動」課程，以培養學生完成獨立研究成果報告之基本研究能力與知識；第三個階段是完成研究成果並公開發表，主要目標是鼓勵學生發揮資賦優異的行爲特質，將研究成果呈現給適當的對象。本方案進行過程中亦強調社會資源的運用及配合。

爲探討「團體訓練活動」課程對能力優異學生提出獨立研究執行計畫的人數影響程度，採取實驗研究法，進行配對後測實驗設計，實驗對象包含國小部中高年級能力優異學生。實驗組與控制組係由導師從能力優異學生中推薦並依智力、創造力及性別配對，各三十一人。實驗組組成科學社，以社團活動方式，打破年級界線，每週兩節課；控制組則參加一般社團活動。自變項係指是否接受十次「團體訓練活動」課程的實驗處理變項。依變項爲兩組受試於後測時，在提出「獨立研究執行計畫」的人數而言，採卡方考驗法及獨立樣本平均數差異性 t 考驗法進行統計。

爲探討影響能力優異學生完成獨立研究的相關因素，採取質的研究方法，以人種誌訪談（ethnographic interviews）方式進行，研究小組選定實驗組和控制組提出獨立研究執行計畫，並安排指導老師指導後而完成獨立研究與成果發表的學生、家長及指導老師進行訪談。

三、研究發現

㈠「團體訓練活動」課程有利於能力優異學生提出獨立研究計畫

本研究爲探討「團體訓練活動」課程對能力優異學生提出研究執行計畫的影響，針對國小能力優異學生進行實驗研究之設計，利用十次活動課程實驗，以實驗處理（組別：實驗組與控制組）爲自變項，而以能力優異學生提出獨立研究計畫的人數爲依變項，進行卡方考驗，以探討「團體訓練活動」課程對能力優異學生提出研究執行計畫人數的影響程度，是否達到統計顯著水準？其結果如下表所列爲兩組受試者於獨立研究方案期間，提出獨立研究執行計畫的個數與人數及其卡方考驗結果。

組別（人數）	提出執行計畫個數	提出計畫學生數(%)	未提出計畫學生數(%)	卡方值
實驗組 (31)	11	22 (71%)	9 (29 %)	
控制組 (31)	1	3 (9.7%)	28 (90.3%)	
小　計 (62)	12	25 (40.3%)	37 (59.7%)	24.2***

***P<.001

如上表所示，提出獨立研究執行計畫的能力優異學生以接受「團體訓練活動」課程的實驗組學生爲最多，共提出十一件研究執行計畫，而控制組的學生只提出一件研究執行計畫。提出研究執行計畫的能力優異學生共計 25 人佔全部人數 40.3%，其中實驗組學生爲 22 人，佔組內學生人數 71%；而控制組學生爲 3 人，佔組內學生人數 9.7%，可見「團體訓練活動」課程對能力優異學生提出獨立研究執行計畫的數量與人數，有積極的影響。

㈡「團體訓練活動」課程有利於國小能力優異學生的創造力之增進

爲探討「團體訓練活動」課程對能力優異學生創造力的影響，實驗結果，顯示本項課程有助於學生在威廉斯創造力測驗之創造性思考活動的得分，兩組受試者在創造性思考活動的各項得分之平均數、標準差及 t 考驗如下：

	實驗組			控制組			T 值
	n	M	SD	n	M	SD	
流暢力	31	11.10	1.72	31	10.94	1.79	.36
開放性	31	22.33	5.52	31	17.00	4.81	4.05***
變通力	31	6.87	1.77	31	6.45	1.39	1.04
獨創力	31	18.42	6.20	31	14.84	4.37	2.63*
精密性	31	20.52	5.59	31	14.97	5.26	4.03***
標　題	31	18.26	5.79	31	14.74	3.72	2.85**
總　分	31	97.48	20.40	31	78.94	16.06	3.98***
							ω^2=19.31%

*P<.05　**P<.01　***P<.001

以上結果顯示：兩組國小受試者在創造性思考能力之開放性、精密性、總分的得分，實驗組均極顯著高於控制組（P<.001）；而標題（語文創造思考）的得分，實驗組亦顯著高於控制組（P<.01）；此外，獨創力的得分，實驗組顯著高於控制組（P<.05）；其餘各項得分則未達顯著水準。可見獨立研究方案之「團體訓練活動」課程有助於國小能力優異學生發揮其創造性思考能力，其中對於創造力之開放性與精密性能力增進成效頗大，對於語文創造性思考及獨創力亦有助益，而對於流暢力、變通力影響不大。另外兩組接受威廉斯創造思考傾向測驗，其差異未達顯著水準。

㈢ 爲探討學生完成獨立研究的相關因素，本研究針對學生、家長及指導老師進行訪談，訪談結果歸納結論如下：

1. 基於學生的興趣領域所提出的研究題目，有利於獨立研究的進行與完成。

本研究國中部份提出的獨立研究執行計畫有十五件，完成研究並公開發表的有十二件；而國小部份提出獨立研究執行計畫有十二件，完成研究並公開發表的有七件，合計爲十九件。經訪談分析後發現其研究題目的選擇，均是學生自發性的從自己或小組感興趣的領域爲出發點，提出研究題目與獨立研究執行計畫。其中在國中部份，因研究題目的範圍過大（由高雄市修正爲凹仔底區段）；以及研究對象飼養不易（由白蟻更改爲紅螞蟻），因此修正了研究題目，但研究的興趣與熱誠不變。在國小部份有兩個個案的研究對象，因研究對象死亡（如由寬腹螳螂改爲避債蛾；由鬥魚改爲皇冠琵琶魚），而更改研究題目，但仍舊是相同的興趣領域，沒有改變。此外，也有兩個個案經指導老師引導後修改研究範圍（如由探討全高雄市的交岔路口縮小研究範圍爲上學途中的四個交岔路口的調查與改善；由探討卡通人物和偶像明星縮小研究範圍爲只探討偶像明星），足見能力優異學生興趣領域之研究主題確定後，常因動機強烈並能堅毅的完成研究，充份表現出資賦優異的行爲特質。

2. 家長的支持與協助，可使獨立研究方案之施行事半功倍

在國中部份方面，家長的參與相當積極，從訪談結果分析，家長一致肯定學校安排的充實課程與獨立研究方案，並給與極高的評價，當中亦有少數家長質疑其對學生學業表現的影響，如減

少了做學校功課與課餘補習時間，將會對其學業及升學不利等，但均在學校行政人員及家長座談會中詳加解釋後而釋懷。在國小部份方面，就所有完成獨立研究的個案而言，家長的參與程度往往決定研究成果報告的完成與否，在所有提出的十二件執行計畫，家長有參與方案座談會且態度較積極與支持者，均能完成獨立研究（共七件），其餘未完成者（共五件），若不是學生自己本身動機及完成意願不高，便是家長的態度不積極與不了解，因此獨立研究方案能否在現行國中小教育環境中實施得宜，取決於家長們對獨立研究方案的態度與瞭解程度。

3.獨立研究方案有助於培養能力優異學生工作專注力和毅力

從研究者訪談的過程中發現，在所有完成的個案中，可看出學生積極投入研究的情形，而對於自己興趣的主題，學生往往表現出狂熱且專注的工作毅力，學生從開始思考選擇研究題目到資料蒐集，與指導老師討論，進行研究、撰寫報告、投注之時間，至少一學期以上，甚至達一年之久，此種專注努力的特性，與平常做功課的短期努力有所不同，而能常期專注爲一個自己喜歡的主題，不斷的進行探索，這正是資優行爲的表現。

4.獨立研究方案若能與社會資源密切配合，將有助於研究成果品質的提昇

社會資源的運用，是影響獨立研究完成的重要因素之一，本研究運用的社會資源，主要爲圖書館、書局及社區資源以及資源人士（如市政府都市計畫科人員、水族館老闆、大學資訊系學生、大學教授及研究生等），社會資源的範圍廣大，若能充份有效運用，將更有助提昇獨立研究的質與量。

5. 獨立研究方案中指導老師的安排與適時指導，有利師生共同學習和成長

獨立研究方案以師徒制方式進行，原則上一個研究輔以一位專責指導老師，學生在進行獨立研究中，常因不懂研究方法而茫無頭緒，亟需指導老師適時的協助引導、鼓勵。學生受惠於指導老師的專業知識、研究方法及相關訓練，有助其個人研究能力的培養及特殊才能的發展，而指導老師站在專業的角度來引導深具潛力的小研究者，本身受到刺激，相對的也會提高自己的知識與能力，師生在整個研究過程中都是朝高層次學習的方向行進，不僅有利於師生雙方共同學習及成長，更可建立長期師生情誼。

6. 學生藉由獨立研究發表會提昇其表達能力，並增進自信心

從事研究工作常常需耗費許多精力與時間，因此完成研究是令人興奮與喜悅的，但如果只是完成而欠缺公開展現的機會，不僅容易減低學生的研究動機與興趣，心血白費，而其研究成果也無法造福社會而失去利用價值。在學校行政的配合安排下，舉辦國中小獨立研究成果發表會，鼓勵完成獨立研究的學生公開向大眾發表其研究成果，以培養學生口語表達與組織能力。而公開發表研究成果使學生練習表現影響公眾的能力，亦增強了自我肯定，而指導老師（教授）的講評及觀眾的批評、討論，均提供了學生不可多得的成長。

四、如何規劃獨立研究方案

根據上列研究發現，筆者認爲要培養學生成爲知識的生產者，學校可以發展以獨立研究方案爲主的充實課程，並把握下列

原則：

㈠ 學生依興趣選擇研究的題目

獨立研究是課外的學習，需經長期的努力，如果學生沒有興趣，例如題目由老師指定，自然不易完成深入而高品質的研究，則獨立研究方案的目的即無法達成，反而因做獨立研究需寫報告，而使學生喪失研究的興趣，因常要寫報告而視資優班爲畏途。附中的獨立研究方案則重視學生的興趣，不但題目依個人興趣選擇，而且也安排課外加廣試探性的充實課程以探索學生的興趣，普通課程的教師也在進行各單元的教學活動時，激勵學生的好奇心，以引起學生進一步研究探索的動機。

㈡ 強調研究方法的訓練

研究能力並非天生，而需經不斷的訓練、啓發，如果要求學生進行獨立研究而未能在研究方法上予以訓練，學生不是不知如何進行即是無法使用嚴謹的科學方法，因而不是不能完成研究，就是完成了沒有良好品質的研究。高師大附中的獨立研究方案重視團體訓練活動，包括學習如何學習的技巧、運用參考資料、運用研究技巧、及運用文字、口述及視覺溝通技巧等訓練課程，明顯提昇了學生的研究動機。

㈢ 研究範圍要小而具創意並以生產知識爲導向

獨立研究係以練習成爲一個創造生產者爲目標，因此研究的目的要能提昇至生產知識的層次，題目範圍不必大，但卻能選定前人未做過的題目，透過嚴謹的科學方法而產生新的發現，此種過程即是歷史上或社會上真正資優者所經歷的過程，因此應避免獨立研究的結果只是抄抄寫寫、剪剪貼貼，仍然侷限於知識消耗者的層次。

㈣安排個別指導老師協助獨立研究

要達成生產知識的目的，獨立研究必須使用嚴謹的科學方法，深入的探索，學生在進行獨立研究中，常因不懂研究方法而茫無頭緒，選定之主題雖有興趣，也有動機去完成，仍可能因爲缺乏指導而功虧一簣，因此需安排專家或專業老師的協助指導，由大專家來培養小專家，依學生選定的主題，安排對該主題領域有研究或經驗的專家做個別指導老師，在專家個別指導下，學生之研究能力即可提昇。指導老師固然重要，但如何找到適當的指導老師卻可能是個問題，因爲一方面要具有專業背景始能針對其專長領域深入的指導，而學生選擇題目係依自己的興趣，題目範圍不定，不限於課本範圍，題目性質很可能具有多樣性，若指導老師僅限於上課老師擔任，必然無法配合指導老師的專長及學生的興趣。整合有關人力資源擔任指導老師，甚或支援研究設備，就成爲高師大附中獨立研究方案的重要措施。人力資源必需靠調查、聯繫、鼓勵與整合。爲了發現有興趣及意願的人力資源，附中進行了問卷調查，調查對象包括附中全體教職員、高雄師大教師以及附中全體家長，並將調查結果整理建檔；同時也舉辦座談會以溝通支援方式。除溝通支援方式、分享指導經驗外，並不斷累積更多的人力支援，而家長除部份具有專業背景擔任指導老師外，其子女進行研究時，更給予必要的支援，如：協助子女往返指導老師處及圖書館；給予孩子經濟上的支援，如：購買或影印參考文獻，以及編印和寄發研究問卷等，而父母在精神上給予學校及孩子的鼓勵，更是獨立研究方案順利發展的關鍵。

㈤舉辦研究成果發表會，強化學生從事研究的動機

從事研究工作常需耗費許多精力與時間，因此完成研究是令人興奮喜悅的，但如果只是完成而欠缺公開展現的機會，不僅容易減低動機與興趣，心血白費，而其研究結果也無法造福社會。高師大附中的獨立研究方案亦重視研究發表能力的培養，因此在團體訓練活動中，亦安排溝通、表達能力訓練及視聽媒體的製作練習，並在發表會之前進行講習，使學生能充份表現研究成果，發揮對觀眾的影響，而從觀眾的回饋中，則增強了學生的信心及繼續進行更高層次或另一主題研究的動機。

高師大附中經過兩年的努力，累積了熱心的人力資源，家長積極參與，獨立研究已成爲學校特色，更多的學生提出研究計畫，並在指導老師指導下完成獨立研究。而在第二年獨立研究發表會時，更發現曾在第一年研究及發表的學生，其研究水準及發表能力極明顯的提昇，發表者也因爲優異的表現而增進了研究的信心。小小的研究從小開始，研究興趣因此萌芽，研究能力不斷提昇，透過發表的成功經驗，小專家的信心提昇了，動機增強了。這個歷程的結果，我們期望的自然發展就是一些資質優異有潛力的資優生未來成功的成爲知識的生產者，同時，也因爲在知識文明上的創新生產，而使得他們成爲社會及歷史肯定的資優成人。

參考書目

一、中文部份

郭靜姿（民82）：如何指導資優生進行獨立研究。**資優教育季刊**，48期，5-15頁。

蔡典謨（民86）：**充實模式之設計與實驗研究㈡**。國科會專題研究報告。

二、英文部份

Baum, S. (1988). An enrichment program for the gifted learning disabled student. ***Gifted Child Quarterly***, ***32***(1), 226-230.

Burns, D. E. (1987). ***Effects of Group Training Activities on Students' Creative Productivity***. (University Microfilm International)

Renzulli, J. S. (1977). The enrichment triad model: A guide for developing defensible programs for the gifted and talented. CT: Creative Learning Press.

Renzulli, J. S. (1981). What makes giftedness? Reexamining a definition. In Barbe, W. B. & Renzulli, J. S. (Eds.), ***Psychology and education of the gifted*** (pp.55-65). NY: Irvington.

Renzulli, J. S. (1994). ***Schools for talent development: practical plan for total school improvement***. Mansfield Center, CT: Creative Learning Press.

Reis S. M. & Burns, D. E & Renzulli, J. S. (1992). ***Curriculum compacting: The complete guide to modifying the regular cur-***

riculum for high ability student. Mansfield Center on the gifted and Talented.

Reis, S. M. & Renzulli, J. S. (1985). ***The schoolwide enrichment model***. Mansfield, CT: Creative Learning Press.

協助孩子反敗爲勝*
～以低成就資優生爲例～

蔡典謨

壹、家庭教育的重要

教育的目的在發展學生的潛能，幫助學生成功。影響學生成就的因素相當複雜，個體的能力、成就動機、學校制度、課程、教材教法、教師良窳及家庭影響等，均有可能。其中家庭影響不但開始得早，而且影響深遠。就如金斯貝瑞（Ginsbery）曾提出：「家長是子女第一個老師，因此他們對子女的一生有著最大及最長遠的影響力，他們站在價值提供、態度形成和資訊給予的第一線上」(Passow，黃裕惠譯，1992)。

家庭是人出生後最早的生活環境，是幼兒最早接觸的生活天地，也是兒童成長最主要的場所。家庭經驗對兒童行爲發展具有重大的影響，舉凡家庭的社經水準、家人關係、父母教養子女的態度和方式、以及其他總總因素所形成的家庭生活氣氛等，均與

*本文摘自國科會專題研究成果報告（NSC88-2511-S-017-029）。

兒童的生活適應息息相關，兒童在穩定和諧的家庭中成長，父母提供愛及溫暖的環境。兒童具有安全感、自信心，潛能得以充份發揮，人格也能健全發展（簡茂發，蔡玉瑟及張鎮城，民 81）。兒童在進學校之前的生活及學習場所，主要在家裡，因此家庭也是學校的準備，兒童在家裡做好學習之前的準備，自然有助於其學校裡的優異表現。兒童上學之後，經濟上靠父母支持，精神上需要父母的鼓勵；放學後，生活的主要環境也在家裡。因此，家庭繼續影響孩子的學習也是自然的。甘貝爾（Campbell）指出：影響美國亞裔資優生學業成就的因素中，最大者爲學生自身，佔 67%；其次爲父母佔 30%；第三是教師，佔 3%。而自身因素中，努力佔 78%，能力佔 22%（蘇清守，民 76）。上列因素中，能力仍受父母遺傳的影響，而努力受父母期望及教養方式所影響，也已爲調查、實驗及比較研究所證實（林清江，民 61）。推孟（Terman）於研究資賦優異兒童之發展時，發現資賦優異兒童日後成就之高低與其父母教養有密切關係，父母之良好教養是資賦優異兒童發展與將來成就的良好基礎（李明生，民 61）。

以上資料，說明家庭影響的重要，兒童自出生獲得父母遺傳開始，在父母所製造的環境中生活，受父母知識、價值觀念、生活習慣、教養方式、親子關係等因素的影響，並與家庭以外的因素交互作用，直接間接影響了兒童日後的發展與成就。爲人父母者，莫不期望子女能出類拔萃，尤其資優學生更是具有高成就的可能，而資優學生需要因材施教，唯在大班級之下，一個老師要照顧許多學生，個別化的教學實在不易達成，克服的一個方法就是家長參與，因爲家長最關心自己的子女，面對的孩子數也少，長時間與子女相處，自然能發揮家庭影響的積極功能，幫助子女成功。蔡典謨（民83）研究高成就青年學生的家庭影響，發現這些家庭仍保有我國傳統重視教育、勤勞及尊師的價值觀念，此種觀念也反映在家庭教養的實際行動上，例如，重視基礎教育；多花時間陪孩子；母親專職；選擇學區、老師；關心鼓勵孩子；尊師重道；與老師溝通配合等。父母基於重視教育的價值，採取了積極適宜的教養措施，因此而促成了孩子的發展與成就。此外，這些家庭的關係穩定積極，氣氛溫暖和諧，父母關愛尊重子女，重視與孩子的溝通，因而親子關係良好，此種特性有利於孩子的人格發展，增進成就動機，也可以給予子女安全感，能力因而可以發揮。

貳、資優低成就是最大的社會浪費

資賦優異學生固然具有較佳的成功機會，然而其成功也非偶然。要幫助資優生成功，除探討高成就資優生的特性及影響因素外，對於失敗的，也就是低成就資優生的研究也不能忽略。教育人員、家長及學生對課業低成就一直就很關心，1955 年 Gowan 即說資優而低成就是文明中最大的一種社會浪費（one of the greatest social wastes of our culture）（Emerick, 1992, P.140）。除了社會的損失之外，個體由於低成就，其進一步接受教育的機會以及個人的發展機會也遭受阻礙，一個資優生如果課業表現不佳，不只會因成績低落、家長與教師排斥而感到挫折，同樣的，個體也會覺得自己在其他方面的學習表現也不行，此種不愉快的經驗一旦滋長，對學校、自我及各方面的學習將產生消極的態度，而成就動機也因此低落，學習潛能也就不易發揮（Emerick, 1992）。

據 Seeley（1993）的估計，全美約有 15% 至 40% 的資優生面臨課業失敗或低成就的危機。Lupart 及 Pyryt（1996）在加拿大以市區學校 19 所中小學之 4、7 及 10 年級的學生爲調查對象。首先，實施能力測驗及成就測驗，IQ 在 120 以上爲資優，計算 IQ 與成就的相關，其次預估學生在數學、科學、語文及社會科的成績及各科的平均成績，最後將比預估成績差一個標準差以上的界定爲資優低成就，依此方式調查發現符合資優低成就的佔 21%（p.49）。Gagné（1991）則以多元智力的觀點推估低成就資優生的比率會高達 40%（Lupart & Pyryt, 1996）。美國卓越教育委員會（the National Commission on Excellence in Education, 1984）的報告則指出約有 50% 的資優生其表現的成就未能達到符合其能力的水準（Diaz, 1998）。Whitmore（1980）指出，以學業能力在前百分之十，而成績卻在中等或同儕中最後三分之一界定低成就，則低成就的資優生約有百分之十五到百分之五十，若以性向測驗預測成就測驗分數，其真正成就測驗分數落在所預測的分數以下來界定低成就，則低成就資優生比率可能高達百分之七十。若以潛能是否充份發揮的觀點而論，則世界上的每一個人可能都可以說是低成就者（p.167）。

上列有關低成就資優生比率的資料雖係來自美加，而且各項報告其比率亦不同，關鍵應在所採用的標準。唯最低的比率亦達 15%，高則到達 70%，說明資優而成就未達符合其能力水準的學生的確存在的事實。筆者在推廣服務擔任親子講座時，面對資優生家長，最常被詢問的問題就是孩子很聰明，但表現不佳，成績不令人滿意，該如何幫助孩子？可見低成就資優生的確存在，而且資優生低成就問題也爲家長所重視。孩子潛能不克發揮，不但是社會的損失，低成就也可能造成消極的自我概念，自尊心低落，在學校形成自我孤立或與其他同學衝突（Whitmore, 1980），在家庭則可能導致父母擔憂及親子關係不協調，以上資料說明家庭影響以及資優學生低成就問題的重要性。

國內有關低成就資優生的研究，偏重在低成就資優生的心理特質及學校輔導策略（王淑敏、陳秀蘭，民 72；吳武典，民 72；吳裕益，民 72；廖永堃，民 80；王文科，民 84），例如：以量的方式探討自我概念、成就動機、情緒困擾、教師期望、學習技巧或同儕關係等與低成就的關係。資優低成就可以從個人、學校及家庭分別加以探討（Rimm & Lowe, 1988; Whitmore, 1986; Redding, 1990; Jeon, Kyung-Won & Feldhusen, 1991; Emerick, 1992; Fehrenbach, 1993; Baum, Renzulli & Hebert, 1995）。過去二十年來，透過家庭的概念探討資優低成就的問題在美國已有增加的趨勢（Baker, Bridger & Evans, 1998）。由於家庭影響不但久遠而且發生的早，瞭解低成就資優生的家庭特徵及其影響，並配合學校老師的輔導，將可及早幫助低成就資優生及其父母。Davis & Rimm（1985）即提出有的家庭因素不易改變，例如破碎家庭、單親等；但是也有些特徵可以改變，例如父母過度保護、威權主義、過度放任、以及父母教養方式不一致。Clark（1992）綜合低成就資優生家庭的有關文獻，指出常有的特徵爲：學生依賴母親、父親與孩子不親近、父親與子女的關係是消極的、父母給孩子設定不切實際的目標、父母對子女的成就吝予獎賞、兒童不認同父母、家裡有嚴重的社會及情緒問題、父母不關心學校、父母對孩子缺少支持、孩子的成就被父母視爲一種威脅、父母少與子女分享情感與想法，而且互不信任、父母嚴格限制子女而且處罰嚴厲。我國文化背景與美國不同，探討低成就資優生的家庭特徵及其對孩子的影響情形，將可進一步幫助我國低成就資優生及其父母。

參、誰是低成就資優生?

探討低成就資賦優異學生（Underachieving gifted students）遭遇的最大問題就是定義紛歧，下列定義係引述自 Whitmore（1980），Dowdall & Colangelo（1982）及 Gallagher（1985）：

Gowan（1957）：表現比能力低一個標準差以上

Shaw & McCuen（1960）：普通能力測驗在前 25%（IQ 110 以上）但學業成績在平均數以下

Kowitz & Armstrong（1961）：一個成就分數低於其能力分數的人

Thorndike（1963）：低成就的評量與預期的成就水準有關，此乃假設某方面如 IQ 相似，其他方面如課業的表現也會相似。

Ohlsen & Gasda（1965）：語文或非語文 IQ 分數在 116 以上而成績比預期水準低至少一個年級或其成績在 B 或 B 以下。

Bricklin & Bricklin（1967）：兒童平常的學業表現比根據智力預期的低。

Fine（1967）：智力在前三分之一，表現遠低於其水準。

Finney & Dalsem（1969）：語文及數學性向測驗成績在前 25%，但學業成績卻低於平均數以下。

Ziv（1977）：高 IQ 低成績的兒童。

Fine & Pitts（1980）：不是學習障礙卻長期表現低成就。

Whitmore（1980）：在學業上表現特別高的能力，但實際上的課業表現及成就測驗的成績卻不令人滿意。

Gallagher（1985）：智力測驗表現佳，但成就測驗或學業成績卻低於同年齡的預期水準。

以上例子與資料說明了低成就的定義紛歧，唯基本上強調客觀式的評量，主要在比較智力測驗分數與學業成就分數，或智力測驗分數與學業成績，想要表達的就是個人潛能及實際表現間具有差異，但差異大小及特性則無定論，標準化的測驗雖具有客觀性，但測驗也有誤差。而那一種測驗能充份表現一個人的潛能也無肯定的答案，統計上若以低於一個標準差來界定低成就雖然明確，但仍免不了獨斷，例如爲何不是 1.5 或 0.7 個標準差（Mandel & Marcus, 1988），在那一個層次的成就水準可以稱爲成就到低成就，將因年級、學校、教師及學生不同而界定有異，環境也可能影響成就的定義，例如農家子弟視其前途爲繼承父親的農場，平日即隨父親學習，雖然學校成績可能被視爲低成就，但這些學生卻可能自視爲有成就的人。以上資料說明低成就資優生定義的紛歧及複雜的特性。

肆、低成就現象

低成就的現象也可以依下列四種情形加以描述（Whitmore, 1980; Diaz, 1998）：

一、明顯與否（Discrepancy）

有的學生低成就很明顯，例如能力測驗分數高，成就測驗分數及成績表現低落；有的學生低成就與否卻不明顯，例如能力沒有明顯表現出來，性向測驗分數低，而成就測驗分數也低；也有的學生成績還不錯，而老師也不認爲學生應該有能力表現更好；另有的學生無論其性向測驗分數是否表示能力很好，但其成就測驗分數高而成績可能因爲平常作業沒有好好做而表現不佳。

二、時間長短（Duration）

有的是暫時性的（Temporary/Situational），例如受父母離異、生病、轉學、師生衝突等影響，而有的是長期性的（Chronic），低成就延續相當長的時間，而沒有跡象顯示係受暫時性的原因引起的。

三、範圍（Scope）

有的具有特定能力但缺乏興趣或動機而表現不佳，有的學生則各方面的表現均不如預期好。

四、影響效果（Intensity）

有的學生雖然低成就，但情緒適應及社會行爲仍然正常，學生沒有明顯的困擾，有的學生則受到低成就的嚴重影響，例如因爲成就低而導致自尊心低落或產生補償行爲或其他適應上的問題，如退縮或侵犯等，這些行爲常造成孤立或與其他人的衝突，影響的程度較嚴重。

除了客觀的評量外，也可以透過主觀的觀察，多數有經驗的老師可能很快就會發現那些學生表現遠不如其高能力，但要注意避免偏見（Dowdall & Colangelo, 1982）。研究人員及輔導人員設法瞭解歸納行爲特徵以及發展補救措施，發現低成就者可能較具有下列特徵：社會發展不成熟、有更多情緒問題、有更多反社會行爲、及較低的社會自我概念（Colangelo, Kerr, Christensen & Maxey, 1993）。Whitmore（1980）曾提出低成就資優生的特質及具體的檢核表供教師及家長使用，例如，平時測驗成績很差，每天家庭作業不是沒做完，就是錯誤百出；對功課沒有興趣；表現出優異的理解力和記憶力；自尊心低；常有設立不真實自我期許的傾向，目標不是太高就是太低，對學校的態度不佳等。Clark（1992）彙整二十餘位學者的意見，列舉了低成就資優生的特徵如下：低自我概念；覺得父母對自己不滿意；不負責；對成人不信任；逃避成人的規範；覺得自己被犧牲；討厭老師及學校；反叛；學習動機弱；學習習慣不佳；學習適應不良；不專注；人緣不好；成績差、害怕考試；沒有目標。學校老師及師長若了解低成就資優生的特徵，平時細心觀察，配合客觀的測量，可找出低成就資優生，進一步加以輔導，使其潛能得以發揮，不但有益社會國家，也可避免資優生因低成就而帶來嚴重困擾。

伍、聰明孩子為何成績不佳？

造成資優生低成就的因素相當複雜，可以從個人、學校或家庭方面加以探討（Whitmore, 1980）。就個人方面，比較高低成就者的研究皆顯示基本現象就是自我概念，也就是區別高低成就的核心特質就是低成就者自我概念較消極（Whitmore, 1980），證據顯示低成就資優學生的自我概念常低於高成就資優生及一般學生，唯上列證據常來自相關研究法，很難說低自我概念是因還是果（Baker, Bridger & Evans, 1998）。除了低自我概念外，其他導致低成就的個人因素，可能還包括下列特質：缺少動機、不夠努力、自信心不足、自主性不夠、不會自我管理、主觀性強、過份合理化、反叛、缺少課業學習技巧、害怕失敗、完美主義、毅力不夠、情緒不穩定、同儕關係困難、尋求立即滿足、沒有目標、害怕被批評、適應力不佳等（Whitmore, 1980; Dowdall & Colangelo, 1982; Baum, Renzulli & Hebert, 1994; Clasen & Clasen, 1995; Baker, Bridger & Evans, 1998; Diaz, 1998）。

在學校因素方面，下列特徵可能與資優生的低成就有關：缺少適當的課程、消極的師生關係、教學方法不受歡迎、課程缺少挑戰性、教師的不當期望、同儕的壓力（表現不要太好，以免少了朋友）、反課業的學校氣氛等（Dowdall & Clangelo, 1982; Baum, Renzulli & Hebert, 1994 ; Baker, Bridger & Evans, 1998; Diaz, 1998）。

從上面的資料來看，資優低成就並不是突然的現象，而係不同的因素交互作用而逐漸發展的結果（Diaz, 1998）。

陸、造成低成就的家庭因素

影響學生成就的家庭因素相當複雜，基本上，子女要成長必須靠父母在經濟上提供支援，而父母的經濟條件則與其所從事的職業及教育背景有關，父母的社經地位（Social economic status）與子女的發展有密切相關，國內許多研究亦均指出家庭的社經地位與子女成就的正相關。

一個人的行爲常受其價値觀念的影響，如果父母強調勤勞的重要，他也會鼓勵自己的孩子用功。反之，如果父母不重視教育及勤勞，也可能影響孩子。父母的價値觀念亦表現在對子女的期望上，對子女的期望較高，可能因此而督促子女努力，許多研究均指出，父母期望與子女成就的正相關。

教養方式亦爲影響子女成的重要家庭因素，Emerick（1992）研究 10 個長期低成就而後來在學業上克服低成就的資優生，發現低成就資優生覺得父母對其學業表現有積極的影響，孩子覺得受到父母三方面的影響：一、父母直接或間接支持孩子校外的學習活動，孩子認爲受到父母的重視；二、孩子認爲即使功課表現不佳，父母仍然抱持著積極態度對待子女；三、父母保持冷靜，逐步將課業責任轉移到孩子身上。Rimm 和 Lowe（1988）比較成功的資優者及 22 個低成就資優生的家庭環境，發現有利的影響因素包括 ： 訓練孩子獨立自主；父母教養態度一致；以身作則，以及善用時間等。以上資料說明家庭影響因素的複雜，兒童的行爲可以透過家庭成員的關係及互動來瞭解，而家庭未能適當的支持孩子可能對低成就造成影響（Baker, Bridger & Evans, 1998）。例如父母較有支配性、限制過多、較常嚴厲的懲罰、不是過於保護就是過份要求、不是期望低就是過高、家庭關係緊張（Morrow & Wilson, 1961）、父母過度的壓力、父母態度及價值觀念不一致、認同低成就的父母、父母離異、經濟條件不佳、家庭氣氛不良等均有可能導致資優生低成就（Diaz, 1998）。

資優低成就相關問題常在國小高年級與初中出現，依社會觀點來看，兒童到了這年紀能跟別人比較，而且能從社會的比較歷程來評估自己，充份感覺瞭解同儕團體的規範，並想跟同儕打成一片，有可能促使一些資優生經由低成就來免除因爲資優而引起大家的注意（Baker; Bridger & Evans, 1998）。低成就的研究多以高中或大學生爲對象，許多研究均建議早期介入以瞭解問題的發展，並期使介入的效果提高（Whitmore, 1980）。

家庭影響因素相當複雜，社經地位、價值觀念、父母期望、以及教養方式等均與子女的成就密切相關，這些因素彼此關聯，例如，社經地位影響教養方式、價值觀念及期望；而價值觀念亦應與期望及教養方式有關，這些因素的影響關鍵可能又在子女的成就動機及努力。

柒、低成就資優生的家庭

蔡典謨（民 87）曾經以問卷調查 277 位低成就資優生，128 位家長及訪問 10 個家庭，結果發現低成就資優生可能具有之家庭價值觀念如下：

1. 對教育缺乏正確觀念，父母經常傳達「分數不重要」、「分數不能代表什麼」、「功課不重要」的訊息，缺乏鼓勵孩子追求學問的態度。

2. 父母對子女的期望低、要求低，子女認同而有較低的成就動機及價值觀念。

3. 沒有灌輸勤勞、努力的價值觀念。

4. 沒有重視小學基礎教育、不了解孩子學習過程與成效，雖然有的家庭重視學前教育，在孩子年幼時，花時間陪孩子，給予文化刺激，奠下了很好的成長基石，但進入小學後則沒有持續關心、注意。

而在低成就資優生家庭關係方面，可能具有之特性如下：

1. 家庭氣氛不和諧，影響孩子的情緒及親子關係。

2. 採威權的管教或放任的忽視冷默態度，不尊重孩子，或經常嘮叨、貶謫，孩子心生畏懼，親子關係不良

3. 父母工作太忙或在外地工作，與家人、孩子相處時間有限，對孩子不瞭解、沒有時間陪伴子女、沒有共同參與孩子的學習過程與成長，平日對孩子功課不關心、不了解，但卻對學習成果較為重視。

4. 父母不重視親子溝通，未能好好傾聽孩子的心聲，對孩子瞭解有限，親子間距離遠。

5. 父母管教態度不一致，經常爭吵，家庭氣氛憂慮緊張，缺乏安全感的環境，孩子沒有信心、企圖心去發展自己獨特的才能及理想。

另外在低成就資優生的家庭教養方式上，可能具有之特性如下：

1. 父母過度保護、事事干預、代勞、安排，孩子沒有自己的學習空間及生活空間，缺乏思考能力、獨立自主的訓練；2. 喜好拿孩子與他人比較；3. 缺乏讚美、鼓勵；4. 以物質、體罰鞭策孩子；5. 缺乏運用社區資源；6. 管教態度不一致；7. 父母縱容看電視；8. 不良的身教、言教；9. 沒有建立良好的習慣；10. 不切實際的期望標準。

捌、協助孩子扭轉劣勢，反敗爲勝

影響資優生學習成就的因素可以分爲個人、學校及家庭等方面，因此要幫助低成就資優生扭轉低成就，反敗爲勝，也可以從這三方面著手。

在個人因素方面，Emerick（1992）研究發現自我概念的提昇是扭轉低成就所必需的，例如瞭解導致個人低成就的因素而積極的面對，發展個人能做到的目標，因校內外一些小成功信心逐漸增長等。Baum, Renzulli & Hebert（1994）研究 17 位低成就資優生，發現學生完成有意義的主題研究，可以增進自尊而提昇自我效能，有助其成就水準的提昇。在學校影響方面：Whitmore（1980）建議教師可以參照下列原則幫助低成就資優生：儘量減低兒童的外在壓力，如強調合作而非競爭；重視動機；給予彈性；發展社會技能；幫助孩子認識可以達成的短期目標並予鼓勵；幫助孩子瞭解其面臨的問題及限制。Emerick（1992）的研究發現教師展現如下的特徵是扭轉低成就的重要因素：關懷個別學生；願站在朋友立場與學生溝通；熱誠且樂於學習；教學多變化；對學生設定高而切實的期望（p.144）。

影響低成就的因素相當複雜，幫助低成就資優生也必須是長期的、全面的，而且儘早開始（Dowdall & Colangelo, 1982）。因此除了個人特徵的改變，學校環境的規劃以外，家庭影響也應重視。青少年及成年的成就常是根源於小學培養的習慣、興趣、態度及動機。Whitmore（1980）即主張早期幫助及家長參與，是最有可能對低成就者提供成功的介入（p.202）。因此，要扭轉低成就就要儘早協助，而家長參與是最能產生實質的效果的。

下面介紹家庭方面幫助孩子扭轉劣勢的例子：Cubbedge & Hall（1964）透過學生及家長的團體諮商研究 7 年級低成就學生，實驗組包括低成就學生及其父母，分別每週聚會了 14 週，結果成就測驗及人格測驗分數均較對照組高，Jackson, Cleveland & Merenda（1975）檢視了 117 位四年級的低成就資優生的資料，實驗組學生的家長及老師接受諮商，當學生在高中畢業時，成就測驗分數明顯較高。Emerick（1992）研究父母對扭轉低成就的影響，發現孩子覺得父母在下列三方面幫助了孩子課業上的成功：1. 支持孩子感興趣的校外活動，孩子因此覺得父母對他們看得比課業表現重要；2. 即使孩子面臨課業失敗時，父母仍然維持積極的態度；3. 在孩子成就低時，父母仍維持冷靜、客觀，學生相信父母最後終於將學校的表現責任加於孩子身上。Clasen & Clasen

（1995）研究低成就資優生發現學生認爲父母與家庭對孩子成就有積極的影響，而家庭問題也會產生消極的影響，因此建議有系統的介入家庭輔導，如與父母聚會討論、安排全家參與有興趣的活動、父母研習及促進父母間的聯繫等。Baker, Bridger & Evans（1998）研究指出家庭變項也能預測低成就，適當的家長支持是孩子在學校成功的重要變項，說明家庭在扭轉低成就上的重要性，因此，應針對家庭教養問題給家長諮詢。

以上資料說明幫助低成就資優生除個人特質及學校環境外，家庭影響也是重要的介入方法。因此，幫助父母瞭解其孩子的潛能、特徵，協助其調整教養策略，對提昇孩子的成就可能產生積極的影響。

玖、父母成長團體的協助

爲了實際幫助低成就資優學生提昇成就表現，本研究以爲期兩年來探討低成就資優生的家庭影響，第一年著重在低成就資優學生的家庭特徵及其對孩子的影響描述；第二年後續研究乃針對第一年受訪的九個家庭（原爲十個），給予實質的輔導計畫。參與輔導計畫的家庭均需參加家長成長團體，參加的家長每週日聚會，共計十次，會中討論家庭教養問題，並依各家庭的實際情況給予建議與協助。成長團體安排的課程主題爲：

1.父母角色如何協調合作；2.如何瞭解孩子；3.親子溝通；4.建立孩子的信心；5.父母大家談，及戶外親子活動；6.如何培養良好習慣；7.如何培養良好習慣；8.設定期望標準；9.給孩子發展空間；10.家長如何自我成長（總整理）。

低成就資優生的輔導應把握早期介入，因爲消極的習慣一旦形成，長期落後的結果，改變自然不易成功，美國許多在中學階段才介入輔導的研究，多發現成效不彰（Dowdall & Colangelo, 1982），由於早期介入影響可能較爲深遠，因此，本研究以臺灣南部地區國二以下及國小中高年級資優班低成就學生爲樣本。針對這九個長期低成就的資優學生，輔導其父母參與「資優生父母成長團體」的教育訓練，經過團體訓練後，發現多數低成就資優生克服了低成就，其學業有明顯的提昇，經研究有下列發現：

一、成長團體的活動及相關輔導措施有助家庭經營及親子關係

根據訪談資料、父母上課筆記與書面報告資料之分析發現：父母均來參與成長團體的活動及相關輔導措施者，或母親來參加，而父親偶而參加且願意配合者，則對其家庭經營、家庭氣氛、親子關係有積極正面的影響。若在參加成長團體訓練前，親子關係惡劣的一方，拒絕參與或改變，則成效有限，致使參與的一方有心想改卻難以施展，他們充滿強烈的挫折感與無力感。

(一)父母共同參與成長團體；或母親參與，而父親偶而參與且願配合者，成效較佳

父母共同參與或母親參與，父親配合者，其家庭氣氛較前和諧，爭吵減少，親子關係改善，父母陪伴孩子的時間增長，也較重視孩子的課業及參與學習活動，比以前更重視親子溝通，尊重

孩子、關懷孩子，多傾聽、支持、接納。

父母均參與成長團體的J同學說：

「爸爸現在講話比較溫和，比較會讚美別人，對全家都比較好」；又說：「現在爸媽對我的態度、給我的功課壓力少，讓我現在覺得比較快樂、輕鬆，唸書也變得有興趣」。

J太太說：

「現在爸爸跟孩子互動越來越好，跟孩子比較有話講，以前他一下班回家，自己看自己的書，回家很少說話，很少跟孩子接觸，很少跟孩子說話。現在改變很多，他跟孩子打成一片，孩子跟他聊天、開玩笑、講事情都可以」

J先生自己也說：

「我們確實改變很多，說實在的，改變很多，是好的改變。夫妻爭吵少了，跟孩子不愉快的經驗少了，孩子成績進步很多，家庭比較和諧，因為有些事情可以透過講或溝通，家庭和諧的話，在教育孩子的意見上即使理念不同，也可以透過溝通而取得一致的教育方式」

A先生說：

「太太去上課之後，比較有笑容，比較不會對孩子大呼小叫，情緒不會像以前如我女兒所說「受不了！受不了！」，情緒比較會控制，以前太太言語上比較過度，說話比較直接，常讓孩子受不了，以前孩子被激怒常摔門，進房坐一小時，實際唸書只有十分鐘，現在親子關係好很多，孩子人格成長有進步，比較不孩子氣，整個家庭氣氛好多了」

㈡母親參加而父親拒絕參加，成效較差

母親參加而父親拒絕參加且不配合調整教養方式的家庭，其子女進步有限，甚或毫無進步。由於教養問題有較大爭議的一方，仍然沿用一慣的教育方式，常使來參加成長團體的一方所學發揮有限，又無力改善這種環境，常感挫折與無力。

B 先生收到研究者的通知，曾私下藏了起來，不讓太太知道，更不願意參加成長團體，B 太太說：

「我很努力跟他溝通，跟他溝通真的很難，很會發牢騷、抱怨，喜歡盯著我們在家裡，那裡都不能去。現在爸爸比較少罵孩子了，因為我跟他爸爸溝通，讓他知道孩子一點也不笨，不然他以前經常罵孩子笨，我們都誤會孩子真的很笨。」

F 太太表示：

「我和先生觀念無法溝通，所以家庭方面沒有什麼改變，先生是一個沒有責任感的人，其實我們就跟單親沒什麼兩樣，我常想孩子的功課差，與家庭是有密切關係的，大人應該負起很大的責任」

H 太太表示先生非常獨斷，她說：

「我先生不來上課，可能他自己也知道自己的方法不對，卻又覺得父權不容侵犯，他還是和以前一樣，動不動就罵孩子，孩子都被他罵到沒信心」

二、成長團體及相關輔導措施有助父母教養方式的改善

筆者整理分析父母參加成長團體的筆記、書面心得報告，資優生的書面資料及資優生及其父母的訪談資料，發現父母的教養方式改善，有助於子女學業的提昇。

㈠ 重視家庭溝通，改善親子溝通方式，少嘮叨、多傾聽，有助瞭解孩子，增進親子關係

根據筆者第一年的研究發現，低成就資優生父母不重視親子溝通，未能好好傾聽孩子的心聲，對孩子瞭解有限，親子距離遠，父母採威權的管教或放任的忽視冷默態度，不尊重孩子，孩子不敢也不願溝通，未能提供接納、包容的支持性環境。然而，低成就資優生的父母透過成長團體的參與及相關輔導措施之後，則變為較重視家庭溝通。親子溝通方式也改善了，他們以溫和、理性的態度溝通，並以多傾聽，多關心代替嘮叨、命令、責罵，結果家庭氣氛變得和諧，親子衝突減少，子女願意與父母溝通，父母較為瞭解子女，他們願意聽從父母的指導，對於父母的期望也較願配合。然而，仍然有少數家庭的溝通方式還是責罵、嘮叨，他們雖然明知嘮叨的效果有限，卻也一時無法改變這種現象，不過，她們正逐漸在努力改善中。但是，繼續採威權教育方式的一方，其親子關係依舊距離很遠。

F 太太參加了成長團體，現在她覺得自己比較了解孩子，她說：

「我現在比較瞭解孩子，以前比較不會去注意孩子的行為，成績好不好，以前成績差，只會用罵的、打的，而不會去找出原因來幫助他，現在我會去注意他的原因出在哪裡，想辦

法去輔導他」

A 同學表示，母親在成長團體上課後的轉變，如嘮叨減少，多關心其課業，讓其學業進步不少，他說：

「媽媽現在比較少嘮叨而用叮嚀，所以比較會聽，她也會關心我們的功課，現在她也會多聽我們的抱怨，我就會比較喜歡跟她說話，不然的話，以前我看見她時，她臉上總浮現兩個字「嘮叨」，說我現在要跟你嘮叨了。現在她就不會了，我很喜歡這樣，誰會喜歡自己父母天天在那裡嘮叨來，嘮叨去」

A 太太以前與孩子的關係緊張，父親很少管孩子，孩子有事都不願意跟父母說，父母也不清楚他有什麼問題，她說：

「孩子在學校發生那麼多事情，我都不知道，他曾經跟我說，他有三個月沒有跟同學說過一句話，在學校同學排擠他，老師又不重視他，參加蔡教授的研究後，現在我才知道，我去幫他處理，現在老師也開始重視他，他現在在學校也快樂多了」

E 太太以前也重視孩子的教育，但孩子成績依然未提昇，後來經建議，改變了溝通的方式，結果效果不錯，她說：

「我想最主要的改變在孩子本身願不願意聽，以前也在講，但孩子只是嘴巴回答好、好，卻沒有實際去做，因為過去我都是用命令、用罵、用唸的在溝通，他根本不甩，現在我多用聽的，讓他自己來說「你覺得怎麼樣……..」，不那麼嘮叨，不會那麼衝動，孩子配合的意願也高了」

G 太太教育孩子很喜歡用嘮叨的方式，她也明白這種管教方式對孩子無效，參加成長團體之後，這種嘮叨的方式已經改善不少，她說：

「我們做母親的每次看到孩子這樣，就會急著糾正，我想孩子還小，我要趕快把他糾正，我也了解說這樣一直唸一直唸，也是沒什麼效果的，但就會情不自禁的做出這樣的結果。我如果看到他一直看電視，沒有把心思放在功課上，就會一直唸他，除非我不在家，就沒辦法唸他，現在我也慢慢在改」

I 太太表示孩子還是很怕父親，她說：

「我覺得上課之後，我做了許多改變，我學會了傾聽，我覺得我跟孩子之間好像沒有障礙，可是他爸爸很專制、很權威，兒子完全不會主動跟爸爸講話，爸爸在家，他們就躲在房間不敢出來」

㈡重視關心孩子課業，改變讀書習慣，有助孩子課業成就

從筆者第一年的研究發現，低成就資優生父母沒有時間陪伴子女，不重視小學基礎教育，不了解孩子的學習過程與成效，平日對孩子的功課漠不關心，卻對學習成果較爲重視。低成就資優生由於平日不重視學校課業、作業草草了事、遲交、考試不重視，臨時抱佛腳。因此，學業表現不佳，父母則加以責罰，而不去深入探討原因，或協助孩子。

經由成長團體的家庭介入後，父母開始關心孩子的平日功課、作業、考試，關心學習狀況，瞭解其學習瓶頸，進而去幫助他。而孩子也由於父母親的介入、關心，課業成績進步：由於課業進步，使其自我要求變高，因果循環之下，成績自然提昇。

I 太太現在會去關心孩子的課業，她說：

「我現在會去關心孩子的功課，之所以有這些改變，就是上了教授的課以後，原先我就覺得有問題，但是不曉得要如何

去面對它，以前他們功課、考試我都不管，我認為孩子應該要自動自發，如果每次考試都要幫他復習，我覺得會有一種依賴。現在上了課，我知道要先幫小孩養成讀書習慣、循序漸進，讓他漸漸自動自發」

A 先生說：

「以前考不好是用罵的、嘮叨的，叫他自己進去探討原因，現在是問他，你學校上到第幾課，準備好了嗎？現在腳步跟得比較緊」

B 同學說：

「現在媽媽會注意我的考試，以前都沒有，不管我，只簽簽聯絡簿，看作業有沒有寫完，有沒有考試就不問不管，我自己也不管考試，考幾分也沒關係，爸媽也不管我考幾分」

I 同學說：

「現在媽媽晚上都會問我功課寫完了沒有，她會拿去看，不會的地方，她會教我，這樣我的功課當然會有進步」

A 同學說：

「我現在比較重視功課，比較會溫習功課，以前比較少，甚至考前兩三天才開始，這跟爸媽對功課的重視有關係，他們拼命跟我說你平常唸一點，就不必在考前兩三天唸得那麼慘！」

J 同學表示：

「以前爸爸教我們，寫得慢或寫錯，就打；如果錯兩三題，就說錯一堆，現在就不會了。現在比較合理，那裡錯，就幫我復習那裡」

㈢父母教養方式漸趨一致，有助提昇教育效果

根據筆者第一年的研究發現，低成就資優生父母對孩子的管教態度不一致，很多家庭一方嚴格、一方放任。一鬆一嚴，養成孩子投機、僥倖的性格，對於父母的要求與期望，無所適從，無法遵行。這些家庭採威權的管教方式，較強調功課表現，對於生活習慣、學習習慣的建立，並沒有積極介入。此種管教方式，影響良好親子關係的建立；而放縱式的溺愛方式，雖然給了孩子許多愛及自由，但卻不利於孩子的成長與學習。由於父母雙方管教的態度不一致，很難形成教育上的共識，教養方式不能一貫，教育效果自然減弱。

經過成長團體及相關輔導活動的介入，低成就資優生家庭的教養方式改變了，父母雙方能夠理性溝通，夫妻間的爭吵減少，親子間不愉快也減低，家庭氣氛和諧，教養態度一致，對於孩子的學習能夠取得一致的教法，孩子的接受程度較高；反觀子女對父母教養方式不一的爭吵，感到厭煩，也造成子女的壓力，而影響讀書的情緒。

J 先生表示：

「因為我們都參加了成長團體，所以兩人比較容易溝通，現在我們比較不會爭吵，家庭比較和諧，因為有些事可以透過溝通。像成長團體有些媽媽很鬱卒，有的承受極大壓力，看來都是媽媽在管，父親不管，他們家庭中溝通就有問題。如果家庭和諧的話，在教育孩子的意見上，即使理念不同，也可以透過溝通取得一致的教育方式」

J 同學也說：

「以前爸媽教育觀念、教育孩子的方法都不一樣，上課以後，他們的觀念就比較一致，現在他們教我們都用講的」

A 同學表示，父親以前從來不管孩子，現在就不一樣了，他說：

「爸爸現在比較管我的功課，大概是從我媽開始上課改變之後，她跟爸爸研討良久，所以才決定要開始盯我」

㈣訂定合宜的期望標準，有助提昇孩子的抱負水水準，激發努力動機

筆者第一年的研究結果發現：低成就資優生的家庭對教育缺乏正確的觀念，父母經常傳達「分數不重要」、「分數不能代表什麼」、「功課不重要」的訊息，缺乏鼓勵孩子追求學問的態度，父母對子女的期望低、要求低，子女認同而有較低的成就動機及價值觀。另外也有些家庭，不管孩子的能力、課程難易，自定一個期望標準，要求孩子努力達成。達成，則以金錢、物質來獎賞：未達成則加以體罰。

然而，低成就資優生父母經過父母成長團體及相關輔導措施的家庭介入後，發現他們對於子女的教育態度已轉爲積極，他們不只注意孩子的功課，要求孩子的分數，並鼓勵他們提昇抱負水準。孩子在父母的要求下，成績進步，對於以往的不良成績也會在意，因此積極努力提昇自己的抱負水準、成就動機，而有了良好的表現。除了少數兩位家長仍然不重視孩子的成績、任由孩子悠哉悠哉，因此孩子的成績沒有進展，孩子也顯得無所謂。

A 同學說：

「爸爸、媽媽以前常說分數不重要，現在不會了。以前我如果粗心大意，錯了，他們會說沒關係，只要會就好，現在不同，我媽會說不行，你一定要重視你的成績，你要重視你的分數，就是不能粗心」

E 先生表示：

「我的孩子早就習慣較差的名次，以前我都給孩子一個觀念，結果不是最重要、考幾分沒關係，但你是否真的很努力，是否真的下功夫，如果你努力過了，下過功夫，結果並不理想，我不怪你。但現在我改變觀念，我加了除了努力以外，還要注意你的結果」

C 同學的家長屬放任型的，雖然參加了親職成長團體及相關輔導措施，她教育孩子的態度仍如以往，她認爲孩子聰明，有自己的福份，不用逼他，不要給他壓力，讓他自然成長。父母不重視功課的態度，造成孩子也抱持較低的成就水準，每天只把學校作業寫完就了事，遇有考試，第二天到校再臨時抱佛腳，因此考試成績均不佳。C 同學說：

「我沒有把心放在功課上，只有月考時，媽媽會叫我去復習功課，我如果沒事做，才會去復習。考試考壞了（25 分），我媽也不會罵我，只說再接再厲。考不好，我只覺得比上不足，比下有餘」

㈤ 以積極增強的管教方式取代負面管教，有助親子關係及子女課業表現

筆者第一年的研究發現，缺乏讚美與鼓勵是低成就資優生的

家庭共同特點。這些家長給孩子許多標準與要求，當孩子表現不錯、達到期望標準時，他們卻很少給予積極正面的回應。許多家長認為讚美、鼓勵會讓孩子認不清事實，會寵壞他們；失敗時，父母又十分在意的給予指責與懲罰。因此子女根本不知道自己那些是優點，那些地方表現好，而無法激起再度表現的動機：而負面的指責，只是加深孩子不如人的地方，造成他們自尊心低落，喪失上進的企圖心。

經過成長團體的課程與相關的輔導活動之後，低成就資優生父母改變了他們原先的教養方式，他們找機會多給孩子讚美、鼓勵，而責罵與體罰也減少許多，以往採負面的管理方式，造成親子衝突，孩子情緒受波動，影響讀書的專心與效果。現在則改採讚美、鼓勵的方式，子女都很喜歡，親子衝突減少，學習動機增強，學業明顯提昇。然而，仍有少數家庭，還是一如往常，經常責罵、體罰孩子，孩子成績並無進步。

A 同學說：

「媽媽去上課之後，嘮叨比較少，鼓勵、讚美比較多，以前她的責備總是多於鼓勵，現在好像天天努力的要來鼓勵我，好像努力的找機會來鼓勵我，我當然很喜歡，讚美、鼓勵感覺總比被人責備好」

J 同學去年接受訪問時，成績長期最後一名，他表示不喜歡讀書，讀書很不快樂，只想唸到國中畢業就好。現在他的學習態度轉變很多，對功課的興趣增強，他表示：對於父母參與成長團體後的改變他很喜歡，他說：

「爸爸在上課以前比較兇，上課完後比較不那麼兇，以前我功課寫得慢，或考不好，就用打的，現在就不會了，現在都用講的、用說道理。媽媽的嘮叨也比較少，我喜歡這樣，會覺得自己在讀東西不會很生氣，以前常常花時間在想（即挨罵挨打），現在比較會專心在功課，成績就比較進步」

F 太太表示：

「以前他做不好，我常常罵他，現在想到罵會產生負面的效果，我就會儘量克制自己。以前我很少讚美他，現在就像蔡教授說的要製造讚美的機會，所以一有機會，我就給他讚美、鼓勵，他所表現出來的就比較高興，就比較有自信」

I 同學現在功課進步了，母親也少唸了，他說：

「媽媽現在常講我不錯，以前都是唸得多，讚美少，媽媽這種轉變我很喜歡，因為人好像聽到讚美的話，就會感覺很不錯啊!你下次一定要做得更好給她看；唸我、罵我的話，我就會想:你既然認為我不好，我乾脆不要做」

H 太太表示，先生的權威心態和以前一樣：

「月考的時候，爸爸怕孩子考不好所以只要看到孩子一有浪費時間的動作出來，像喝口茶、上廁所，就開始唸、罵，有時一罵可以連罵兩個小時，小孩乖乖的低著頭站著挨罵，他整個情緒都很低落，爸爸發飆時，我擋都擋不住，所以小孩月考成績都很爛，平時成績還好」

㈥給孩子合理的空間，有助學習效果的提昇

聰明的孩子學習速度快、有主見、自主性強、不喜歡被逼迫、不喜歡單調、缺乏挑戰的課程內容，根據第一年受訪的家庭發現：低成就資優生的家長都不瞭解資優生的此種特性，以致缺乏給予子女足夠的發展空間。他們爲子女安排了各式的補習，

並給予過多的練習及習作。一味的送孩子去補習，完全無視孩子的意願。過多的補習佔用了學生太多的時間，以致無法專心於正規課程的學習。除補習外，父母也會安排一些練習、習作，或逼迫他們唸書，以填滿孩子空檔的時間，對這些學生而言，機械式、單調、呆板的東西是他們最厭倦的。爲了逃避，只好以拖延、鬼混的心態被動的學習，完全失去了求知的興趣，於是成績下滑。

經過成長團體的課程訓練及相關輔導措施之後，低成就資優生的父母調整了孩子的學習方向，他們尊重孩子的意願與決定，剔除多餘的補習，減少機械式、重複性的練習。孩子的學習壓力減輕，拖延的毛病改正了，學習意願高且快樂，成績也進步許多。然而仍有一些家長，雖然剔除某些重複的學科補習，依舊不放心，而改以其它藝能的學習，爲的只是填滿孩子的空檔時間。

此外，仍然有些家庭，沒有關心孩子的課業，過於放任，任由孩子輕忽功課，孩子對學習不感興趣，而他們的成績也與先前一樣，沒有什麼進步。

J 同學以前非常討厭上學，現在卻覺得對唸書有興趣了，他說：

「以前我寫功課常常拖，拖到要睡覺才寫完，因為這樣我就不必寫 X 文數學，我討厭 X 文，就用拖的，拖到沒時間寫，所以也沒有時間準備考試。因為成績很爛，去學校幾乎每天被老師打，考試差就打。現在爸媽對我的態度改變，說我做不做 X 文都沒有關係，功課壓力小，讓我覺得比較快樂、輕鬆，唸書也變得有興趣了」

E 先生表示：

「補習，基本上我跟太太沒有交集，我基本上不贊同補習一定要密集，真的不贊同，我太太就一直加，我拿掉幾項，她又把它再加回來，我寧可讓孩子多一點睡眠，我太太對這點就是改不過來」

I 同學表示父母親現在比較尊重他的意見，讓他自己做決定，他說：

「媽媽現在滿聽我講話，我覺得補習很累，媽媽就說隨我要不要補，以前她不會聽我的，反正不管我願不願意，去補就對了。現在我所補的都是我有興趣的，所以不會很累，我現在比較快樂，自己的時間也比較多」

A 太太以前為孩子安排許多補習，有超前、有重複，孩子的學習壓力很大，A 同學說：

「以前我媽很會安排補習，不管我要不要，都得去。現在我跟我媽說，數學這個暑假補完就不要補了，英文縮減一天，我媽都能接受」

㈦落實有效的教養策略是孩子進步的關鍵

針對這九位低成就資優生在家庭輔導策略介入前、後，其進步情形如下表：

學　生	介　入　前	介　入　後	備　　註
A（IQ132）	長期27、28名(全班30名）	全校男生排名第5名	集中式資優班
B（IQ142）	長期最後一名	未見起色	集中式資優班
C（IQ131）	普通班成績中等	未見起色	分散式資優班
E（IQ142.2）	長期最後一、二名（全班30名）	進步至17名	集中式資優班
F（IQ129）	長期24、25名(全班30名）	進步7名，得進步獎	集中式資優班
G（IQ153.89）	長期中下名次	進步至第10名	集中式資優班
H（IQ142）	普通班19名	進步7名	普通班
I（IQ130）	中下19、20名	進步至第7名	分散式資優班
J（IQCPM99）	長期最後一名	學期總分進步六十多分，參與國中暑期輔導課之成績優於原資優班市長獎之同學	集中式資優班

*D同學流失

由學生進步情況分析，發現大部份低成就資優生學業均有進步，除了少數兩位學生，雖然其家長參與了成長團體課程，但卻沒有切實執行，與介入前的教養方式並沒有多大改變，因此孩子未見進步；反觀進步較多者均為態度積極、認真執行者，他們修正了教養方式、改善了親子關係與家庭氣氛、關心孩子的課業，尤以夫妻共同參與者，其孩子進步最快也最多。因此，我們可以發現兩者之差別在其是否切實執行。

筆者進一步發現，家庭輔導措施介入遭遇的最大困難，就在於教育孩子有問題的一方，如父或母，排斥成長團體，不願意改變，讓有心改變的一方，深受挫折與無力感，無法發揮所學。這類家庭若沒有繼續堅持，甚或就此放棄，則孩子的進步極有限。

E 太太表示：

「這些主題我們都知道，就看你有沒有落實做到，重點在執行，我們知道對孩子應該要如何，但往往卻完全沒有做到，因為參加成長團體，所以才會去執行而且觀念更清楚，有個定位，「做」才是關鍵，做了也有效果出來」

J 先生表示成長團體給他們一種推動的力量，讓他們不得不去執行，而執行之後，效果令其非常滿意，他說：

「才這麼短短幾個月，J 的改變這麼多，真是意想不到！是好的改變，我們確實改變很多，其實我是有心想改變，但卻一直在拖，沒有一點 PUSH 的力量，可能教養的理論大家都知道，但是你卻不會去做，成長團體的力量是很大的，逼得我們不得不做」

I 太太說：

「參加成長團體後，教孩子時，要發脾氣前，總會慢個 5 分鐘，不會那麼衝動，會多聽孩子說話，以前溝通多半用命令的，孩子不愛聽，雖然我也注意孩子的功課，但溝通不良，孩子根本不理會」

B 同學成績並無進步，仍然位居班上最後一名，父母教育態度與先前一樣，並沒有改變，認爲分數不重要、功課不重要。

朱太太表示：

「老實說，他的總成績是年年在退步，因為我們沒有很盯他的功課，而他自己也無所謂，他不會很在乎他的成績，他也認為他趕不過人家，我們的態度（分數不重要、功課不重要）

是造成他這樣。雖然我們會提醒他一下，但沒有積極，我們想，孩子有實力在就好，所以孩子養成成績好不好也沒有關係，考得好不好也無所謂」

C 太太對孩子一向採放任的態度，C 同學每天沉迷於電玩、漫畫、電視及遊玩上，對學校的功課很少去碰，C 太太參與成長團體之後，雖然上了課，知道該怎麼做，但就是沒去執行。她表示：

「我覺得我也參加成長團體上課，但是孩子效果沒有出來，雖然吳老師（研究助理）指出我教育的盲點，但我一直認為要讓孩子自由發展，孩子的胸襟、視野才會開闊，殊不知其間的拿捏尺度不當，直接影響孩子的學習，我一直認定我的孩子很優秀，不要給他太大的壓力，我想孩子大一點較成熟時，自然就會用功，而且孩子自己有自己的緣，自己的福份」

拾、提昇低成就資優生學業成就教養方式之建議

根據筆者的發現，下列建議可供低成就資優生父母提昇孩子成就的參考：

一、父母要重視孩子的教育，瞭解資優生的特質

父母如果重視孩子的教育，對資優生有正確的認識與瞭解，有正確的教養方式，那麼孩子則會有良好的成就表現。低成就資優生的父母不是對孩子的高智商有過高的期待，給與過度的壓力，就是認為孩子既然聰明，就有實力在，不去管他，孩子一樣會表現不錯，這些「智商的迷失」均導致孩子表現不佳。因此，父母需要成長教育，對資優的孩子有深切的瞭解，針對個別差異，施以正確的教養方式，不斷的隨孩子的成長而加以修正，那麼不僅父母輕鬆，孩子也能快樂的成長並發揮其潛能。

二、父母教養態度一致

從筆者第一年的研究發現，低成就資優生父母對孩子的管教態度不一致，許多父母一方採取威權式的管教態度，一方則放任，一鬆一嚴，養成孩子投機、僥倖的性格，對於父母的要求與期望無所適從，無法遵行。第二年的研究發現低成就資優生的父母透過成長團體教育及相關輔導活動後，修正其教養方式，不再兩極化，孩子明顯感受父母的合理對待及約束，對功課態度的轉變，讓他們能積極面對學習，因而課業成績進步，心情也快樂、輕鬆。

筆者第二年之研究發現資優生父母共同參與親職教育成長團體，其成效最佳，家庭氣氛明顯改善，親子關係極為和諧，學生成就提昇最多。因此，教育孩子的責任仍需父母共同參與、共同承擔，夫妻有共同的教育理念，採一致的教養態度教育孩子，則能收事半功倍之效。如果光是其中一人接受親職教育的知識，在

付諸施行時，若得不到另一半的支持與協助，很容易受挫而力不從心，而教養方式的南轅北轍，對資優生極爲不利。

三、採用民主關懷的教育方式

有關教養方式的文獻指出，積極的教養方式應採民主式的關懷，而較不支持過嚴或放任的管教方式，根據筆者第一年的研究發現，許多低成就資優生父母採威權式的管教態度，或因父母一方極端嚴格，另一方則施以補償式的放鬆、放任。威權式的管教方式，較強調功課表現，對於生活習慣、學習習慣的建立，並沒有積極介入，此種管教方式，影響良好親子關係的建立。放縱式的溺愛方式，雖然給了孩子許多愛與自由，但卻不利於孩子的成長與學習。由於父母雙方管教的態度不一致，很難形成教育上的共識，教養方式不能一貫，教育效果自然減弱。

筆者第二年研究發現，參加成長團體的家長，修正教養方式，改以民主關懷的方式對待子女，合理、溫和的教育孩子，親子關係明顯改善，孩子的成績進步很多；反觀父母仍沿用負面、威權的管理方式，子女不僅成績進步有限，親子關係緊張依舊；而採放任、溺愛教養方式的家庭，孩子缺乏自律、無人約束，放縱的結果，成績表現毫無進步，仍舊不佳。

四、營造一個安定的學習環境

低成就資優生常因情緒困擾而影響了讀書的效果，他們經常受父母的嘮叨、責罵、體罰或家庭不和諧，父母經常爭吵，也令他們產生惡劣的情緒，而影響了讀書的專心程度與讀書的興趣，甚至自暴自棄。因此，爲孩子安排一個清靜、無干擾的讀書環境，建立孩子穩定的情緒，其讀書自然專心，學習效果將會事半功倍。

五、協助孩子建立良好的習慣

研究發現低成就資優生缺乏時間管理，生活作息不正常、娛樂時間多過讀書時間，作業常常遲交、草草了事或不交，考試則臨時抱佛腳，所以成就表現不佳。

因此，父母必須協助孩子建立有效的時間管理習慣，善用時間，讓孩子學習規劃自己的作息，養成平時溫習功課的習慣，而非臨時抱佛腳。養成良好的生活規律，並有效運用時間於有意義的學習上，而非任其隨意浪費寶貴時光於電玩、電視、漫畫等無益的東西上，導致荒廢了學業，浪費了自己的潛能。父母平日應關心孩子的課業、考試，花點時間督促其課業學習，因爲事前的注意、準備比事後責罵來得重要，一旦孩子養成每日溫習功課的讀書習慣後，成績自然會進步。俟讀書習慣建立、學習動機增強、抱負水準提高後，父母再慢慢放手。孩子一旦建立起自動自發的讀書習慣，發揮潛能，成就表現自然提昇。

六、培養負責、努力的態度

筆者研究第一年的研究中發現低成就資優生的父母對於教育缺乏正確觀念，經常傳達「分數不重要」、「分數不能代表什麼」、「功課不重要」的訊息，缺乏鼓勵孩子追求學問的態度，沒有灌輸勤勞、努力的價值觀念，影響所及，孩子對功課也抱著無所謂的態度，缺乏「讀書是自己的責任」的負責態度。經接受成長團體的輔導措施之後，父母改變教育方式，要求孩子努力追求學問、養成負責的態度、提昇抱負水準，因此孩子學業表現均有進展。

因此，父母應協助孩子培養讀書乃自己責任的態度，並建立其努力的價值觀。如果孩子的讀書學習態度很勉強，認爲讀書是爲他人而唸，這種被動的學習方式，不僅形成學習負擔，毫無樂趣，效果也有限。而一旦少了外在的學習推力，學習成效則會明顯降低。因此，父母應協助孩子培養負責任的態度，建立「學生的責任就是把書讀好」的負責態度，讓其承擔責任，自我負責。如果孩子能夠對自己的功課負責任，自然能夠自動自發的學習，學習動機一旦增強，成就表現則會有效提昇。而且孩子養成了負責任的態度之後，他會很努力、很有毅力的完成工作，不會有輕忽、敷衍的態度。那麼孩子不僅將會在讀書學習方面有所成就，對於未來從事任何事均將會是極佳的利器。

七、給孩子學習的空間

尊重孩子，給孩子較大的發展空間是多數高成就學生家長認爲非常重要的事，孩子也肯定父母這種教養方式。由筆者第一年的研究發現，低成就資優生最欠缺的就是發展空間。很多低成就資優生在家長望子成龍成鳳的心態下，不知不覺犯了揠苗助長的毛病，完全無視於孩子的年齡、能力、體力及興趣，排滿課業補習或才藝，讓孩子背負沉重的學習負擔，他們沒有自己的時間好好唸書、吸收內容及做好功課、練習，沒有休閒時間從事自己有興趣的事，沒有時間好好思考，只是一昧的機械式的接受大人的安排。

經過筆者第二年輔導策略的介入後，父母改變了教養方式。給孩子做決定的空間，尊重孩子的學習意願，因此孩子有了較多的自主學習空間，壓力減輕，學校功課也有充裕的時間準備，學習快樂，因此成績普遍進步。

因此，父母可以適切、適時的關注孩子的功課，視需要補強的科目再予以補強，過多、重複的補習未必能增強孩子的學習效果，反而容易使孩子產生壓力，厭倦課業。另一方面，對於孩子補習的效果，父母也要加以關心，否則只是徒然浪費金錢與孩子的寶貴時間，又無效果。

此外，不必給孩子太多重複、機械式的練習，應視其能力，選擇適合的教材，不必競相比較自修與習作的量，否則孩子容易對功課失去興趣，而且也會導致爲規避功課而養成拖拖拉拉的習慣。

八、多給予正面積極的鼓勵

從筆者的研究發現，低成就資優生對於父母從罕見鼓勵、讚美轉變到經常鼓勵讚美，都認爲是幫助他們學業進步的原因，他們很喜歡這種轉變。

事實上，任何孩子在學習的過程中，都會有經歷挫折或喪失學習興趣的時候，他們極需父母親人的支持與鼓勵，尤其是信心不足的低成就資優生，父母更應多給予讚美與鼓勵。對他們而言，鼓勵更勝於讚美，鼓勵可以增加他們的自信心與企圖心，也是進步的原動力。鼓勵，不論是言語或物質，它的影響力有時是超乎想像的。

此外，父母應儘量避免拿他們與人比較，尤其避免與能力較強、較好的比較，否則孩子極易受挫，信心喪失，對其學習極爲不利，父母不妨讓孩子與其本身比較或多樣化的去比較，而非單以課業成績來比較。

九、找出成績低落的原因，並協助解決

低成就資優生成績低落的真正原因必須找出，才能對症下藥，本研究其中一個案，由於長期在校被同學欺負，老師冷淡，父母又不關心他，只是一味責備他成績的落後，此生情緒惡劣，上課、讀書深受影響，親子溝通不良，成績長期墊後，學習興趣低落。經本研究的介入，而發現了其問題所在，父母瞭解後，到校協助處理，解決了該生長期的困擾，目前其成績已大幅進步，位居全校男生排名第五。

從這個例子來看，父母對於子女需要多觀察、瞭解、探究。父母如果重視孩子的功課，關心他的情緒，支持他的學習，則孩子的成就表現較佳，因爲孩子會認爲自己受到父母的重視、關心，相對的也注意起自己的課業，願意花較多的時間在功課上，成就表現因而提高。成就表現佳，自信心提昇，學習動機增強，因果循環之下，潛能將更能發揮。

十、給予合宜的期望標準

筆者研究發現低成就資優生在學業成就提昇前、後有截然不同的期望標準，未提昇前，他們對自己的刻板印象就是永遠是塊墊底的料，沒辦法再提昇，對自己毫無信心，但經過這一年來的改變，他們成就表現越來越好，對於自己較差的成績不敢苟同，他們對自己充滿信心，有較高的抱負水準。

很多的研究均指出，子女的能力發展與父母的期望有關，父母的期望常常是子女的努力目標。但很多父母常犯的毛病就是訂下了子女無法達成的目標，他們無視子女的能力、興趣、課程難易，而於考前自定訂一個標準，要求孩子達到。未達成，不是痛斥，便是體罰；達成則賞以物質、金錢，再訂下更高的期望標準。如果親子間溝通良好，這些標準又取得共識，則孩子較易接受；親子溝通不良，孩子不願接受，又不敢表達意見，或其所訂下的標準超出子女能力範圍，子女不僅不情願，形成壓力、焦慮，也不易達成，甚至心存反抗、放棄努力或自暴自棄。

另一方面，如果父母任由孩子自由發展，沒有訂定期望標準，或經常表示分數不重要，小孩快樂就好，六十分及格、有八十分就很滿意。影響所及，子女難免圖安逸，對學習無動於衷，學習潛能則不易發揮。

訪談的低成就資優生家長常誤以爲小學教育不重要，認爲小孩到國中再來逼就夠了。事實上，如果孩子習慣於原有的成就水準，習慣於過去成功、失敗經驗而自訂自我的期望水準，就會影響到自我要求、抱負水準、成就動機。因此，小學並非不重要，它會塑造一個人的期望水準。

許多聰明、有潛力的孩子，往往很輕鬆便能獲得很好的成績，如果他不知道努力，養成敷衍、輕忽的態度，長久下來，將會對他形成不利的影響。父母若能與孩子共同訂定一個個別化、合理可行的目標，讓孩子朝這個目標努力實現，讓他由小小的目標累積成功的經驗，漸漸建立起自信心，再透過父母的讚美與鼓勵，成功的經驗越多，自信心、企圖心不斷增強，學習效果必然提昇。

十一、建立良好的親子溝通管道

建立良好的親子溝通管道，是瞭解孩子的不二法門，因爲瞭解才能幫助孩子；瞭解他的潛能，才知道要如何去開發它；瞭解孩子的限制，才不會寄予過高的期望。而父母對孩子的期望、管教與孩子是否瞭解、接受是互爲因果，如果父母的良好美意因溝通方式的不良，如命令、嘮叨、責罰，導致孩子反感，反而不易接受。因此，父母若能尊重孩子，多傾聽、多關懷、少嘮叨，循循善誘，相信孩子必能接收到父母傳達的訊息與期望，孩子也會努力達成父母的期望。

十二、親職教育以成長團體方式辦理，並鼓勵父母共同參與

親職教育要有成效，非單單參加幾場親職講座，聆聽學者專家的演講或看看親職教育書籍即能奏其功。事實上，最重要的乃在身體力行，實際執行。如果只是聽聽或看看，而不去執行，則形同不知，當然毫無成效可言。親職教育如果能採成長團體的方

式，成員在團體的支持下經長期確切實踐，親職教育才能真正落實，進而有效的協助孩子成長。

本研究發現低成就資優生父母共同參與成長團體及相關輔導措施的家庭，除了其子女本身成就進步外，整個家庭也改善許多，包括家庭氣氛、夫妻溝通、親子關係、教養方式等都迥然不同。雖然有些家庭只有母親參加，但她會將所學與先生溝通，效果則視先生是否配合，若先生配合意願高者則依然會有成效；而最沒成效者，則是那些本身在教養孩子方面就有問題的先生，他們頑固不化，又不願意配合修正，不僅使參加的母親深感挫折，孩子進步也有限。

事實上，親職成長團體遭遇的問題就是無法吸引有問題的家長來參加。一般來說，很多親職教育演講，十之八九都是媽媽去參加，媽媽知道要如何幫助孩子，但如果缺少另一半的助力，效果有限。如果兩個人共同參與，教養理念較易溝通，家庭的問題癥結在哪裡，大家可以合力把癥結解開。若能鼓勵父母共同參與，孩子進步可期。如果只有媽媽參加，回去說給爸爸聽，爸爸若能接受、配合，對孩子將會有所幫助，否則媽媽說，爸爸聽不懂、不了解，或不想聽，那就無法幫助孩子。

很多教養孩子的理論大家耳熟能詳，知道該怎麼做會對孩子有益，但往往少了那份推力。缺少實際執行，教育方式依然在原地打轉，毫無進展。參與成長團體，會讓家長在團體的支持下不得不去執行，執行後，才會有成效。

參考文獻

一、中文部份

王文科（民 84）：低成就的原因與矯治。**高師大特教中心特教叢書**，44 輯，16-29。

王文科（民84）：資優低成就的學習輔導與矯治。**學生輔導通訊**，38，48-55。

王淑敏（民 78）：低成就學童的輔導策略。**輔導月刊**，25(3/4)，14-18。

王淑敏、陳秀蘭譯（民 70）：影響低成就資優學生的相關因素。**資優教育季刊**，9，10-12

李乙明（民 81）：關注低成就資優生。**特教園丁**，8(1)，27-31

李明生（民 62）：影響才賦優異兒童教育之家庭因素。**臺灣師大教育研究所集刊**，15，130-231。

李永吟（民 79）：改進國中低成就學生學習技巧之團體輔導模式。**輔導學報**，13，53-77。

林清江（民 61）：家庭文化與教育。**臺灣師大教育研究所集刊**，14，89-109。

周麗端（民 69）：庭環境與才賦優異兒童教育。**家政教育**，8(3)，48-51。

金樹人（民 70）：低成就資優兒童面面觀。**資優教育季刊**，3，10-14。

吳裕益（民 72）：低成就資優生的教育。**資優教育季刊**，9，1-5。

洪麗瑜（民 74）：資優女性的低成就及其輔導。**資優教育季刊**，16，26-29。

孫中瑜（民 80）：國小低成就兒童學習輔導方案之設計。**輔導月**

刊，27(7/8)，4-8。

陳玉蘭（民 76）：國小低成就學生自我觀念與學校態度之比較研究。**教育研究**，1，75-84。

郭生玉（民 61）：國中低成就學生心理特質之分析研究。**臺灣師大教育研究所集刊**，15，451-534。

黃裕惠譯（Passow, H. A., 民 81）：培育和發展資賦優異者:學校、家庭及社區。**資優教育季刊**，45，13-17。

黃富順（民 62）：**影響國中學生學業成就的家庭因素**。國立臺灣師大碩士論文。

黃瑞煥（民 71）：**國小低成就學生抱負水準之實驗研究**。高雄，復文圖書出版社。

張淑真（民 83）：國小兒童學習障礙之探討－以低成就兒童爲中心。**國教輔導**，34(2)，47-51。

曾淑容（民 72）：低成就資優學生自我概念的增進。**資優教育季刊**，9，6-9。

曾建章（民 85）：低成就資優學生之學習輔導。**特教園丁**，11(4)，16-21。

詹秀美（民 78）：低成就資優生的鑑定與輔導。**測驗與輔導**，96，1897-1899。

楊憲明（民 77）：**國中學生家庭社經地位、父母管教方式及學業成就與師生互動關係之研究**。國立高雄師範大學碩士論文。

趙鎮洲譯（民 81）：如何增強低成就學生的學習動機。**國教世紀**，27(4)，33-37。

廖永堃（民 80）：國小資優兒童學業低成就問題及其影響因素。**資優教育季刊**，39，15-26。

蔡玉瑟（民 85）：國小高成就與低成就資優兒童的父母教養方式與學習行爲、生活適應、成就動機之比較研究。**臺中師院學報**，10，526-567。

蔡典謨（民 83）：**高成就青年學生家庭影響之質的研究**。臺北，心理出版社。

蔡典謨（民 87）：**低成就資優學生家庭影響之質的研究**。國科會專題研究報告（NSC87-2413-H-017-005）

盧美貴（民 74）：父母教養方式與國小資優、普通兒童學習行爲之比較研究。**國立臺北師範學院學報**，16，123-201。

歐陽萌君（民 81）：**資優者成年入社會後之人格適應、自我實現及其生涯歷程之研究**。碩士論文。

鍾瑞文（民 81）：父母教養方式與子女的認知複雜性。**中等教育**，43(5)，72-73。

簡茂發、蔡玉瑟、張鎮城（民 81）：國小資優兒童父母教養方式與生活適應、學習行爲、成就動機之相關研究。**國立臺灣師範大學特教學刊**，225-247。

蘇清守（民 76）：父母的人格對資優子女的影響。**資優教育季刊**，22，20-22。

二、英文部份

Au, T. K. & Harackiewicz, J. M. (1986). The effects of perceived parental expectations on Chinese children's mathematics performance. ***Gifted Child Quarterly***, ***32***(4), 383-392.

Baker, J. A., Bridger, R. & Evans, K. (1998). Models of underachievement among gifted preadolescents: The role of personal, family, and school factors. ***Gifted Child Quarterly*, *42***(1), 5-15.

Baum, S. M., Renzulli, J. S. & Hebert, T. P. (1994). Reversing underachievement: Stories of success. ***Educational Leadership*, *52***(3), 48-52.

Baum, S. M., Renzulli, J. S. & Hebert, T. P. (1995). Reversing underachievement: Creative productivity as a systematic intervention. ***Gifted Child Quarterly*, *39***(4), 224-235.

Bogdan, R. C. & Biklen, S. K. (1982). ***Qualitative research for education: An introduction to theory and methods***. Boston: Allyn and Bacon.

Clark, B. (1992). ***Growing up gifted***. N.Y.: Macmillan Publishing Company.

Clasen, D. R. & Clasen, R. E. (1995). Underachievement of high able students and the peer society. ***Gifted and Talented International*, *10***(2), 67-76.

Colangelo, N., Kerr, B., Christensen, P. & Maxey, J. (1993). A comparison of gifted underachievers and gifted high achievers. ***Gifted Child Quarterly*, *37***(4), 155-160.

Cubbedge, G. H. & Hall, M. M. (1964). A proposal for a workable approach in dealing with underachievers. ***Psycholody*, *1***(4), 1-7.

Dowdall, C. B. & Colangelo, N. (1982). Underachieving gifted students: review and implications. ***Gifted Child Quarterly*, *26***(4), 179-184.

Emerick, L. J. (1992). Academic underachievement among the gifted: students' perceptions of factors that reverse the pattern. ***Gifted Child Quarterly*, *36***(3), 140-146.

Fearn, L. (1982). Underachievement and rate of acceleration. ***Gifted Child Quarterly*, *26***(3), 121-125.

Gallagher, B. B. (1985). ***Teaching the gifted child***. MA: Allyn and Bacon.

Gonzalez, J. & Hayes, A. (1988). Psycholosocial aspects of the development of gifted underachievers: Review and implications. ***Exceptional Child*, *35***(1), 39-51.

Jackson, R. M., Cleveland, J. C., & Merenda, P. F. (1975). The longitudinal effects of early identification and counseling of underachievers. ***Journal of School Psychology*, *13***(2), 119-128.

Lincoln, Y. S. & Guba, E. G. (1985). ***Naturalistic inquiry***. CA: Newbury Park : SAGE Publications.

Mandel, H. P. & Marcus, S. I. (1988). ***The psychology of underachievement: Differential diagnosis & differential treatment***. New York: John Wiley & Sons, Inc.

Mordkowitz, E. & Ginsbury, H. (1986, April). ***The academic socialization of sucessful Asian-American college students***. Paper presented at the annual meeting of the American Educational Research association, San Francisco, CA. (ERIC Document Reproduction Service No. ED273219)

Redding, R. E. (1990). Learning preferences and skill patterns among underachieving gifted adolescents. ***Gifted Child Quar-***

***terly*, *34*(2), 72-75.**

Rimm, S. & Lowe, B. (1988). Family environments of under-achieving gifted students. ***Gifted Child Quarterly***, ***32***(4), 357-359.

Rimm, S. B. & Lovance, K. J. (1992). The use of subject and grade skipping for the prevention and reversal of underachievement. ***Gifted Child Quarterly***, ***36***(2), 100-105.

Tsai, D. M. (1999). ***Parenting strategies to facilitate vs. lesson excellence***. Paper presented at the 13th World Council for Gifted and Talented Children, Istanbul.

Whitmore, J. R. (1980). Giftedness, conflict, and underachievement. Boston: Allyn and Bacon.

Whitmore, J. R. (1985). ***Underachieving gifted students*** (ERIC Clearing house on Handicapped and gifted children, Reston, VA.).

Zuccone, C. F. & Americaner, M. (1986). Counseling gifted under-achievers: A family systems approach. ***Journal of Counseling and Development***, ***64***(9), 590-592.

領導才能教育之課程發展與實施*

王振德

壹、緒論

對於資賦優異的研究，早期的學者如推孟（L. M. Terman）、何林渥絲（L. A. Hollingworth），皆以智力測驗作為認定資賦優異的標準。近二十年來，學界在智力、創造力及特殊才能方面的研究斐然，對於資賦優異的界定，也從早期較狹隘的智力觀，轉為較多元而廣泛的看法。如泰勒（Taylor, 1986）的多元才能發展模式，即認為在學術表現之外，學生尚有多方面的才能如創造、做決定、溝通、計畫、執行、人際關係等。賈德納（Gardner, 1983）在他的著作「心的架構：多元智力理論」一書中，亦假設智力至少包括七種：語文能力、數理能力、空間能力、音樂能力、表演能力、人際能力及自知能力。

從特殊教育的觀點，領導才能亦是一種重要的才賦，值得重視與發展。如美國 1978 年的「資賦優異教育法案」將資賦優異兒童分為五大類：⑴一般智能；⑵創造力；⑶領導才能；⑷學術性

*本文改寫自國科會專題研究成果報告（NSC86-2511-S-003-044）。

向；(5)表演或視覺藝術。領導才能是其中的一類，各州並有教育方案加以培育，甚至在大學設立研究中心，開發課程、進行專案研究，提供學生研習的機會。美國如南佛羅里達大學（University of South Florida in Tampa）設立的「創造力、發明、領導中心」（The Center for Creativity, Innovation and Leadership）即為一例（Sisk & Rosselli, 1987）。

我國民國七十三年頒布的「特殊教育法」，規定資優教育的對象只有一般能力優異、學術性向優異及特殊才能優異三類。在資優教育課程方面，也大多偏向學科的充實或加速，而較少涉及領導才能方面（王振德，民 84）。民國八十五年五月，特殊教育法修訂公佈，資優教育的對象增列了「創造能力」及「領導才能」，顯見政府對領導人才的重視。

從社會育才的觀點，今日的資優學生，將是未來社會的棟樑之材，甚至乃各階層或行業的領導人才。而許多研究顯示，領導才能是可以訓練培育（Parise, 1987），資優的學生施以領導才能教育，是最好的照顧。帕索（Passow, 1988）指出資優學生可能成為未來社會的領導者，所以學校及社會有責任發展其領導才能，提供經驗激發其領導的性向及技能。伊沙克（Isaacs, 1973）強調：資優的領導者，如果能接受良好的教育，具有崇高的理想與價值，便能對社會文化及人類生活的改善有很大的助益。卡夫頓（J. F. Cavedon）亦認為建構性的領導才能訓練，可以增進資優學生的質與量，一般及優秀的學生，皆可接受領導才能的訓練（Parise, 1987）。因此，如何設計領導才能教育之課程，乃一重要的課題。

貳、領導才能教育課程發展的步驟

領導才能教育課程的設計，主要包括七個要項：⑴哲學或理論基礎；⑵目標；⑶鑑定；⑷需求評估或個案研究；⑸課程設計；⑹教學策略與活動；⑺實施方式；⑻評鑑（Orloff, 1980；王振德，民 86）。此一課程設計的邏輯程序，可作為發展領導才能教育課程的參考架構。

一、理論基礎

領導的理論，主要包括特質論、行為論、權變論及互動論（羅虞村，民 75；林振春，民 81；李如仙，民 82）。領導特質論強調領導者本身所具備的特質，研究的重點偏向分析成功領導者的人格特質，以作為選拔或培育人才的參考。斯多迪爾（R. M. Stogdill），曾分析 163 篇領導者特質的研究，結果可分為生理特質、社會背景、個人能力、人格特質、與任務有關的特質及社會特質六方面，斯氏再加以歸類，共得十三項特質和九項技能。特質部分包括：對環境的適應性、對社會情境的敏感性、成就取向、果斷力、合作、決策力、可靠、支配欲、充滿活力、堅毅、自信、對壓力的承受力、負責；技能部分包括：聰明、概念化能力、創造力、交際技巧、口齒流利、對團體任務的知識、組織能力、說服力及社會技巧。

領導行為論強調領導者在領導過程中所表現的行為組型或風格。古典的領導風格分類有民主的、專制的、放任的三種型態，民主式的領導是較理想的一種方式。亦有將領導行為分為「工作導向」—注重指導、績效、團體目標的達成；「個人導向」—注重團體成員的關係及需要的滿足。俄亥俄州立大學漢姆菲爾（J. K. Hemphill）爲首的研究小組，發展出「領導者行爲描述問卷」，根據填答的結果可分爲「高倡導、高關懷」、「高倡導、低關懷」、「低倡導、高關懷」、「低倡導、低關懷」四種領導型態，運用在軍中、工廠及教育界，並進行領導行爲（風格）與領導效能的相關研究。

領導權變論著眼於領導效能，認爲領導者的績效需視領導行爲與情境的配合程度而定。此理論由費德勒（F. E. Fiedler）所提倡，其理論的構成要素有三：⑴領導的型式：分爲任務取向和關係取向；⑵團體情境：包括領導者與成員的關係、任務結構的明確程度及領導者職位權力的強弱；⑶領導者的效能：即團體的表現。領導者要發揮領導的效能應視團體情境的不同狀況而權宜採取適當的領導方式。

領導互動論視領導爲一動態、互惠的社會互動歷程，成員與領導者的關係是相互影響且可以改變的。前述三種領導理論的焦點偏重在領導者，互動論的觀點，則同時亦注重追隨者與領導者的動態關係及其對領導者的影響。代表人物霍蘭德（E. P. Hollander）指出：領導的要素包括領導者、情境與團體成員。評量領導的效能應以團體成員的知覺與評價爲主，而不是領導者的知覺與評價。

上述四種領導的理論，各有不同的重點。特質論強調個人內在特質，行爲論強調行爲的組型，可作爲評量領導才能的參考。權變論強調情境對領導效能的影響，互動論強調追隨者與領導者的互動關係，可作爲領導才能訓練方案活動設計的參考。

二、目標

領導才能教育課程的目標，因課程內容的重點不同，可能有些差異。溫怡梅（民78）曾歸納不同的領導才能訓練方案，而得六項目標：

1. 能積極的經營自己，並影響別人。
2. 學得計畫、組織、溝通、督導、激勵、協調等領導技巧。
3. 喜愛團體，接納他人及包容眾人的胸襟。
4. 使具有服務熱忱、責任感、領導的勇氣與意志。
5. 對團體的人、事、物，能迅速掌握，並充分運用資料作成決策，解決各種不同的問題。
6. 肯虛心教導後進、培植人才。

林得（A. Linda）認爲領導才能教育課程的目標，在使學生能夠：

1. 了解領導才能在各種情境的重要性；
2. 做一個領導者，了解自己的優點和缺點；
3. 獲得有效的領導技巧；
4. 能夠確認問題，系統地分析問題，並運用創造力解決問題；
5. 對領導才能的倫理道德及價值觀有所體認，並具有責任感。（溫怡梅，78）

他認爲領導才能課程的設計，應符合被訓練者的需求，包括認知、技巧和態度三方面。這三方面乃教育目標的三個領域，茲依據林得的架構，加以增補，擬定了「領導才能課程教學目標類目表」（如表一），可作爲編擬領導才能課程活動單元之參考。

表一　領導才能課程教學目標類目表

一、認知目標	
1.瞭解領導的本質	4.瞭解領導的理論
2.具備領導的專門知識	5.瞭解領導者的歷史研究
3.瞭解領導的風格	
二、技能目標	
1.未來取向的思考	14.議會技巧與程序
2.高層次的思考	15.自我引導技巧
3.高層次的發問	16.預測
4.書寫溝通技巧	17.說服力
5.口語溝通技巧	18.衝突管理
6.價值澄清	19.合作
7.做決定技巧	20.設定目標
8.團體動力技巧	21.時間管理
9.問題解決技巧	22.自我管理
10.做計畫技巧	23.建立團隊
11.批判性思考	24.協調談判
12.擴散性思考	25.國際禮儀
13.組織技巧	
三、情意目標	
1.自信	12.容忍力
2.負責	13.幽默
3.好奇	14.創意
4.獨立	15.自尊
5.毅力	16.冒險
6.敏感	17.誠實
7.同理心	18.正直
8.善交際	19.道德勇氣
9.熱心	20.客觀公正
10.精力充沛	21.榮譽感
11.變通力	22.服務、關懷社會

三、鑑定

在學校中實施領導才能訓練，首先要找出那些人具有領導的特質。領導的特質，通常包括能力、人際技巧及人格特質等三方面。⑴能力：包括分析的能力、組織與計畫的能力、溝通能力、決策能力、問題解決與創造力等。⑵人際技巧：包括人際敏感度、親和力、說服人、對社會情境的知覺、與權威人物的關係；⑶人格特質：包括自信心、挫折容忍度、主動性、堅持力、責任心、值得信賴等（林一真等，民73）。

如何鑑定領導才能的學生，主要的評量方式包括觀察法、提名法或評定法、晤談法、測驗法，茲略加說明如下：

㈠觀察法

對年幼的兒童，可在自由的遊戲情境中，觀察其領導行爲，而較長的學生可在特定的情境中觀察。此種方法可在不同情境蒐集不同的領導行爲，然而較爲耗時，且評分者間的一致性亦低。

㈡晤談法

由評分者對候選人面談，以結構或非結構的方式進行。此法可判斷候選人的人際技巧、應變能力、表達能力等，然信效度甚低。

㈢提名法或評定法

包括⑴同儕提名或評量；⑵教師提名或評量；⑶自我評定。同儕評量是社會計量法的一種運用，要求每一團體成員對團體內其他成員的某些特質加以評定。教師評定或推舉，係根據教師平日對學生的觀察與瞭解，由教師填寫評定量表或推舉學生。自我評定，則以量表或問卷，由學生自我評估。提名法或評定法，在學校中鑑定或遴選學生運用的相當普遍。

㈣測驗法

運用標準化的測驗進行評量，包括人格測驗、普通能力測驗及興趣、價值態度量表。測驗法具有高度的客觀性，信效度亦高，惟限於紙筆作業，無法評估領導才能特質的全貌，特別是社會人際互動或是人際技巧方面，測驗法不易測得。

四、需求評估或個案研究

需求評估的工作，在確認和決定課程內容的重點或需求的優先順序，可從學生的觀點，來了解學生對課程的需求，或做個案研究，深入的了解學生的個別需求；亦可從學校或課程本質來評估課程需求。

需求評估通常可藉由問卷、檢核表、深度訪談、個案研究等方式來了解：⑴領導才能教育的一般需求為何？那些學生有需求？⑵行政人員和教師對領導才能教育的態度；⑶課程內容的重點、所需的資源設備等。

五、課程設計

席絲克與羅色莉（Sisk and Rosselli, 1987）分析了美國重要領導才能方案的內容，歸納出四個共同的特點：⑴探討領導的意義；⑵提供真實的領導經驗；⑶作為領導者，對自己領導能力的優點和缺點的覺知；⑷領導潛能的評量。席絲克亦提出了一個領導才能課程的發展模式（如表二）。

表二 Sisk 領導才能課程發展模式

領導才能的特質	教學策略	教學／學習模式	關鍵性的概念
自信	自我覺知活動	Bloom 分類法	科技對社區的影響
廣泛的興趣	高層次的發問	Guilford 智力結構模式	領導才能與社區結構
溝通技巧	高層次的思考	Hermann 全腦教學／學習模式	美國多元文化的根源
好奇心	團體動力	Renzulli 三合充實模式	人力是革新的資源
對不確定的容忍度	角色扮演	Taylor 多元才能模式	人類對慶祝活動及創意表達的需求
負責	質問	Williams 模式	
獨立	獨立研究		
毅力	創造性問題解決		
善交際	創意性解決法		
認真的心態	預測		
敏感／同理心	未來學		
批判性	讀書治療法		
精力充沛	模擬		
思想及行動上的彈性	刊物寫作		
追求卓越			
成就			
熱心			
自我引導			
創造性問題解決			
好問的態度			

領導才能教育的課程設計的實際運作，通常需成立課程發展小組，以研擬課程架構，編訂課程活動單元，茲略述如下：

1. 成立課程發展小組：不論是個別學校或是縣市內的課程設計，課程發展小組的成員可包括領導才能教育專家學者、學校行政人員、輔導教師、相關學科教師（如公民科）。課程發展小組應設召集人，並訂定工作時間表、取得經費及其他資源，定時展開課程研討的工作。

2.研訂課程大綱、編輯活動單元：首先應廣泛蒐集資料，包括現有課程的教材內容分析、坊間出版的專書；或套裝教材。根據領導才能的理論及需求評估的結果，研訂課程大綱。活動單元的設計應含目標、教材主題、教學活動與策略、學習經驗的組織、學習結果的評量。

六、教學策略與活動

領導才能的教育與訓練，強調動態的學習，詹森（Johnson, 1997）認爲領導才能訓練的原則有三：(1)做中學（learning by doing）－練習做決定，從錯誤中學習，勇敢嘗試新的領導行爲和技巧，使熟能生巧。(2)從回饋中學習（learning by feedback）－是否具有從個人人格、技巧和行爲反映自己創造性的領導能力和技巧。(3)學習自我改變（learning by change）：自我分析並擬訂活動計畫，以求自我改變與成長。

至於領導才能的訓練方法或教學策略，馬基理生（F. Margerison）曾以打高爾夫球的基本方法，引申到領導才能的學習活動，提出六個步驟與策略：(1)由經驗中摸索學習；(2)靜態學習，如閱讀、聽講；(3)觀察典範；(4)個別指導；(5)反省討論；(6)熟能生巧，如下圖（引見羅耀宗，民73）。

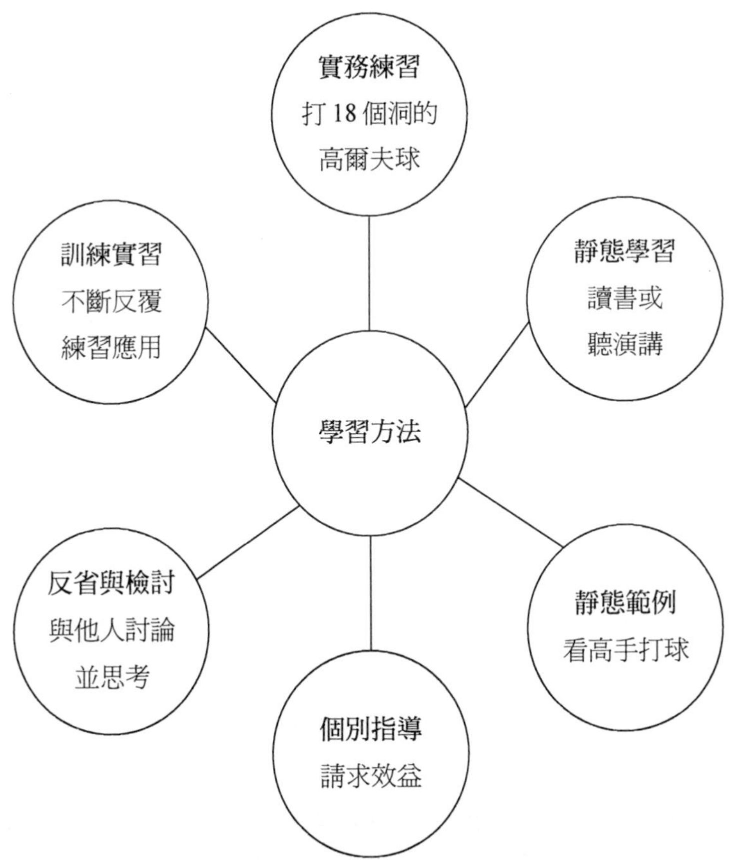

Margerison 的類化學習法（摘自羅耀宗，民 73）

費佛（Pfeiffer, 1992）指出人際關係訓練的方法，由低度參與到高度參與的活動包括：閱讀、演講、經驗性的演講、討論、參與式訓練、個案研究、角色扮演、結構性的經驗及成長團體等，亦可運用在領導才能的訓練與教學。

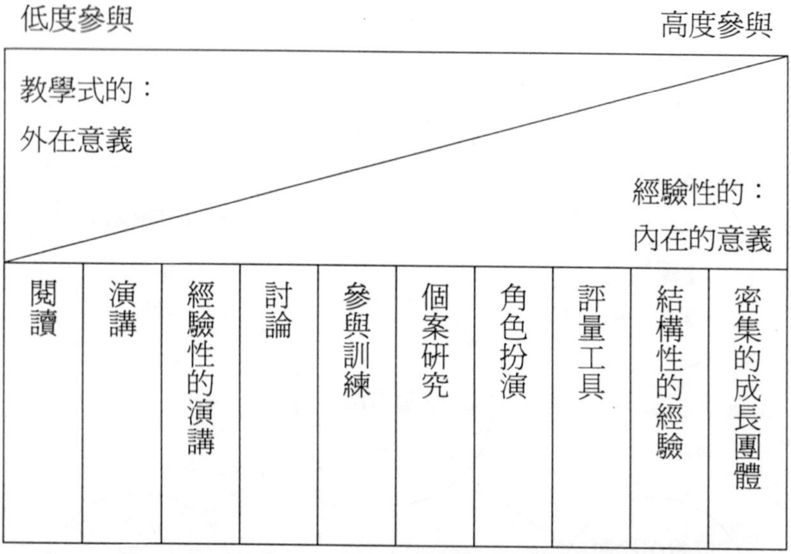

低度參與　　高度參與

教學式的：
外在意義

經驗性的：
內在的意義

閱讀	演講	經驗性的演講	討論	參與訓練	個案研究	角色扮演	評量工具	結構性的經驗	密集的成長團體

1.閱讀：是介入最少的部份，學習者被動地接受資訊，所得的經驗都是假想性的。介入最多的是「密集的成長學習團體」，鼓勵學習者公開並爲自己的學習負責。在此兩極之間的是從「演講」到「結構性的經驗」。

2.經驗性的演講：比傳統演講包含更多的參與，因爲它和參與者間有簡短的互動。

3.討論：由一種由來已久的教學介入，在這個訓練模式中，也加以採用並重新界定。

4.個案研究：此方法廣受企業教育的歡迎，並和角色扮演密切相關。

5.評量工具：其應用方法包含學習者的自我評估，教學的要素來自量表項目及其理論基礎。

6.結構性的經驗：強調高度的參與和在互動中產生資訊的處理。

7.密集的成長學習團體：其特徵是學習者的高度參與互動。學習的資訊來自團體成員的生活經驗和「此時此地」的互動。同時期望參與者能用自己的語詞，整合學習的經驗成爲新的自我概念。

此外，團體輔導中的各種輔導方式（見表三），亦可以運用在領導才能教育活動中（參見吳武典，民80）

表三　團體輔導活動方式

1.價值澄清活動	8.促進認識活動	15.提供資訊活動
2.了解自我活動	9.行爲練習活動	16.扮演活動
3.深入自我探索活動	10.影片欣賞活動	17.參觀活動
4.感官活動	11.講座活動	18.操作性活動
5.團體討論活動	12.回饋活動	19.團體回顧活動
6.戶外活動	13.職業探索活動	20.問答活動
7.娛樂性活動	14.增強活動	

七、實施方式

學校領導才能教育的實施方式有三：⑴融合式；⑵獨立式；⑶自學式。茲略加說明如下：

㈠融合式

融合式的領導才能教育，係將領導才能的內容融入一般的課程之中。福司特與西芙曼（Foster & Silverman, 1988）認爲領導才能的課程常採團體動力的技巧和小團體的方式進行，強調人際技能的訓練，這些訓練普遍存在社會科學的課程中。特別是公民知識技能與領導才能訓練，對實現一個有效能的自治社會而言，是同等重要的。因此學校的角色應同時協助青少年發展公民態度和技能及領導的基本能力，以便能尋求並接受社會的參與責任。學校課程中以公民、童軍、指導活動、歷史、國文等課程，與領導才能的知識技能的教學較有關係，配合這些課程加強領導才能訓練，可發展融合式的課程。

㈡ 獨立式

獨立式的領導才能教育或訓練，是在一般正式的課程之外，加充實性的課程，或利用寒暑假提供短期密集的訓練。設計獨立式的領導才能教育課程之理由是：⑴對於在領導才能表現高度的能力或興趣者，應予以特別的注意和教學；⑵領導才能是人類行爲研究的一重要領域，在商業及政治上教育訓練的重要主題，然而在資優教育方面，較少注意；⑶政府立法，將領導才能列爲資優教育的一項（Foster & Silverman, 1988）。

㈢ 自學式

自學式是一種自我成長的教育模式，通常運用於成人教育。在學校中，學生亦可在教師的輔導之下，以自學的方式，加強領導才能方面的知識與技巧。

八、評鑑與修正

編製完成的課程綱要、教材及教學活動單元，需在教室中實地試驗，以評估課程的有效性及適用性，以作爲改變、修正課程的參考。

課程的評鑑，試教或使用課程與教材的教師可運用一些問題來做檢討，如單元活動對學生的適用性，是否太深或太淺？哪一部份的學生反應良好？哪一部份的學生反應不良？如此便可了解課程與教材的優缺點，進而加以修正增刪。

課程發展小組可召開課程的評鑑會議或研討會，對課程進行檢討。必要時亦可透過專家建立內容效度或成立一個評鑑研究的專案以評估課程的成效（蔣明珊，民 85；Van Tassel-Baska, 1994）。

參、我國領導才能教育實施意見調查

本節將介紹國科會補助進行的「我國資優教育全方位發展策略之研究整合計畫」中的子計畫「資優學生領導才能培訓課程及其實施成效之研究」的調查結果。研究者以自編「領導才能調查問卷」學生用及教師用兩式，進行調查研究。研究對象以分層隨機取樣方式，選取資優學生 214 名、普通學生 215 名、資優班教師 136 名、普通班教師 146 名（回收率約 79%）。茲就研究結論摘要如下：

1. 師生對領導特質的看法略有不同。二者除重視某些個人特質外，學生較注重人際關係，而教師則較重視領導技能。

2. 師生皆肯定領導才能的重要性，並認爲學校甚有必要提供領導才能教育。

3. 資優學生比普通學生在學校中較有機會擔任領導者且亦喜歡擔任領導者。

4. 師生對領導才能的課程內容的看法相當一致。課程重點需包含：溝通技巧、人際關係與社會技巧、問題解決與思考技巧、參與及領導團體活動、瞭解自己與別人、調適情緒及想法（參見表四）。

表四 學生認爲需要的領導才能課程內容摘要表

課程內容	資優班 (N=24) N %	排序	普通班 (N=215) N %	排序	合計 (N=429) N %	排序
關於領導的知識	84(39.3)	7	96(44.7)	5	180(42.0)	6
領導及參與團體活動	88(41.1)	6	74(34.4)	8	162(37.8)	8
各種溝通技巧	141(65.9)	1	131(60.9)	1	272(63.4)	1
道德發展和人生價值	32(15.0)	11	35(16.3)	11	67(15.6)	11
人際關係（社會技巧）	129(60.3)	2	125(58.1)	3	254(59.2)	2
會議程序的技巧	27(12.6)	13	28(13.0)	12	55(12.8)	13
方案企劃	60(28.1)	9	59(27.4)	9	119(27.7)	9
未來學	37(17.3)	10	26(12.1)	13	63(14.7)	12
名人（傳記）研究	10(4.7)	15	16(7.4)	15	26(6.1)	15
社區服務	17(7.9)	14	17(7.9)	14	34(7.9)	14
瞭解自己和別人	107(50.0)	4	111(51.6)	4	218(50.8)	4
問題解決與思考方法	120(56.1)	3	130(60.4)	2	250(58.3)	3
法律常識	29(13.6)	12	48(22.3)	10	77(17.9)	10
調適情緒及想法	93(43.5)	5	89(41.4)	6	182(42.4)	5
做決定	84(39.3)	7	86(40.0)	7	170(39.6)	7

1. 對於影響領導才能發展的因素看法亦相當一致，主要的影響因素爲：缺乏自信與獨立性、家長過於重視學業成績、缺乏培養領導才能的機會與經驗等。

2. 教師認爲學校實施領導教育的主要配合條件爲：課程規畫、師資訓練及觀念溝通（參見表五）。至於實施的方式，教師較贊同融入其他課程或配合學校活動實施。

表五　實施領導才能教育配合條件摘要表

配合條件	資優班教師 N=136		普通班教師 N=146		合計 N=282	
	N　%	排序	N　%	排序	N　%	排序
經費支援	35(25.7)	9	39(26.7)	9	74(26.2)	9
觀念溝通	97(71.3)	3	92(63.0)	3	189(67.0)	3
安排適當時間	81(59.6)	5	91(62.3)	4	172(61.0)	4
師資訓練	100(73.5)	2	106(72.6)	2	206(73.0)	2
人力支援	43(31.6)	8	46(31.5)	8	89(31.6)	8
課程的規劃	110(80.9)	1	107(73.3)	1	217(77.0)	1
各科教師的配合	60(44.1)	7	74(50.7)	6	134(47.5)	7
教材資源	84(61.8)	4	66(45.2)	7	150(53.2)	5
家長配合	67(49.3)	6	83(56.8)	5	150(53.2)	5

肆、建議

一、資優教育中，加強領導才能教育課程

根據調查結果資優學生在學校中領導的機會及擔任領導者的喜好程度皆高於普通學生，顯見領導才能對資優學生的重要性。新修訂特教法亦將領導才能列爲資優教育的對象，因此在資優教育中，必須加強領導才能教育課程。

二、加強師資的培訓

師資是學校推展領導才能教育最關鍵的條件，因此必須加強辦理教師的在職訓練及研習活動。

三、積極規畫領導才能的課程，編輯領導才能教材

除了師資之外，課程與教材亦爲領導才能教育的配合條件，應多獎助特教中心、資優班教師設計課程、編輯教材。

四、分析課程內容，加強領導才能教育融入相關學科

學校課程中公民、輔導活動、童軍及文史課程，亦有不少相關的活動或單元。故可就國民中小學及高級中學之相關課程進行內容分析，以加強在各相關學科進行領導才能教育。

五、加強辦理領導才能夏（冬）令營

領導才能教育的實施除了學校正式的課程及相關活動外，亦可利用寒暑假辦理夏（冬）令營。

學校宜積極辦理相關活動，發掘並培訓具有領導才能的學生：學校活動如演講辯論比賽、學生自治活動等，可從中發掘具有領導才能的學生。爲因應教育改革及社會需求，學校應加強領導才能學生的發掘與培訓。

參考文獻

一、中文部份

王振德（民85）：國民中小學資優教育課程與教學實況調查研究。**特殊教育研究學刊**，14，207-227。

毛連塭（民85）：資優教育的基本理念。**教育資料集刊**，21，1-11。

吳武典（民80）：**團體輔導手冊**。臺北市，心理出版社。

李如仙（民82）：**國小六年級學生領導潛能及其相關研究**。國立臺灣師範大學特殊教育研究所碩士論文。

林一真（民73）：評量中心在領導人才評選中的應用。**測驗年刊**，31，53-68。

林振春（民81）：**人文領導理論研究**。臺北市，師大書苑。

洪儷瑜（民73）：淺談領導才能訓練之理論。**資優教育季刊**，14期，3-7頁。

郭爲藩（民82）：**特殊兒童心理與教育**。臺北市：文景書局。

溫怡梅（民76）：**領導才能訓練課程對國小智能優異學生正向自我概念、創造力與領導才能之影響**。國立臺灣師範大學教育研究所碩士論文。

詹秀美（民77）：培養資優生成爲未來社會的領導領袖。**資優教育季刊**，29期，37-40頁。

盧台華（民73）：如何訓練資優學生的領導才能。**資優教育季刊**，14期，8-11頁。

羅虞村（民75）：**領導理論研究**。臺北市，文景出版社。

羅耀宗（民73）：**如何了解你的管理形態**。臺北市：哈佛企管顧問公司。

二、英文部份

Abroms, K. I. (1985). Social giftedness and its relationship with intellectual gifted. In J. Freeman (Ed.). ***The psychology of gifted children***. N. Y.: John Wiley & Son.

Feldhusen, J. F., & Kennedy, D. M. (1988). Preparing gifted youth for leadership roles in a rapidly changing society. ***Roeper Review*, *10***(4), 226-230.

Felder, F. E. (1967). ***A theory of leadership effectiveness***. N.X.: McGraw-Hill.

Foster, W. (1981). Leadership: A conceptual frame-work for recongnizing and educating. ***Gifted Child Quarterly*, *25***, 17-25.

Gardner, H. (1983). ***Frames of mind***. N. Y.: Basic Books.

Isaacs, A. F. (1973). Giftedness and leadership. ***The Gifted Child Quarterly*, *17***, 103-112.

Karnes, F. A., & Chauvin, J. C. (1986). The leadership skills. ***G\C\T*, *9***(3), 22-23.

Karnes, F. A., Meriweather, S. (1989). Leadership development; Teacher's perceptions and practices. ***G\C\T*, *12***(3), 50-53.

Marland, S. P. (1972). ***Education of the gifted and talented***. Report to the Congress of the U.S. Washington, D.C.: U.S. Government Printing Office.

Parise, J. J. (1987). ***The effect of systematic training in leadership skills on the leadership potential of selected gifted high school students***. Dissertation of Indiana University of Pennsylvania.

Passow, A. H. (1988). Style of leadership training and some more thoughts, ***G\C\T*, *11***(6), 34-37.

Richardson, W. B., & Feldhusen, J. F. (1986). ***Leadership education: Developing skills for youth***. N. Y.: Trillium Press.

Sisk, D. A., & Rosselli, H. (1987). ***Leadership: A special type of giftedness.*** New York: Trillium.

Sisk, D. (1993). Leadership education for the gifted. In Heller, K. A. et. al. ***International Handbook of research and development of giftedness and talent***. Oxford: Pergamon.

Sternberg, R. J., & Davidson, J. E. (1986). **Conceptions of giftedness.** N. Y.: Cambridge University Press.

Stogdill, R. M. (1974). **Handbook of leadership: A survey of theory and research.** New York: The Free Press.

Talor, C. W. (1986). The growing importance of creativity and leadership in spreading gifted and talent program world-wide. **Roeper Review, 8(4)**, 256-263.

永然法律事務所聲明啟事

本法律事務所受心理出版社之委任爲常年法律顧問，就其所出版之系列著作物，代表聲明均係受合法權益之保障，他人若未經該出版社之同意，逕以不法行爲侵害著作權者，本所當依法追究，俾維護其權益，特此聲明。

永然法律事務所 

李永然律師 

特殊教育 50

資優教育的全方位發展

主　　編：中華資優教育學會
執　　編：王振德、蔡崇建
執行主編：張毓如
總 編 輯：吳道愉
發 行 人：邱維城
出 版 者：心理出版社股份有限公司
社　　址：台北市和平東路二段 163 號 4 樓
總　　機：(02) 27069505
傳　　真：(02) 23254014
郵　　撥：19293172
E-mail：psychoco@ms15.hinet.net
駐美代表：Lisa Wu
Tel：973 546-5845　Fax：973 546-7651
法律顧問：李永然
登 記 證：局版北市業字第 1372 號
印 刷 者：翔勝印刷有限公司
初版一刷：2000 年 1 月

定價：新台幣 450 元

ISBN 957-702-357-6

讀者意見回函卡

No. ________　　　　　　　　　　　　　　　　　　　　填寫日期：　年　月　日

感謝您購買本公司出版品。為提升我們的服務品質，請惠填以下資料寄回本社【或傳眞(02)2325-4014】提供我們出書、修訂及辦活動之參考。您將不定期收到本公司最新出版及活動訊息。謝謝您！

姓名:______________________　性別：1□男 2□女

職業:1□教師 2□學生 3□上班族 4□家庭主婦 5□自由業 6□其他______

學歷:1□博士 2□碩士 3□大學 4□專科 5□高中 6□國中 7□國中以下

服務單位:____________________ 部門:_____________職稱:__________

服務地址:_____________________________電話:________傳眞:________

住家地址:_____________________________電話:________傳眞:________

電子郵件地址：____

書名：____

一、您認為本書的優點：（可複選）

❶□內容 ❷□文筆 ❸□校對❹□編排❺□封面 ❻□其他_______

二、您認為本書需再加強的地方：（可複選）

❶□內容 ❷□文筆 ❸□校對❹□編排 ❺□封面 ❻□其他_______

三、您購買本書的消息來源：（請單選）

❶□本公司 ❷□逛書局⇨______書局 ❸□老師或親友介紹

❹□書展⇨____書展 ❺□心理心雜誌 ❻□書評 ❼□其他_______

四、您希望我們舉辦何種活動：（可複選）

❶□作者演講❷□研習會❸□研討會❹□書展❺□其他__________

五、您購買本書的原因：（可複選）

❶□對主題感興趣 ❷□上課教材⇨課程名稱__________________

❸□舉辦活動 ❹□其他________________

（請翻頁繼續）

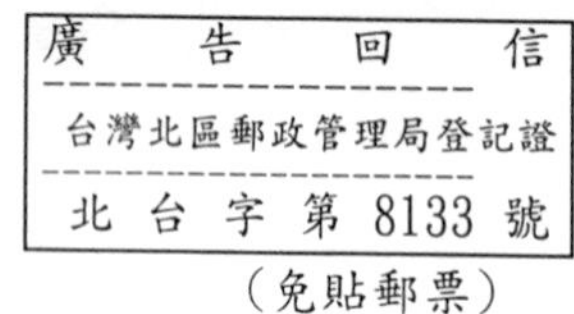

（免貼郵票）

心理出版社股份有限公司

台北市106和平東路二段163號4樓

TEL:(02)2706-9505

FAX:(02)2325-4014

EMAIL:psychoco@ms15.hinet.net

沿線對折訂好後寄回

六、您希望我們多出版何種類型的書籍

❶□心理❷□輔導❸□教育❹□社工❺□測驗❻□其他

七、如果您是老師，是否有撰寫教科書的計劃：□有□無

書名/課程：________________

八、您教授/修習的課程：

上學期：________________

下學期：________________

進修班：________________

暑　假：________________

寒　假：________________

學分班：________________

九、您的其他意見

____

謝謝您的指教！ C3050